창의적 농업인을 위한

디지털 농업경영학

신인식
김승환

도서
출판 **범한**

머리말

현대 사회에서 농업경영학은 단순히 농업 생산에만 초점을 맞추지 않습니다. 지속 가능한 경영 전략의 수립, 혁신적인 기술의 수용, 다양한 시장 환경의 대응 등이 종합적으로 어우러진 학문분야가 되었습니다. 특히, 미래 농업의 주체로 부상하는 창업농, 청년농, 기업농들은 첨단기술이 적용된 소위 '디지털농업'과는 불가분의 관계가 되었고 그들은 이제 경쟁력 있는 비즈니스 모델을 통해 지속가능한 농업경영 전략을 새롭게 구축해야만 하는 시대적 과제를 안고 있습니다.

그래서 이 책은 농업경영에 있어 전통과 현대의 조화를 통해 농업인들이 시대적 변화를 읽고 적응하는데 주된 목적을 두었습니다. 아울러 농업환경과 구조, 영농활동과정, 경영성과분석, 경영진단 및 설계 등에 대한 혁신적인 방안도 함께 제시하였습니다. 그리고 전통적인 농업경영학의 바탕위에 기업의 농업부문 진입, 농지관리 및 농업경영체 육성 등도 새로운 시각으로 정리하였고, 신기술의 수용과 유발요인 및 경영자의 수용의사결정에 대해서도 기술하였습니다.

지금 미래농업의 화두는 단연 '디지털농업'입니다. 이에 대한 이해를 돕고자 스마트농업과 6차 산업, 디지털 혁명과 농업 4.0의 의미, 인공지능 블록체인기술과 농업 경영의 관계 등도 폭넓게 다루었습니다. 이에 덧붙여 농업경영에 대한 농협사업의 역할과 장차 통일시대에 대비한 북한농업에 관한 사항도 추가로 정리하였습니다.

본 저서는 농업경영분야를 다년간 연구하면서 대학생·농업경영인 및 농협임직원을 대상으로 강의를 해오고 있는 원로교수 한 사람과 농협중앙회 농협경제연구소에서 AI 및 디지털농업 관련 연구를 활발하게 수행하고 있는 연구위원 한 사람이 의기투합하여 집필하였습니다.

2024년 7월

신인식·김승환

C O N T E N T S

목 차

1 농업·농지의 개념

1) 농업

전통적 농업의 개념은 광의로 보면 인류의 욕망 충족에 직접 또는 간접으로 유효한 식물성 및 동물성 물질을 생산하는 원시산업의 한 부문이고, 협의로 보면 토지를 이용해서 식물 및 동물을 육성하여 생산물을 얻으며 추가적으로 이 생산물을 다시 가공하여 수익을 얻으려고 하는 경제적 활동이라고 한다(구재서, 1994). 또한 농업·농촌 및 식품산업 기본법 제3조에 의하면 "농업"은 농작물 재배업, 축산업, 임업 및 이들과 관련된 산업으로서 대통령령으로 정하는 것을 말한다.[1]

이에 농업의 개념을 정리해 보면, 흙, 토지, 땅을 이용하여 인간 생활에 필요한 식물을 가꾸거나, 유용한 동물을 기르거나 하는 산업으로 농산가공이나 임업 등도 포함한다. 즉, 농업은 생산요소인 토지, 노동, 자본 및 경영을 투입하여 농산물을 생산하는 산업으로 반드시 땅을 이용하는 것으로 볼 수 있다. 오늘날의 농업은 농축산물의 생산뿐만 아니라 그들의 가공, 판매, 그리고 농토의 정비, 비료 및 농약, 종묘, 농기구 등의 관련 산업 분야에 까지 확대되기도 한다. 하지만 우리나라에서 농업의 정의는 기본법에서 보듯이 1차 산업에만 국한되어 있다.

2016년 다보스포럼에서 첫 언급이 된 4차 산업혁명은 농업계에도 영향을 미치고 있다. 4차 산업혁명의 특징인 탈경계적 특성이 두드러지게 나타나 농업과 타 산업의 경계가 없어지고 산업 간 융·복합화를 통한 부가가치의 창출이 시작되고 있다. 이와

---

[1] 동법 시행령 제2조(농업의 범위) 『농업·농촌 및 식품산업 기본법』(이하 "법"이라 한다) 제3조 제1호에 따른 농업은 다음 각 호와 같다〈개정 2015.12.22〉. 1. 농작물재배업: 식량작물 재배업, 채소작물 재배업, 과실작물 재배업, 화훼작물 재배업, 특용작물 재배업, 약용작물 재배업, 버섯 재배업, 양잠업 및 종자·묘목 재배업(임업용 종자·묘목 재배업은 제외한다) 2. 축산업: 동물(수생동물은 제외한다)의 사육업·증식업·부화업 및 종축업 3. 임업: 육림업(자연휴양림·자연수목원의 조성·관리·운영업을 포함한다), 임산물 생산·채취업 및 임업용 종자·묘목 재배업. 농림수산식품부고시 제2012-205호, 2012. 9.14, 일부개정.

같은 4차 산업혁명 기술들은 농업생산과 유통, 가공, 서비스 분야뿐만 아니라 해당 산업의 가치사슬에 속하는 전후방산업이 모두 연계되어 산업 간 승수효과, 전후방산업 연관효과, 시너지효과 등이 나타나 농업여건 변화에 대응하는 방안으로 발전하고 있다. 농업은 타 산업보다 4차 산업기술의 도입이 상대적으로 용이하다. 왜냐하면 고령화로 인한 노동력 부족, 경지면적 축소로 인한 단위당 생산성 향상 등의 필요가 절실하기 때문이다. 또한 우리나라의 관련 정책도 타 국가에 비해 상대적으로 적극적이다. 이러한 기술도입의 예는 농업생산을 위한 스마트팜, 농업 중심 산업 간 연계의 6차 산업화, 식물공장 등으로 나타나고 있다. 이는 농업의 전통적인 개념인 토지를 이용하여 농산물을 생산한다는 토경과는 차이가 있는 것으로 기존 농업 개념의 재정립이 요구되고 있다.

농업부문에 ICT 융복합 기술적용 등을 통한 산업의 환경변화는 농업의 정의가 1차 산업에 국한하거나 반드시 땅을 이용하여 농산물을 생산하는 것으로 하기에는 한계가 있다. 생산에 있어 직접적으로 토지를 이용하지 않는 농산물가공과 판매 등 6차 산업,[2] 도시농업 등은 기존의 농업 기준에서는 농업이 아니다. 그리고 스마트팜이나 식물공장 등도 직접적으로 토지를 사용하지 않으니 기존 범주의 농업으로 보기에는 일부 무리가 있는 것이다. 이에 환경변화가 이루어지고 있는 현시점에서 제 논의 되어야 할 것이다.

2) 농지

농지는 농산물을 생산하는 토지 즉, 농업을 경영하기 위하여 사용하는 토지로서 토지대장지목에 따르지 않고 토지현상에 따라 결정된다. 농지에 대한 법적개념을 보면, "농지"란 다음 각 목의 어느 하나에 해당하는 토지를 말한다. 농지법 제2조 가항에서 전·답, 과수원, 그 밖에 법적 지목(地目)을 불문하고 실제로 농작물 경작지 또는 대통령령으로 정하는 다년생식물 재배지로 이용되는 토지라고 하였다.

그리고 농지법 제3조(농지에 관한 기본 이념)에서 ① 농지는 국민에게 식량을 공급하고 국토 환경을 보전(保全)하는 데에 필요한 기반이며 농업과 국민경제의 조화로운 발전에 영향을 미치는 한정된 귀중한 자원이므로 소중히 보전되어야 하고 공공

---

2) 6차 산업 인증사업자가 2016년 1,130곳에서 2020년 1,909곳으로 크게 증가하였다. 한전 약관을 보면 전기를 2개 이상 용도로 사용하면 계량기를 분리해 설치해야 하는데 분리하지 않을 경우 전기의 90% 이상을 판매단가가 낮은 용도(농사용)로 사용하지 않는 한 일반용 전기요금을 부과한다. 법원판결에 의하면 전기의 사용처(생산)와 활용처(관광용) 중 관광 수입이 50% 이상이므로 농사용 전기요금 적용이 안 된다고 하였다.

복리에 적합하게 관리되어야 하며, 농지에 관한 권리의 행사에는 필요한 제한과 의무가 따른다. ② 농지는 농업 생산성을 높이는 방향으로 소유·이용되어야 하며, 투기의 대상이 되어서는 아니 된다. 라고 하였다. 결국 농지의 개념을 정리해 보면, 법적지목에 관계없이 농작물을 경작하는 토지가 농지이며, 식량공급과 환경보전 차원에서 제한과 의무가 따른다고 할 수 있다.

그러나 최근 농업의 ICT 융복합기술 적용 등 환경변화를 보면 농지의 개념에 대해 다시 논의해봐야 할 것이다. 지하철역이나 아파트형 공장 등에서 볼 수 있는 식물공장은 농산물을 생산하는 곳이다. 그러나 해당 장소의 경우 농산물을 생산하는 장소이기는 하나 흙, 토지, 땅을 이용하여 생산하는 것은 아니므로 농지라고는 하기 어렵다. 이와 함께 최근 확대되고 있는 도시농업 유형 중 주택활용형으로 베란다 난간이나 옥상, 도심형(빌딩텃밭) 즉, 고층빌딩 옥상활용 등도 농지에서 농산물이 생산되고 있지는 않다. 결국 앞선 예는 농업을 경영하기 위해 사용하는 토지의 개념에서 보았을 때는 농지이나 실제는 농지로 규정되지 않고 있다. 이에 점차 확대되고 있는 농업 생산용 토지의 범위에 대한 논의가 필요하다.

이와 관련하여 구체적으로 식물공장의 경우 농업용 시설이라고 볼 수 있는지에 대한 고민도 필요하다. 우리나라에서는 식물공장에 대한 관심은 많은 편이나 관련 특별법이나 제도는 없는 실정이다. 이 때문에 현재 식물공장에서의 생산과 관련해서는 기존 농업 관련 법률들을 적용하고 공장의 요소와 연관된 측면에 있어서는 소방법, 건축법 등 관련 법규들의 적용을 받게 될 수밖에 없는 구조이다. 이에 현재 국내 식물공장은 농업생산시설이 아닌 탓에 농업진흥지역에 들어설 수 없다. 그렇다고 제조업에 속한 것도 아니기 때문에 농공단지에 입주할 수도 없다. 결국 우리나라에도 일본의 식물공장과 관련한 법규 및 해석이 필요하다(송재일, 2018). 우리와 비슷한 농지법 제도를 가진 일본의 사례를 보면 식물공장부지는 공식적으로 '농지(農地)'에 포함되어 있다(김영훈·이재혁, 2017).

요약하면 농지는 법적지목에 관계없이 농산물을 생산하는 토지라고 할 수 있다. 그래서 도시농업을 행하는 곳이나 식물공장 등도 개념상 농지라고 할 수 있어야 한다. 또한 농산물 생산방법이 다양하므로 세부적인 사항은 따로 규정해야 할 것이다.

2 농업경영학의 의의와 목적

1) 농업경영학의 의의

농업경영의 개념에 대해 심영근 외(2003), 구재서 외(2004), 강봉순(2006), 김용택 외(2010), Kay et al.(2016), 유준수(2016), 김태영(2017) 등의 개념을 다음과 같이 정리해 보았다.

농업경영학은 농업경영의 본질을 탐구하고 어떻게 하면 가장 효율적으로 농업경영의 목적을 달성할 수 있을 것인가의 이론과 방법을 연구하는 학문이다. 즉, 개별농가 농업경영의 목표인 농업소득 또는 농업순수익의 계속적인 극대화를 위하여 생산요소(토지, 노동, 자본)를 가장 효율적으로 결합 이용하여 농업생산성을 높여 수지맞는 농업경영을 계속적으로 영위하게 하는 방법을 구체적으로 연구하는 실천적 학문이다. 즉, 농업경영학은 생산의 기본단위인 농업경영자(farm operator)의 합리적인 의사결정을 연구하는 학문으로 한 국가 또는 일정지역의 농업전반에 걸친 경제적 문제를 다루는 농업경제학의 한 분야라고 할 수 있다.

4차 산업시대 농업경영자의 의사결정을 보면 정밀농업은 단위 필지별 또는 개체별 차이를 정확하게 측정하고 이를 바탕으로 농업경영자가 최적화된 처리를 하도록 의사결정을 도우며, 스마트농업은 첨단 ICT 기술을 새롭게 접목한 확장된 정밀농업으로 언제 어디서나 농장의 의사결정에 필요한 정보를 취득하고 농업경영자가 필요한 조치를 원격으로 취할 수 있으며, 디지털농업은 데이터 존재 유무나 가용성을 뛰어넘어 실행 가능한 의사결정기능을 창출하여 의사결정의 상당부문을 대체한다. 그러므로 4차 산업시대 농업경영학의 개념도 재논의 되어야 할 것이다.

2) 농업경영의 목적(Objective)

농업경영은 농업경영자가 일정한 목적을 가지고 토지, 노동, 자본을 이용하여 작물재배·가축사양 및 농산물가공 등을 행하여 농산물을 생산하고, 이것을 판매·이용 또는 처분하는 조직적 경제단위로서 목적은 다양하다.

농업경영의 목적은 농업을 구성하는 여러 조건에 따라서, 또는 시대의 변천과 더불어 변화하는 성질을 가지고 있다. 그러므로 어느 시대, 어느 장소, 어느 농가에나 적용될 수 있는 공통적인 경영목적이 있을 수 없으며 다음과 같이 다양하다.

(1) **자가식량 확보**: 소농경영으로 가족효용함수의 극대화가 목적이므로 시장가격이 영농에 미치는 영향이 적으며 농업의 전문화가 어렵다.

⑵ **농가소득의 최대화**: E. Aereboe는 농업인과 가족의 욕구충족으로 소득 극대화를 주장하였다.

⑶ **순수익의 최대화**: 독일의 농학자 A. D. Thaer는 순수익의 극대화가 농업 경영의 목적이라고 하였으며, J. H. von Thunen은 저서 고립국에서 Thaer의 순수익설을 구체화하였으며, T. H. Brinkmann은 한계수익과 한계비용이 같을 때 경영규모가 최대의 이익을 가져온다고 하였다.

⑷ **장래에 대한 안정적 추구**: 농지의 안정성(화재, 도난 없음)으로 재산소유수 단과 안정적인 직업이다.

⑸ 농업 이외의 직업 전환으로 인한 위험의 회피

⑹ 휴식과 투자수익(지가 상승 등)을 목적으로 하는 경우

⑺ 선조의 유업승계와 지역사회에서의 지위 유지

경제성장과 더불어 시장개방이 가속화되고 소비자의 욕구가 다양화 되면서 농업 경영의 활동이 단순히 농산물을 생산해서 판매하는 데에만 머물러서는 안 된다. 농산물 가공을 통해 부가가치를 창출하고, 숙박, 식당, 체험 등 다양한 서비스 제공을 통한 수익구조 개선 및 다각화가 필요하다. 나아가 경제적 이익추구뿐만 아니라 농촌 및 향토문화의 계승, 농업의 다원적 기능 유지·보전을 통해 소비자에게 다양한 비시장적 서비스를 제공하는 것도 농업경영의 범위에 포함되어야 할 것이다. 즉, 1차, 2차, 3차 산업을 포함하여야 할 것이다.

3) 농업경영학의 대상과 방법

농업경영학은 농업경영의 원리를 추구하는 학문으로 그 대상은 농업경영활동에 있다. 그러므로 농업경영의 대상은 농업부문의 경영학에 한정되므로 농가의 가계와 부업 또는 겸업은 대상에서 제외된다. 다만 농업경영자체를 보완한다면 일부로서 간주될 수는 있다고 볼 수 있다. 계속적인 재생산 경제단위로서의 농업경영만이 대상이 되므로 자급자족농가, 시험적인 농업경영 등은 대상이 될 수 없다.

4) 농업경영의 특징

농업은 농업이 갖는 특성 때문에 농산물의 생산과 가격, 유통측면에서 다른 산업에 비하여 매우 복잡하고 특수하다. 먼저 생산면에서 특성을 보면 농업은 생산과정이 동식물을 다루는 유기적 생산이고, 자연·기후조건(강우량, 습도, 일조, 바람 등)

등의 영향을 크게 받으므로 계획생산이 어렵다. 또한 기술적 농업의 응용과 발전 속도가 느리다. 따라서 이러한 요인들을 조정하기 위해서는 많은 비용과 노력이 필요하다. 그리고 농업생산에서는 기본적인 생산수단인 토지와 더불어 물의 비중이 매우 크며, 특히 토지는 질적으로나 양적으로 제한되어 있어 중요한 요인이 되고 있다. 또한 농업은 토지를 기초로 해서 동식물을 성장시키고 발육시키는 과정을 주요내용으로 하고 있기 때문에 토지가 없이는 농업생산을 할 수가 없다.

따라서 농업생산성 향상을 위해서는 질이 좋은 토지와 많은 양의 토지가 필요하다. 그러나 기존 토지의 질을 좋게 하고 양적으로 확대하기란 매우 어려운 일이다. 그리고 농업은 유기물질의 생산이므로 공업의 무기물질 생산과정에 비하여 기계화나 작업의 분업화가 어렵다. 그러므로 농업은 노동생산성이 낮고, 농업생산력의 개선도 느리다. 특히 농업에 있어서는 수확체감의 현상이 다른 산업에 비하여 크게 나타날 뿐만 아니라 생산이 1년에 1회 내지 2회에 지나지 않아 자본회전 속도가 느리므로 투자의 수익률이 낮다. 한편 이와 같은 생산의 계절적 특성에 따라 노동력의 수요도 연중 균등하지 못하므로 계절적 실업의 가능성도 있을 수 있다.

가격면에서 특성을 보면 농산물가격은 공산품가격과는 달리 생산자의 의사와는 관계없이 시장의 수요와 공급에 의해서 경쟁적으로 결정되며, 수요와 공급의 가격탄력성이 낮아 생산변동에 따른 가격변동이 심하여 농산물 가격은 불안정하다. 즉, 수요의 가격탄력성이 낮은 경우에는 가격이 하락하더라도 수요량이 그다지 크게 증가하지 않으므로 가격의 하락폭은 더욱 커지게 된다. 또한 농업생산물은 다른 상품에 비하여 생산기간이 길기 때문에 수량조절을 통한 대응능력이 부족하다. 따라서 풍년 때는 가격이 폭락하여 농민이 오히려 손해를 보는 궁박판매(窮迫販賣)의 경우가 생기는 것이다. 이러한 현상을 풍년기근(豊年饑饉)이라고도 한다.

마지막으로 농산물 유통면에서 보면 농산물의 유통과정이 복잡하고, 공산품에 비해 중간상인의 수가 많아서 유통비용이 높을 뿐만 아니라 상품가치에 비하여 부피가 크기 때문에 수송비가 많이 든다. 또한 대부분의 농산물은 부패성이 크기 때문에 품질보존 및 저장을 위한 비용이 많이 든다.

특히 우리나라 농업경영은 토지가 분산되어 있고 미작중심의 경종농업이 주이며, 경영규모가 영세하고, 자가노임 위주인 가족 중심의 경영이 많아 전문화가 어렵기 때문에 경영과 가계가 미분리되어 있는 경우가 많다. 이러한 농업경영의 특징은 농업의 특수성에 기인하므로 농업의 특수성을 생산, 가격, 유통 측면에서 간략하게 정리해 보면 다음과 같다.

(1) 생산의 특수성

① 토지가 주 생산수단

② 기후에 영향

③ 생산속도 인위적 조절 곤란

④ 가족노동 위주의 경영

⑤ 생산비중 고정비의 비중이 높음: 토지, 노동 등

⑥ 수확체감(Decreasing Return to Scale)이 심함

⑦ 자본회전 속도 느림 → 투자수익률 낮음

⑧ 계절생산 → 계절적 실업 가능성

(2) 가격의 특수성

① **공산품 가격**: 시장지배력을 배경 → 생산비에 의해 결정(생산자의사 반영)

② **농산물 가격**: 시장·수요·공급에 의해 결정 → 생산자농민은 가격수취자 (Price taker)

③ 수요·공급의 가격탄력성 적음(비탄력적): 작은 생산량 변동 → 가격변동폭 심함 → 「풍년기근」 현상도 발생

(3) 유통의 특수성

① 생산지·소비지 광범위하게 산재 → 유통과정 복잡 → 중간상인 다수 → 유통비용 높음

② 상품가치에 비해 부피가 큼 → 수송비 많음

③ 농산물의 부패성 → 품질 보존·저장비용 많음

3 경제발전과 농업의 역할

경제발전에 따라 농업의 비중이 상대적으로 낮아짐에 따라 농업의 중요성이 약화되는 경우가 있다. 그러나 공업이 경제발전에 불가결한 과정인 것처럼 농업역시 경제발전의 필요조건이다. 더욱이 농업국가에서는 국민경제의 절대적인 비중을 차지할 뿐만 아니라 경제발전의 중추가 되고 있다. A. Smith도 저서 『국부론』에서 농업생산이 경제성장의 초기단계에 있어서 국가의 기본적인 운영자본이라 하였고, W. W. Rostow도 경제발전에서 농업 역할의 중요성이 세 가지라고 하였다. 즉, 증가하는 도시인구를 위한 식량의 생산, 농업개발을 위한 운영자본의 역할, 경제발전에 필

요한 투자자본의 공급과 공업제품에 대한 시장이라고 하였다.

유엔의 식량농업기구(Food and Agriculture Organization, FAO)는 경제발전에서 농업 역할의 중요성을 다음과 같이 제시하였다.

1) 식량 및 원료의 공급

경제가 발전하면 비농업인구가 증가하고, 실질소득이 증가하여 식량뿐만 아니라 농산물가공식품에 대한 수요도 증가한다. 그런데 농업부문에서 비농업인구를 위한 식량을 공급하지 못하면 식량가격이 상승하고 이는 공업부문 임금의 상승을 가져오므로 공산품의 원가가 상승하여 국제경쟁력이 약화될 것이다. 그 결과 공업부문의 이윤이 떨어져 투자를 감소시킬 것이다. 또한 농산물가격의 상승은 인플레이션의 원인이 되어 경제발전의 저해가 될 것이다.

이러한 문제점을 해결하기 위하여 식량을 수입할 수도 있으나, 이는 경제개발을 위한 자본재 수입에 필요한 외화를 소비하는 결과가 되는 등 경제개발에 악영향을 줄 것이다. 또한 식량을 수입에 의존할 경우 주요 식량수출국이 농산물을 무기화한다면 식량 위기가 올 것이므로 안보적인 차원에서도 식량을 수입에만 의존하지 말아야 할 것이다.

농업을 경시하여 경제발전에 지장을 초래한 사례를 보면, 러시아의 경우 1920년대 초부터 농업을 희생시키면서 중공업에 중점을 두어 경제발전을 추진함으로써 농업생산량이 부족하여 심각한 공급부족을 초래하였다. 1950년대에 농업에 주력하였으나 현재도 식량생산은 저조하여 식량을 수입에 의존하고 있다. 중국은 1950년대에 군비현대화와 연계하여 대폭적인 공업화계획에 착수한 결과 식량공급에 차질을 가져옴에 따라 최근 농업생산기반 정비 등 농촌구조 개선에 박차를 가하고 있다.

농업은 섬유류와 잎담배 등 공업원료생산의 일부를 담당하는 점에서 경제개발을 위한 역할이 중시되고 있다. 특히 자본주의 초기단계의 후진국에서는 농산물이 국내 공업원료의 대부분을 차지하고 있다. 그러므로 농산물의 풍부한 공급은 이를 원료로 하고 있는 공업생산력 및 가득률을 높여 국제경쟁력을 강화시킴으로서 경제발전에 직접적으로 기여하게 된다.

2) 노동력과 자금의 공급

경제발전을 위해서는 노동력이 양적·질적으로 많이 소요되는데 이는 주로 농촌에서 공급되고 있다. 경제 개발도상국은 대부분의 생산자원인 생산요소를 생산성이 낮은 농업으로부터 생산성이 높은 비농업부문으로 이동시켜 자원의 효율성을 증진시키는 가운데 국민경제의 발전을 촉진하였던 것이다. 이런 측면에서 농업노동의 이동은 주로 교육수준과 생산성이 높은 청·장년층에 집중됨에 따라 농업부문 취업자 중에서 노인층과 부녀자의 비중이 높아지는 추세이다. 농업노동력의 고령화·부녀화는 농촌노임의 상승을 가져와 농업기계화 등 영농의 현대화를 촉진시켜 노동절약적 기계화가 가속화되고 있다.

경제발전 초기단계 대부분의 국가에서 농업이 국민소득의 가장 중요한 원천이 될 뿐만 아니라 타 산업개발을 위한 자금공급 역할을 하였다. 자금 공급방식을 보면, 경제개발 초기단계에는 농업의 주요자원인 토지와 수출농산물에 과세하여 비농업부문으로 투자하는 방법과 농업잉여의 강제적 저축에 의하는 방법이 있다. 사례를 보면 후진국의 경우 토지세의 과중한 부담은 농민의 생산의욕을 감소시킨다. 자금조달을 위하여 농산물 수출세를 부과한 나라는 태국의 쌀, 파키스탄의 면화에 대해 수출농산물의 과세품목으로서 개발자원의 중요한 역할을 하였다.

경제개발을 위한 자본조달방법으로 토지세, 수출세, 강제저축의 방법 외에도 국가가 국제시장가격보다 싼 값으로 농산물을 매입하여 수익을 세입으로 하는 방법, 그리고 저 농산물 가격정책으로 농업의 자원이 비농업부문으로 이동하게 하는 방법이 있다.

3) 수출농산물의 생산

농업발전에 의한 농산물 수출로 국제수지의 균형에 이바지하여 경제발전을 촉진시키는 역할을 한다. 즉, 농산물 수출로 외화가득을 하고 국제수지 개선을 하는 것이다. 대부분의 선진국들, 캐나다, 호주, 스웨덴, 뉴질랜드, 미국 등은 19세기에 주로 농산물 수출에 의해서 그들의 경제를 성장시켰다. 수출자원이 많지 않은 일본도 20세기 초까지 주요 수출품은 생사, 차, 쌀 등의 농산물이었다. 많은 후진국의 경우도 농산물의 수출로서 벌어들인 외화가 자체외화수입의 절반을 상회하였다.

농산물 수출이 외화 조달원으로 중요한 이유는 외화가득률[3]이 높기 때문이다. 그러나 원료농산물은 가격변동이 심하여 교역조건이 불리하므로 원료농산물의 수출보다 부가가치가 높고 가격변동 폭이 적은 가공농산물의 수출이 유리할 것이다.

---

3) 수출대금 중에서 그 수출을 위해 지불한 외화(원료수입 등)를 뺀 나머지, 즉 순 외화 가득액이 차지하는 비율.

4) 공업제품에 대한 시장

농업인은 공산품의 소비자 일뿐만 아니라 농업생산을 위한 비료, 농약, 농기구 등 생산요소의 수요를 유발하여 이들 요소산업의 발전을 유도한다. 이를 위해서는 농업 생산 증진에 의한 농가소득 향상으로 공산품의 유효수요를 증진시켜야 한다.

제2장 한국농업환경과 구조의 변화

① 농업위치의 변화

1) 국내에서 농업의 위치

총인구는 2010년 49,554천 명이 2020년 4.6% 증가한 51,836천 명이었으나 이후 감소하여 2023년 51,325천 명이었다. 가구 수를 보면 2010년 17,339천호에서 2023년 22,170천호로 증가하였다. 최근 인구감소에도 불구하고 가구 수가 증가한 것은 1인 가구와 2인 가구의 증가에 기인한다. 농가인구는 2010년 3,063천 명이 2023년 2,089천 명으로 32% 감소하였다. 농가호수도 같은 기간 1,177천호에서 999천호로 10% 감소하였다. 농가인구 감소보다 농가호수가 적게 감소한 것은 역시 1인 가구와 2인 가구 수의 증가에 있다. 이에 따라 총인구에 대한 농가인구의 비율은 2010년 6.2%에서 2023년 4.1%로 감소하였으며, 총가구수에 대한 농가호수의 비율도 같은 기간 6.8%에서 4.5%로 감소하였다. 그리고 고령화율(전체 인구에 대한 65세 이상 인구의 비율)을 보면 우리나라 전체는 2010년 11.0%에서 2023년 18.2%로 고령사회인데 농가인구의 고령화율은 2023년 52.6%로 초고령사회이다. 이를 보면 농업의 위치가 약해지는 추세일 뿐만 아니라 노동력의 부족과 노령화로 농업생산성 향상 등 어려움을 겪고 있다.

〈표 2-1〉 농가인구 및 가구 수 추이

연도	가구 수(천호)		인구(천 명)		비율(%)		고령화율(%)	
	총가구 수(a)	농가 호수(b)	총인구 (c)	농가인구 (d)	농가호수 (b/a)	농가인구 (d/c)	전체	농가
2010	17,339	1,177	49,554	3,063	6.8	6.2	11.0	31.8
2015	19,111	1,089	51,015	2,569	5.7	5.0	13.1	38.4
2020	20,927	1,035	51,836	2,314	4.9	4.5	15.7	42.4
2023	22,170	999	51,325	2,089	4.5	4.1	18.2	52.6

자료: 농림축산식품부, 「농림축산식품통계연보」, 각 연도

총취업자 중 농림어업취업자의 비율을 보면 1970년 50.4%에서 2000년 10.6%, 2010년 6.6%, 2019년 5.1%로 감소하였다. 그러나 코로나19 팬데믹(대유행)으로 인하여 2020년도에는 총취업자 수는 감소하였으나 농림어업취업자 수는 증가하여 비율은 5.4%로 전년대비 0.3% 증가하였으며, 경제위기[4]로 인한 불황 때도 귀농·귀촌자 수의 증가로 농림어업취업자 수가 증가하였다.

〈표 2-2〉 취업자의 추이

단위: 천 명, %

연도	총취업자 수	농림어업취업자 수	농림어업취업자 비율
1970	9,617	4,846	50.4
1980	13,683	4,654	34.0
1990	18,085	3,237	17.9
2000	21,156	2,243	10.6
2010	23,829	1,566	6.6
2019	27,123	1,395	5.1
2020	26,904	1,445	5.4
2021	27,273	1,458	5.3
2022	28,089	1,526	5.4

자료: 농림축산식품부, 「농림축산식품통계연보」, 각 연도.
　　 경제기획원, 「경제활동인구조사」, 각 연도.

농림어업 총생산액은 1990년 150,300억 원이던 것이 2020년도에는 328,592억 원으로 약 2.2배 이상 증가하였으나 경제발전에 의한 비농업부문의 급성장으로 전체 GDP에서 차지하는 농림어업 부문 GDP의 비중은 같은 기간 8.4%에서 2.0%로 크게 낮아졌다. 농업생산액의 비중은 1990년 7.2%에서 2020년 1.7%로 낮아졌는데, 이는 농업의 비중이 임업, 어업보다 더욱 크게 낮아졌다는 것을 의미한다.

이러한 현상은 경제개발 초기부터 불균형 성장전략에 따른 정부의 공업화 정책과 3차 산업의 발달에 기인한다고 볼 수 있다. 그러나 농업이 산업구조 속에서 그 비중이 낮아졌다고 해도 농업생산 그 자체의 절대량이나 절대액이 줄어든 것은 아니다.

---

4) 세계경제위기(2007~2008)시에도 이도향촌이 증가하였음.

<표 2-3> 농림어업총생산액 추이

구분	농림어업총생산 (10억 원)	전체 GDP 상대비율				
		농림어업	농업	임업	어업	농림어업서비스
1990	15,030.0	8.4	7.2	0.4	0.8	0.1
2000	25,049.4	4.4	3.7	0.2	0.4	0.1
2005	26,125.1	3.1	2.7	0.1	0.3	0.1
2010	28,297.4	2.5	2.0	0.2	0.3	0.1
2015	32,612.2	2.3	1.9	0.1	0.2	0.1
2020	32,859.2	2.0	1.7	0.1	0.2	0.1

자료: 한국은행, 「조사통계월보」, 각 연도; 농림축산식품부, 「농림축산식품통계연보」, 각 연도.

최근에 와서 취업자 구성이나 GDP 구성에 있어서의 농림어업부문의 비중이 크게 낮아져 거시경제정책상의 중요성은 크게 낮아지고 있다. 이와 같이 농업부문의 상대적 지위가 낮아지는 추세는 앞으로도 더욱 지속될 전망이다. 이러한 변화가 이루어지면 농업부문의 구성이나 성격에 있어서도 커다란 변화가 불가피하게 일어날 것이며 농업구조정책을 비롯한 제반 농업정책의 틀도 크게 달라져야 할 것이다.

이와 같은 경향은 경제성장률이 높아지면 필연적으로 그렇게 될 수밖에 없다는 점에서 반드시 문제점이라고만 할 수는 없다. 다만 이러한 농업의 상대적 비중 감소가 농업의 경시풍조로 이어져 농업발전을 더욱 어렵게 하고 있는 것이 문제점이라 할 수 있다.

2) 세계에서 한국농업의 위치

세계농지 보유 현황(국제토지연합, ILC, 2020년 보고서)을 보면 상위 1% 대농이 세계농지의 70%를 소유하고 있으며, 2ha 미만을 보유한 소농이 84%로서 중간계층이 감소하는 등 1980년대부터 양극화가 심화되고 있다.

한국은 산업구조 개편속도가 빨라 총 GDP 중 농림어업 GDP 비중이 2.0%로서 세계 평균 4.3%보다 낮아 세계에서 22위 수준이다. 경제성장에 의한 농업종사자 수의 감소로 총취업자 중 농림어업취업자 비중이 5.5%로서 세계평균 38.3%보다 크게 낮았다. 그리고 농촌인구 및 경지면적이 각각 전 세계에서 61위, 98위로서 농업의 비중이 낮아지는 경향을 나타내고 있다.

각국의 곡물자급률을 보면 호주는 300%를 상회하고 프랑스는 200%에 달하며,

미국, 독일, 중국도 100%를 상회함에 따라 OECD 곡물자급율도 95%, 세계 평균 곡물자급률은 100%를 상회함에도 불구하고 한국 곡물자급률은 21.4%로서 매우 낮게 나타나고 있다. 생산량 기준 세계 상위 순위 작목을 보면, 마늘·파 3위, 배추 4위, 딸기 7위, 귤 8위, 시금치 10위로 순위가 높게 나타났다.

한국은 농축산물 전 세계 수출액의 0.4%, 수입액의 1.8%로 세계 13위 농축산물 수입국이며, 무역적자 4개국(중국, 일본, 영국, 한국)에 포함되고 있다. 품목별 수출입규모를 보면, 세계 상위 수출 품목인 고추(파프리카, 피망 포함)는 세계 고추류 수출액의 0.4%로서 9위이며, 배, 딸기, 배추가 각각 11위, 13위, 18위이다. 반면에 수입액 기준 세계 10위 안의 품목을 보면 옥수수 2위, 참깨 4위, 오렌지 7위, 밀·당근 8위, 포도 9위이다. 농업총생산액 대비 농업보조금 비율을 보면 OECD 평균 10.4%에 비해 한국은 4.7%에 불과하다.

2 농가경제구조의 변화

1) 경지면적 추이

경지면적은 1980년 2,196천ha이던 것이 2023년에는 1,512천ha로 31% 정도 감소하였다. 경지면적 감소원인은 개간·간척의 면적보다 유휴지·건물건축에 의한 농지전용면적이 증가한데 있다. 특히 농지전용이 심했던 시기는 2006~2010년 공공기관 지방이전으로 연평균 2만 1백ha 전용에도 원인이 있다. 같은 기간 논과 밭의 면적은 각각 37%, 17% 감소하였다. 논의 면적에 비해 밭의 면적 감소가 적은 것은

〈표 2-4〉 연도별 경지면적 추이

연도		1980	1985	1990	1995	2000	2005	2010	2015	2020	2023
경지면적 (천ha)	논	1,307	1,325	1,345	1,206	1,149	1,105	984	908	824	764
	밭	889	819	764	779	740	719	731	771	741	748
	계	2,196	2,144	2,109	1,985	1,889	1,824	1,715	1,679	1,565	1,512
호당경지면적 (ha)	논	0.61	0.69	0.76	0.80	0.83	0.87	0.84	0.83	0.80	1.05
	밭	0.41	0.42	0.43	0.52	0.54	0.56	0.62	0.71	0.71	0.52
	계	1.02	1.11	1.19	1.32	1.37	1.43	1.46	1.54	1.51	1.57

자료: 농림축산식품부, 『농림축산식품통계연보』, 각 연도.

밭작물의 소득이 상대적으로 높은데 있다고도 볼 수 있다. 농가당 경지면적은 경지면적 감소에 비해 농가호수 감소가 더욱 많아 1980년 1.02ha에서 2023년에는 1.57ha로 약 54% 증가하였다.

2) 농산물 생산액의 변화

식품소비패턴의 변화에 따라 농업총수입에서 차지하는 작물별 비중도 크게 변화하였다. 식량작물 수입의 비중은 1990년까지 50%를 상회하였으나 이후 점차 감소하여 2022년도에는 21.6%로 낮아졌다. 채소류·과일류·축산물의 비중은 점차 높아져 1980년도 각각 16.2%, 5.2%, 13.8%이던 것이 점차 증가하여 2023년도에는 각각 26.5%, 15.6%, 26.5%로 비중이 높아졌으나 최근에는 축산물의 비중이 낮아지는 반면 과실류와 채소류의 비중은 높아지는 추세이다.

〈표 2-5〉 작물별 총수입의 변화 추이

단위: 천 원, (%)

연도	1980	1985	1990	1995	2000	2005	2010	2015	2020	2022
식량 작물	1,379 (58.9)	2,943 (53.8)	4,848 (53.4)	6,047 (37.8)	8,588 (44.0)	8,801 (33.2)	6,831 (25.1)	7,909 (23.5)	8,124 (22.5)	7,490 (21.6)
채소류	379 (16.2)	950 (17.3)	1,448 (16.0)	3,386 (21.1)	4,765 (24.5)	6,388 (24.1)	7,251 (26.6)	8,138 (24.2)	9,263 (25.7)	9,164 (26.5)
과실류	121 (5.2)	347 (6.3)	712 (7.8)	1,542 (9.6)	2,443 (12.5)	2,945 (11.1)	4,147 (15.2)	4,346 (12.9)	4,735 (13.1)	5,393 (15.6)
축산물	323 (13.8)	953 (17.4)	1,608 (17.7)	3,999 (25.0)	2,571 (13.0)	6,386 (24.1)	5,892 (21.7)	10,530 (31.3)	10,434 (29.0)	9,153 (26.5)
기타	140 (5.9)	284 (5.2)	462 (5.1)	1,038 (6.5)	787 (4.0)	1,986 (7.5)	3,100 (11.4)	2,731 (8.1)	3,477 (9.7)	3,404 (9.8)
계	2,342 (100.0)	5,477 (100.0)	9,078 (100.0)	16,012 (100.0)	19,514 (100.0)	26,496 (100.0)	27,221 (100.0)	33,654 (100.0)	36,033 (100.0)	34,604 (100.0)

자료: 〈표 2-4〉와 같음.

3) 도·농 간 소득격차 추이[5]

1988년도까지는 농가소득이 도시근로자가구소득을 상회하였으나, 1990년도 농가소득이 1,103만 원으로 도시근로자 가구소득 1,134만 원의 97.22%로서 큰 차이

---

[5] 2017년부터 도시근로자가구 월평균소득은 공표하지 않음.

가 없었으나 이후 격차가 지속적으로 확대되어 2015년도에는 64.4%로 낮아졌다. 이는 농업소득이 20년째 1천만 원대를 벗어나지 못함에 따라 2005년 처음 농가소득 3천만 원 상회 이후 10여 년째 큰 변동 없는데 기인한다고 볼 수 있다. 그러나 2020년도에는 농가소득의 증가로 도시가구소득에 대한 비중이 72.8%로 증가하였으나 2022년도에는 69.7%로 감소하였다.

도·농 간 소득의 차이를 소득수준별로 보면 2015년 하위 20% 농가소득은 686만 원으로 하위 20% 도시근로자가구 수득 2,412만 원의 28.4%로 큰 격차를 보이고 있다. 그러나 상위 20% 소득은 농가가 9,941만 원, 도시근로자 1억 493만 원의 95% 수준으로 비슷한 수준이다.

〈표 2-6〉 도·농 간 소득격차 추이

단위: 만 원

연도	1990	2000	2010	2015	2020	2022
농가소득	1,103	2,307	3,212	3,721	4,500	4,615
도시근로자가구소득	1,134	2,865	4,809	5,780	6,180	6,620
농가/도시(%)	97.2	80.5	66.8	64.4	72.8	69.7

자료: 통계청, 「농가경제통계」, 「도시가계연보」, 각 연도.

4) 농가소득 추이

농가경제구조는 기본적으로 농가소득[6]의 결과로 나타난다. 농가소득은 농가구성원이 자가 영농을 비롯한 각종 경제활동에 참여해서 얻는 경제적 성과로 볼 수 있으며, 그 수준은 농가구성원의 경제적 생활과 직결될 뿐만 아니라 나아가서는 농업을 비롯한 농가의 경제활동을 위한 투자재원의 바탕을 이룬다는 점에서 중요한 의미를 지닌다. 또한 국민경제의 관점에서 보면 하나의 산업으로서의 농업과 비농업의 소득 면에서 지위의 변동은 분배의 형평이라는 면에서 의미를 지닌다. 이러한 의미에서 먼저 평균적인 농가의 소득 면에 있어서의 지위를 비농가와의 관계 속에서 살펴볼 필요가 있다.

---

6) 농가소득은 농업소득, 농외소득, 이전수입으로 구성된다. 농업소득은 순수하게 농사를 지어 벌어들인 소득으로 농업조수입에서 농업경영비를 차감한 농업활동의 총보수를 나타내며, 농외소득은 농가가 농업이외의 활동을 통하여 얻은 소득으로서 겸업소득, 사업이외소득으로 구분된다. 겸업소득은 상업 및 서비스업이고, 사업이외소득은 노임, 임대료 등이다. 이전수입은 농가가 비경제적활동으로 얻는 수입 즉, 사례금, 사적보조금, 경조비, 퇴직일시금 등을 합한 금액을 말한다.

농가소득은 농업소득과 농업 외 소득, 이전 소득, 비경상소득으로 구분된다. 농가소득 구성요소별 비중을 보면 1990년도에는 농업소득이 56.8로 가장 큰 비중을 차지하였으며 다음으로 농업외소득과 이전소득이 각각 25.8% 17.4%의 비중을 차지하였다. 그러나 농업소득의 비중은 감소하여 2021년에는 27.1%로 감소하였으며, 농업 외 소득은 음식숙박, 농촌관광 등 6차 산업과 관련된 것으로 꾸준하게 증가하여 2019년 42.1%이었으나 이후 코로나로 인한 농촌관광 침체 등으로 비중이 감소하였다. 이전소득은 2014년부터 메르스 등 각종 재난영향과 코로나로 인한 재난지원금과 공익직불제 등으로 증가하는 추세를 나타내고 있다. 2022년도에는 전년도에 비해 농업소득이 크게 감소하여 농가소득에서 차지하는 비중이 20.6%로 낮아진 반면, 농외소득은 증가하여 비중이 41.6%에 달하였다. 농업소득 감소는 기상악화와 병충해 발생 및 가격변동과 경영비 증가에 기인하며, 농외소득 증가는 코로나19 팬데믹 이후 농촌관광과 체험활동 증가에 있다.

〈표 2-7〉 연도별 농가소득 추이

단위: 만 원, (%)

연도	1990	2005	2010	2015	2017	2018	2019	2020	2021	2022
농업소득	627 (56.8)	1,182 (38.7)	1,010 (31.4)	1,125 (30.2)	1,005 (26.3)	1,292 (30.7)	1,026 (24.9)	1,182 (26.2)	1,296 (27.1)	949 (20.6)
농업 외 소득	284 (25.8)	988 (32.4)	1,294 (40.3)	1,494 (40.1)	1,627 (42.5)	1,695 (40.3)	1,733 (42.1)	1,661 (36.9)	1,778 (37.2)	1,920 (41.6)
이전소득	192 (17.4)	408 (13.4)	561 (17.5)	791 (21.3)	890 (23.3)	989 (23.5)	1,123 (27.3)	1,426 (31.7)	1,481 (31.0)	1,524 (33.0)
비경상소득		472 (15.5)	347 (10.8)	311 (8.4)	302 (7.9)	230 (5.5)	236 (5.7)	234 (5.2)	221 (4.7)	222 (4.8)
계	1,103 (100.0)	3,050 (100.0)	3,212 (100.0)	3,721 (100.0)	3,824 (100.0)	4,206 (100.0)	4,118 (100.0)	4,503 (100.0)	4,776 (100.0)	4,615 (100.0)

자료: 통계청, 「농가경제통계」, 각 연도.

농가소득을 영농형태별로 보면 대체로 축산농가와 과수농가는 평균을 상회하나, 논벼농가와 채소농가는 평균보다 낮았다. 이에 따라 영농형태별 농가소득 추이가 1995년도에 비해 2021년도에는 평균은 2.07배 증가하였는데 영농형태별로 보면 축산농가만 평균증가율을 상회한 2.41배 증가하였으며, 논벼농가, 채소농가, 과수농가는 평균보다 낮았다. 2022년도에는 과수농가와 채소농가는 증가한 반면 논벼와 축산농가는 감소하였다.

〈표 2-8〉 영농형태별 농가소득 추이

단위: 만 원

연도	1995	2000	2010	2015	2020	2,022
논벼농가	1,770	1,959	2,063	2,558	3,528	3,157
채소농가	2,241	1,995	2,863	2,700	3,389	3,624
과수농가	3,050	2,860	3,499	3,403	4,055	4,567
축산농가	3,368	2,981	4,218	7,965	8,112	6,303
평균	2,180	2,307	3,212	3,722	4,503	4,615

자료: 〈표 2-4〉와 같음.

5) 농업소득률 추이

호당 농업총수입은 계속 증가하여 1995년 1,601만 원이던 것이 2020년도에는 3,603만 원으로 2배 이상 증가하였다. 이에 비해 농업경영비는 같은 기간 554만 원에서 4.4배 증가한 2,421만 원이었다. 이에 따라 농업소득률(농업소득/농업총수입)은 같은 기간 65.4%에서 32.8%로 감소하였다. 2022년도에는 농업총수입은 감소하고 농업경영비는 증가하여 농업소득률은 27.4%로 크게 감소하였다.

〈표 2-9〉 농업소득률 추이

연도	1995	2000	2010	2015	2020	2022
농업총수입(만 원)	1,601	1,951	2,722	3,365	3,603	3,460
농업경영비(만 원)	554	862	1,712	2,240	2,421	2,512
농업소득률(%)	65.4	55.8	37.1	33.4	32.8	27.4

자료: 〈표 2-4〉와 같음.

6) 농가부채 및 자산 추이

농가부채의 경우 2005년 말 호당평균 2,721만 원으로 1990년 4,735천 원보다 5.7배 이상 증가하였으나 이후 농가부채는 정체현상을 보이다가 2022년도에는 35,022천 원으로 크게 증가하였다. 농가부채에서 차지하는 생산성부채의 비중은 1995년도 80%이던 것이 최근에는 40%대를 유지하다가 2022년도에는 35.6%로 낮아졌다. 반면에 가계성부채와 차입금상환부채는 계속 크게 증가하였다.

농가자산은 1990년도 79,352천 원이던 것이 2022년도에는 616,467천 원으로

〈표 2-10〉 농가부채 및 자산의 구성

단위: 천 원, (%)

구분	1990	1995	2000	2005	2010	2015	2020	2022
농가부채	4,735 (100.0)	9,163 (100.0)	20,207 (100.0)	27,210 (100.0)	27,210 (100.0)	27,215 (100.0)	37,590 (100.0)	35,022 (100.0)
생산성부채	3,147 (66.5)	7,331 (80.0)	15,159 (75.0)	16,315 (60.0)	12,930 (47.5)	11,917 (43.8)	14,510 (38.6)	12,476 (35.6)
가계성부채	1,015 (21.4)	1,110 (12.1)	3,882 (19.2)	6,614 (24.3)	7,330 (26.9)	7,754 (28.5)	12,183 (32.4)	11,397 (32.6)
차입금상환	573 (12.1)	722 (7.9)	1,166 (5.8)	4,281 (15.7)	6,950 (25.6)	7,544 (27.7)	10,897 (29.0)	11,149 (31.8)
농가자산	79,352 (100.0)	158,171 (100.0)	159,975 (100.0)	298,178 (100.0)	372,476 (100.0)	453,581 (100.0)	565,622 (100.0)	616,467 (100.0)
고정자산	69,666 (87.8)	134,334 (84.9)	125,918 (78.7)	238,399 (80.0)	289,435 (77.7)	358,793 (79.1)	484,985 (85.7)	528,665 (85.8)
재고자산	3,160 (4.0)	4,098 (2.6)	4,796 (2.9)	5,425 (1.8)	5,373 (1.4)	5,679 (1.2)	3,744 (0.7)	3,849 (0.6)
당좌자산	6,526 (8.2)	19,739 (12.5)	29,261 (18.4)	54,354 (18.2)	77,668 (20.9)	89,109 (19.7)	76,893 (13.6)	83,952 (13.6)

주: 고정자산은 1999년 이전 토지자산의 평가기준가격으로 인근 거래가격을 조사·인용해왔으나 이후는 공시지가로 변경하였음. 재고자산과 당좌자산은 2003년 이전 유동자산과 유통(금융) 자산 항목수치임.
자료: 통계청, 「농가경제통계」, 각 연도.

크게 증가하였다. 농가자산에서 차지하는 고정자산의 비중은 80% 내외로 가장 크며, 재고자산의 비중은 감소하는 추세로 최근에는 0.6%로 낮아졌다. 농가자산에 대한 농가부채의 비율을 보면 1990년 6.0%, 2000년 12.6%로 증가한 이후 2005년 9.1%, 2010년 7.3%, 2015년 6.0%, 2022년도에는 5.7%로 감소하였다.

③ 농식품 소비 트렌드의 변화

1) 농식품 소비량 변화

농업경영자는 농산물 품목별 소비변화에 맞추어 생산하여야 하므로 소비량 변화를 알아보는 것이 중요하다. 우리나라 1인당 연간 식품소비량 변화를 보면 곡물은 크게 감소한 반면 과일·육류의 소비량은 크게 증가하였다. 곡물의 1인당 연간소비량은 1980년 195.2kg이던 것이 매년 감소하여 2020년도에는 108.5kg으로 44.4% 감소하였다. 품목별로 보면 쌀과 보리쌀이 1980년 각각 132.4kg, 13.9kg이던 것이 2020년도에는 각각 57.7kg, 1.4kg으로 56.4%, 90%로 크게 감소하였다. 옥수수와 콩은 큰 변화가 없는 반면 서류는 1980년 6.3kg에서 2020년도에는 3.1kg으로 50.8% 감소하였다. 같은 기간 채소는 120.3kg에서 149.8kg으로 24.5% 증가하였으며, 과일과 육류는 같은 기간 각각 22.3kg, 11.3kg에서 51.5kg, 52.5kg으로 각각 2.3배, 4.6배 증가하였다. 육류는 쇠고기, 돼지고기, 닭고기 모두 크게 증가하였다. 우유의 소비량은 1980년 10.8kg에서 2020년 83.9kg으로 7.8배 이상 증가하였다. 같은 기간 계란의 소비량도 2.3배 이상 증가하였다.

〈표 2-11〉 식품 1인당 연간 소비량 변화

단위: kg

연도		1980	1990	2000	2005	2010	2015	2020
곡물	쌀	132.4	119.6	93.6	80.7	72.8	62.9	57.7
	보리쌀	13.9	1.6	1.6	1.2	1.3	1.3	1.4
	밀	29.4	29.8	35.9	31.8	32.1	32.2	31.2
	옥수수	3.1	2.7	5.9	4.9	3.9	3.6	3.1
	콩	8.0	8.3	8.5	9.0	8.3	8.2	6.5
	서류	6.3	3.3	4.3	4.2	3.5	3.3	3.1
	기타	2.1	1.7	3.5	3.8	3.8	4.5	5.5
	계	195.2	167.0	153.3	135.6	125.7	116.0	108.5
채소		120.3	132.6	165.9	145.5	147.3	158.1	149.8
과일		22.3	41.8	58.4	62.6	57.6	59.8	51.5
육류	쇠고기	2.6	4.1	8.5	6.8	8.8	10.9	12.9
	돼지고기	6.3	11.8	16.5	17.8	19.3	22.5	27.1
	닭고기	2.4	4.0	6.9	7.5	10.7	13.4	12.5
	계	11.3	19.9	31.9	32.1	38.8	46.8	52.5
우유		10.8	43.8	59.6	62.9	64.2	75.7	83.9
계란(개)		119	167	184	220	236	268	281

자료: 농촌경제연구원, 「식품소비행태조사결과」, 각 연도.

2) 농식품 소비 트렌드의 변화[7]

농촌진흥청이 발표한 식생활 변화를 보면 아침식사 결식률이 2005년 19.9%에서 2023년 34%(20대는 53.5%)로 증가한 반면 저녁식사 가족 동반 식사률은 같은 기간 76%에서 64%로 감소하였으며, 하루 1회 이상 외식률은 2008년 24.2%에서 2023년 남성 33.4%, 여성 21.9%로 증가하였다. 이는 가정식보다 외식의 비중이 높아지고 있으므로 이를 고려하여 농산물을 생산하여야 할 것이다. 2022년 물가상승으로 채소와 과일, 육류 구매 시 가격을 고려하는 비중이 증가하였으며, 친환경 식품을 구매하는 인구 비중은 꾸준히 감소하다가, 2022년 친환경 식품에 대한 다양한 지원과 할인의 영향으로 크게 증가하였다.

1인 가구 비중을 보면 2000년대 초 15.6%에서 2017년 28.8%, 2021년 33.4%로 증가함에 따라 1인 가구 소비 지출액이 2010년 60조 원에서 2020년 120조 원에 달하였다. 앞으로는 농식품 소비가 1인 가구 중심으로 소비자 구입패턴이 변화될 것이므로 이에 맞추어 농산물을 생산하여야 할 것이다. 1인 가구 증가에 의한 소비 트렌드의 변화로 가정간편식(HMR, home meal replacement) 매출액이 2009년 7,100억 원, 2013년 1조 3천억 원, 2015년 1조 7천억 원, 2023년 4조 1천억 원으로 크게 증가하였으며 계속 증가할 것으로 예상되고 있다.

3) 농식품 구입방법의 변화

농식품 구입방법의 변화에 맞추어 농산물을 생산·가공·유통을 해야 할 것이다. 구입방법의 변화를 보면 온라인거래와 이중 모바일 거래액이 크게 증가하는 추세이며 더불어 편의성 위주의 식품 구입 트렌드를 나타내고 있다. 온라인으로 식품을 구매하는 비중은 지속적으로 증가하였으나 식품비에서 차지하는 비중은 감소하는 추세인 것으로 나타났다. 온라인 식품구매 방법으로는 모바일 구매가 일상화되고 있다.

온라인으로 식품을 구매하는 인구 비중을 보면 2주일에 1회 이상 온라인으로 식품을 구매하는 비중이 2019년 14.9%에서 2022년 40.9%로 증가하였으며, 특히 주 1회 구매하는 비중이 같은 기간 3.7%에서 16.6%로 크게 증가한 반면, 온라인으로 구입을 하지 않는 인구비중은 같은 기간 55.4%에서 36.8%로 감소하였다. 이를 보면 온라인으로 식품을 구매하는 인구가 지속적으로 증가하는 추세를 보이고 있다.

---

7) 농촌진흥청, 『농식품소비트렌드 변화』, KREI, 농식품소비트렌드(농식품소비정보, 2023년 1호).

<표 2-12> 온라인 식품구매 빈도

단위: %

구분	주 2~3회	주 1회	2주 1회	1달 1회	1달 1회 미만	구입 안함
2019	1.2	3.7	10.0	15.9	13.9	55.4
2020	2.8	8.9	14.2	12.0	13.3	48.8
2021	3.7	11.9	18.3	18.4	8.4	39.3
2022	4.0	16.6	20.3	15.5	6.9	36.8

식품비중 온라인 구매 비중을 보면, 식품비의 61% 이상을 온라인에서 사용하는 응답자 비중이 2019년 1.2%에서 2021년 7.7%로 증가하였으나 2022년에는 1.5%로 감소하였다. 그리고 식품비의 20% 이하를 온라인에서 사용하는 응답자 비중은 2019년 67.5%에서 2021년 57.8%로 감소하였다가 2022년에는 68.3%로 증가하였다. 이는 포스트 코로나 시기, 거리두기 완화에 따른 오프라인 소비 증가로 식품비 중 온라인 구매 비중이 감소한데 있다.

<표 2-13> 식품비 중 온라인 구매 비중

단위: %

구분	1~20%	21~40%	41~60%	61~80%	81~100%
2019	67.5	26.2	5.1	1.1	0.1
2020	64.9	26.4	5.3	2.4	0.1
2021	57.8	26.0	8.5	5.5	2.2
2022	68.3	25.5	4.8	1.2	0.3

온라인 식품 구입 시 이용방법을 보면, PC 이용은 감소하는 반면 모바일로 식품을 구매하는 비중은 지속적으로 증가하는 추세이다. 즉, PC를 이용한 식품 구매 비중은 2019년 26.5%, 2020년 16.8%, 2021년 11.3%, 2022년 6.6%로 감소하였다. 반면에 스마트폰과 태블릿 PC를 이용한 모바일 식품 구매는 2019년 73.5%에서 2022년 93.4%로 증가한 것을 보면, 모바일을 통한 식품 구매가 일상화되고 있다고 볼 수 있다.

식품소비 및 구입 트렌드의 변화에 대응하기 위해 모바일 주문·배송시스템 구축과 간편식·소포장 제품개발이 요구된다. 더불어 인스타그램(사진, 동영상 기반), 페이스북 등 SNS(사회관계망서비스)를 이용한 농산물 직거래 노력이 시급하다.

<表 2-14> 온라인 식품 구입 시 이용방법

단위: %

구분	2019	2020	2021	2022
컴퓨터	26.5	16.8	11.3	6.6
모바일	73.5	83.2	88.7	93.4

4 무역자유화와 농업

1) 대외무역 의존도

우리나라는 대외무역의존도(교역액/GDP)가 80%를 상회하는 수출주도형 경제구조이므로 FTA 추진 등 무역자유화가 불가피하다. 그러나 FTA 체결 등 무역자유화로 농업부문의 무역적자 심화 등 부정적 영향이 우려되고 있다.

우리나라 전체 무역수지를 보면 1990년대까지 무역적자를 유지하였으나 이후 흑자가 계속 증가하여 2015년도에는 900억 달러를 상회하였으나 최근 흑자 규모가 감소하였다. 반면에 농림축수산품은 매년 수입이 크게 증가하여 무역적자가 2020년 300억 달러에 달하여 전체 흑자금액의 66.8%에 달하였다. 2022년도에는 원자

<표 2-15> 농림축수산물 무역수지

단위: 백만 달러

연도	수출		수입		무역수지	
	전체	농림축수산	전체	농림축수산	전체	농림축수산
1970	835	218	1,984	469	△1,149	△251
1980	17,505	1,930	22,292	3,164	△4,787	△1,234
1990	65,016	2,920	69,844	5,789	△4,828	△2,869
2000	172,268	3,036	160,481	9,861	11,787	△6,825
2005	284,419	3,416	261,238	14,276	23,181	△10,860
2010	466,384	5,880	425,212	25,787	41,172	△19,907
2015	526,757	8,028	436,499	34,776	90,258	△26,748
2020	512,500	9,869	467,600	39,876	44,900	△30,007
2022	683,585	11,962	731,370	55,488	△47,785	△43,526

자료: 농림축산식품부, 『농림축산식품통계연보』, 각 연도.

재가격 상승과 반도체 수출 둔화 및 세계경제 둔화로 전체 무역수지가 478억 달러의 적자가 나타났으며 이중 농산물 무역적자 비중이 91%를 상회하였다.

2) WTO·FTA와 농업부문의 대책

FTA 등 시장개방 확대, 소비자 충성도 약화, 관세인하 지속, 비관세장벽이 점차 허물어짐에 따라 농산물 수입액이 10년 사이에 2배 증가하였다. 특히 수입농산물의 84.7%가 FTA 체결국, 특히 미국과 아세안 국가로부터 수입하였다. 최근 수입농산물에 대한 거부감이 감소하여 인터넷, 해외여행으로부터 직구입금액이 증가하는 추세이다. 무역자유화에 대한 농업부문 피해대책으로 농특세가 도입되었고, 무역이득공유제가 논의되었으나 실현되지 않았고 FTA 농어촌상생기금을 10년간 1조 원을 조성하기로 계획하였다.

농특세는 UR 협상결과 WTO(1995) 체제 출범 시 농업부문 지원을 위해 10년간 2004년까지 한시적으로 도입되었다. 이후 한·칠레 FTA(2005) 협정으로 다시 2014년까지 10년 연장되었으며, 한·중 FTA(2015) 협정으로 2024년까지 연장되었다. 농특세사업은 정부예산사업과 겹치지 않는 영역발굴이 중요하다. FTA 농어촌상생기금 조성은 민간 기업이 최대한 참여함에 따라 농업계 부담은 최소화 하고 부족분은 정부가 책임져야 효과가 있을 것이다. 사업은 정부예산사업과 겹치지 않아야 하며, 농업과 기업의 상생협력 사업을 개발하거나 기부자가 기금용도를 지정하는 방안도 고려해 볼 수 있다.

3) CPTPP, RCEP와 한국농업

포괄적·점진적 환태평양경제동반자협정(Comprehensive and Progressive Trans-Pacific Partnership, CPTPP)은 원산지 범위를 폭넓게 인정함에 따라 회원국에서 원료를 수입하여 국내에서 가공하면 원산지가 국산으로 인정함에 따라 농식품기업은 원료공급선을 바꾸는 변화가 생길 것이므로 농축산물 수출국에 유리하다. 그리고 CPTPP는 기존 통상규범보다 강화된 규범을 회원국에 요구 즉, 수입국의 동식물위생검역(SPS) 조치에 엄격한 과학성과 객관성을 요구하므로 한국은 병해충 유입가능성을 이유로 신선상태의 사과, 배 등을 수입하지 않고 있으나 가입 후는 수입금지가 어려울 것이다. 그리고 SPS 규정에는 가축전염이나 식물발생 범위를 국가·지역단위보다 농장·도축장 등 계통단위로 구획화 함에 따라 주요과실과 축산물에 대한 수입허용을 지역과 구획별로 세분화해 요청할 것이다.

역내·포괄적 경제동반자협정(Regional Comprehensive Economic Partnership, RCEP)은 중국 주도로 높은 수준의 FTA 체결이 목적이며, CPTPP와 같이 SPS 지역화 인정으로 특정지역에서 병해충이나 가축질병 발생 시 국가 내 다른 청정지역 생산 농축산물은 수출을 허용하며 누적원산지 조항에 의해 식품업체가 중간재료로 사용하는 국산농산물을 알셉 회원국농산물로 대체해도 상품의 원산지를 국산으로 한다. 따라서 아세안산 냉동열대수입과일 증가로 국산 수박, 참외에 영향을 미칠 것이며, 파파야는 소비시기가 겹치는 국산 사과, 배, 토마토 가격에 영향을 줄 것이다. 그리고 아세안 열대과일 관세의 단계적 감소로 10년 후 무관세가 되므로 두리안, 파파야, 대추야자, 망고스틴, 구아바 등의 수입이 급증할 것이다.

5 농촌지역 구성원의 다양화

농업인력의 기본인 농촌지역 구성원이 선대부터 거주해오던 토박이 중심에서 국내외적 환경변화에 따라 귀농·귀촌자, 외국여성 결혼이민자, 외국인 근로자 등으로 다양화되고 있다. 본장에서는 이러한 구성원의 변화가 농촌지역과 농업부문에 미치는 영향을 알아보았다.

1) 귀농·귀촌자와 농업인력

우리나라 귀농·귀촌의 1세대는 산업화이전 이조시대에 선비가 고향으로 낙향하여 지역 활성화와 지역봉사를 한 세대이다. 2세대는 일제 강점기 1930년대 농촌계몽운동을 위하여 농촌에 거주하는 도시의 지식인층이라고 볼 수 있다. 그리고 3세대는 2009년경부터 베이비부머 세대(1955~1963년생)의 귀농·귀촌이다. 4세대는 디지털농업을 선도하는 청년농이라고 할 수 있을 것이다.

(1) 귀농·귀촌 현황

전국의 2021년 귀촌·귀농인구수는 각각 495,658명, 19,776명으로 2016년 475,489명, 20,559명에 비해 귀촌인구수는 4.2% 증가한 반면 귀농인구수는 3.8% 감소하였다. 2022년도에는 각각 421,106명, 16,906명으로 전년대비 크게 감소하였다. 귀농·귀촌가구 수 추이는 인구수 추이와 비슷한 경향을 보이고 있다. 2013년 통계작성 이후 2019년 처음 전년 대비 귀농가구 수 4.5%, 귀촌가구 수 3.3% 감소한 이후 2021년도에는 통계조사 이후 최대치를 기록하였으나 2022년도에는 코로나19 팬데믹으로 귀농·귀촌가구 수와 인구 모두 감소하였다.

농림축산식품부 2016년 귀촌인[8)]·귀농인[9)]실태조사 결과를 보면 전체 귀농·귀촌 33만 5,383가구 중 농사짓는 가구는 1만 2,875가구(3.8%)로 100가구 중 농사를 짓는 가구가 4가구에도 못 미치고 있다. 귀농·귀촌 가구 수가 가장 많은 곳은 경기도로 총 8만 6,727가구였다. 하지만 이 가운데 영농종사비율은 1.4%(1,283가구)로 전국에서 가장 낮았다. 이를 보면 정부가 농촌에 새로운 활력을 불어넣겠다며 적극적으로 추진한 귀농·귀촌 정책이 농업의 인력난 해소 등에 미치는 영향은 미미하다고 볼 수 있다.

〈표 2-16〉 귀농·귀촌 가구 및 인구 추이

단위: 명, (%)

연도	가구 수			인구수		
	귀농	귀촌	계	귀농	귀촌	계
2016	12,875 (3.8)	322,508 (96.2)	335,383 (100.0)	20,559 (4.1)	475,489 (95.9)	496,048 (100.0)
2017	12,630 (3.6)	334,129 (96.4)	346,759 (100.0)	19,630 (3.8)	497,187 (96.2)	516,817 (100.0)
2018	11,981 (3.5)	328,243 (96.5)	340,224 (100.0)	17,856 (3.5)	472,474 (96.5)	509,960 (100.0)
2019	11,442 (3.5)	317,660 (96.5)	329,102 (100.0)	16,181 (3.5)	444,464 (96.5)	460,645 (100.0)
2020	12,489 (3.5)	345,205 (96.5)	357,694 (100.0)	17,447 (3.5)	477,122 (96.5)	494,569 (100.0)
2021	14,347 (3.8)	363,397 (96.2)	377,744 (100.0)	19,776 (3.8)	495,658 (96.2)	515,434 (100.0)
2022	12,411 (3.7)	318,769 (96.3)	331,180 (100.0)	16,906 (3.8)	421,106 (96.2)	438,012 (100.0)

주: 귀농인이 농업 이외의 지역에 거주했더라도 이전거주지가 농촌(읍면) 지역이면 귀농인에 해당되지 않음.
자료: 국가통계포털(KOSIS).

---

8) 귀촌인은 한 지역에 1년 이상 거주한 사람이 읍·면 농촌으로 이동한 사람. 과거에는 귀촌인 개념에 '전원생활을 하는 사람'이라는 조건이 있었다. 그렇지만 지난해부터 이 조건이 빠지고 목적에 상관없이 농촌으로 내려간 이들을 모두 포함하게 되면서 주거난으로 서울에서 지방으로 이주한 경우 등 귀농·귀촌과 연관이 없는 사례까지 모두 관련 통계에 포함되게 됐다.

9) 한 지역에 1년 이상 살던 사람이 농촌 지역(읍·면)으로 옮겨 농업경영체등록 명부나 농지원부, 축산업 등록명부에 이름이 올라간 이를 의미. 농촌에 자리를 잡고 농업분야에 종사하거나 겸업하는 사람이다. 농촌 경제의 새로운 성장동력임.

(2) 귀농가구 실태

귀농가구의 평균재배면적은 2012년 0.5ha, 2015년 0.45ha, 2017년 0.38ha, 2021년 0.32ha로 감소 추세이며, 귀농가구의 가구원수를 보면 1인 귀농가구 비중이 2013년 58.7%, 2018년 68.9%, 2019년 72.4%, 2020년 74.1%로 계속 증가하고 있다. 2021년 귀농 상위 5개 지역은 전통적인 농업지역으로 농지가격이 낮은 경북 의성(229명), 전남 고흥(224명), 상주(212명), 전남 화순(172명), 전북 임실(161명)이다. 그리고 귀촌인구 상위 시군은 경기화성, 남양주, 평택, 광주 순이다.

청년층(40세 미만) 귀농가구 수 추이를 보면 2013년 1,161가구, 2017년 1,325가구, 2018년 1,356가구, 2019년 2,956가구, 2020년 3,146가구로 증가 추세이다. 이는 청년농 영농정착지원사업 도입 등 정부정책의 영향으로 볼 수 있다.

2) 농업분야 외국인 농업인력

외국인 근로자의 연간 도입 규모는 정부가 매년 국내 인력 수급 동향을 파악하여 적정 수준의 외국인 근로자 도입 규모와 업종을 정하는데 경제활동인구의 2% 범위 내에서 결정한다. 최근 외국인 취업자 수(통계청, 2020)를 보면 상주외국인 133만 명 중 15세 이상 취업자는 63.8%인 848,000명이다. 이중 자격증이나 전문성이 없는 비전문취업(E-9)이 238,000명(28.1%)으로 가장 많고, 다음으로 재외동포(F-4) 205,000명(24.2%), 방문취업(H-2) 117,000명(13.8%), 영주 80,000명(9.4%), 결혼이민 62,000명(7.3%), 전문인력 39,000명(4.6%), 유학생 27,000명(3.2%)으로 나타났다. 불법체류자는 2020년 말 기준 39만 명으로 전체 체류외국인의 19.3%이었다. 외국인근로자의 국적을 보면 한국계 중국인을 포함한 중국인이 40% 이상이며, 불법체류자의 70% 이상이 체류허용기간 90일 미만인 단기체류자격 외국인이었다.

고용허가제 외국인근로자(E-9) 업종별 도입 현황을 보면 초기에는 대부분 제조업에서 고용하였으나 이후 농축산업 부분의 비중이 높아져 20% 내외의 비중을 차지하였다. 농축산분야 외국인력 연간 배정인원은 2010년 3,100명에서 매년 증가하여 2013년도 이후에는 6,000명을 상회하여 2018년 6,600명, 2019년 6,400명, 2020년 6,400명이었으나 실제 도입 인원은 코로나19 팬데믹으로 2019년 1,388명, 2021년 1,841명으로 저조하였다.

외국인취업자 중 비중이 가장 큰 전문성이 없는 비전문취업 외국인근로자 쿼터량(E-9 비자)은 매년 12월 외국인력정책위원회에서 정하는데 2020년 외국인근로자 쿼터량은 5만 6,000명, 이중 농업분야 쿼터량은 6,400명이고, 도입인원은 1,841명이나 실제로 코로나19 팬데믹으로 400명만 들어왔다.

<표 2-17> 고용허가제 외국인근로자(E-9) 업종별 도입 현황

단위: 명, (%)

업종별	2005	2010	2015	2018	2019	2020	2021
합계	31,658	38,481	51,019	53,855	51,365	6,688	10,501
제조업	31,114	31,804	40,223	43,695	40,208	4,806	7,455
건설업	84	2,412	2,228	1,405	1,651	207	595
농축산업	419 (1.3)	3,079 (8.0)	5,949 (11.7)	5,820 (10.8)	5,887 (11.5)	1,388 (20.8)	1,841 (17.5)
서비스업	41	56	71	90	99	1	18
어업	0	1,130	2,548	2,845	3,520	286	592

자료: 〈표 2-16〉과 같음.

농업인력 부족 해결방안의 하나로 외국인 계절근로자를 도입하고 있다. 계절근로자 고용 시 적정한 주거환경제공(비닐하우스, 컨테이너, 창고 등 숙소로 제공안 됨) 및 숙식비가 월 통상임금 20% 초과 징수가 안 된다. 그리고 연장 야간근로수당지급, 정해진 근로시간 준수, 휴가·휴일을 보장해야 하며 최저임금이상을 지급하여야 한다. 2021년부터는 농업경영체 등록자에 한해 계절근로자 신청자격이 부여되었다.

<표 2-18> 고용허가제 농업분야 외국인근로자(E-9) 현황

단위: 명

연도	2018	2019	2020	2021
체류인원	23,804	24,509	20,689	17,781
배정인원	6,600	6,400	6,400	6,400
도입인원	5,820	5,887	1,388	1,841

자료: 〈표 2-16〉과 같음.

연도별 외국인 계절근로자 배정현황을 보면 2015년 19명, 2016년 200명, 2017년 1,086명, 2018년 2,822명, 2019년 4,211명, 2020년 4,797명으로 크게 증가하였다. 2020년도에는 4,797명을 48개 지자체에 배정하였는데 지자체별로 보면 강원도가 2,173명(45.3%), 충북 1,004명(20.9%), 경북 765명(15.9%), 충남 249명(5.2%), 전북 255명(5.3%), 전남 216명(4.5%), 제주 80명, 경기 22명, 경남 20명, 세종 13명 순이었다.

3) 다문화가정

농촌총각의 국제결혼도 농업인력 변화의 큰 비중을 차지하고 있다. 우리나라 국제결혼의 1세대는 여성 중심으로 외국남성과 한국여성의 결혼으로 1950연대 초에 많았다. 2세대 국제결혼은 전문직 중심으로 중동, 독일, 베트남의 인력 및 군인의 파병이었다. 3세대는 농촌 남성 중심으로 외국여성과의 결혼이다.

정부의 국제결혼 건전화 조치에도 불구하고 다문화 혼인건수는 2011년부터 6년 연속 감소 추세를 보이다가 2017년부터 증가세로 나타났다. 다문화 혼인건수를 보면 2017년 21,917건에서 1,856건 증가해 2018년도에는 23,773건이었다. 이에 따라 다문화 혼인 비중은 2017년 8.3%에서 2018년 9.2%로 증가하였다. 지역별 10% 상회지역은 충북(10.2%), 충남(10.7%), 전북(10.4%), 전남(10.6%), 제주(12%)이었다. 외국인 신부의 출신국가를 보면 베트남이 30%로 가장 많고 다음으로 중국 21.3%, 태국 6.6% 순으로 나타났다. 농어촌 여성결혼이민자 국별 비중을 보면 베트남, 중국, 필리핀, 캄보디아가 각각 45.5%, 28.4%, 8.6%, 7.0%로 90%를 차지하고 있다.

다문화가정 출산인구도 저출산 기조의 영향으로 감소 추세이나 한국 출생아가 2018년 326,822명으로 2017년 357,771명보다 8.7%로 크게 감소함에 따라 다문화가정 출생자 비중은 2018년 5.5%로 2017년 5.2%보다 0.3% 증가하였다. 다문화 농가인구는 2011년 63,356명에서 2019년 54,198명으로 감소하였으나 전체 농가인구에서 다문화농가인구가 차지하는 비율은 2011년 2.14%에서 2018년 2.41%로 증가하였다.

제3장

농업경영 요소

인간은 살기 위해 필요한 생산물을 생산하기 위해 노동을 하며, 노동의 대상이 자연이고, 자연을 대상으로 노동을 할 때 생산능률을 높이기 위한 노동수단이 자본재이다. 노동수단은 인간의 노동에 의해 변화하여 자연에 작용할 뿐만 아니라 자연도 인간노동이 가해져 토지·농경지 등으로 변화한다.

그러므로 오늘날의 농업생산에서 노동수단 없이 노동하는 경우가 드물고, 자연도 그대로인 경우가 드물다. 그러므로 농업생산과정에서 가장 기본적인 요소는 인간노동력과 노동수단으로서의 자본재와 노동대상으로서의 토지인데 이를 생산의 3요소(three factors of Production) 혹은 경영의 3요소(three factors of farm management)라 한다.

1 토지

1) 토지의 특성

인위적 작용이 가해지지 않은 자연적 토지는 생산요소라고 할 수 없다. 즉, 자연적 토지에 개간, 간척, 토지개량 등에 의해서 농경지로 조성된 후에라야 생산요소가 될 수 있다.

토지의 일반적 특성을 보면 첫째, 비이동성으로 토지는 이동할 수 없으므로 농업생산은 지역 및 입지조건에 따라 크게 영향을 받는다. 둘째, 비증가성으로 토지는 증가시킬 수 없다. 지구의 표면적은 일정하므로 증가시킬 수 없다. 셋째, 불멸성으로 생산력이나 이용가치는 소멸되지 않는다.

2) 토지이용 현황

(1) 국토이용률 변화

국토이용면적 추이를 보면 1990년 9,926천ha로 이중 임야면적이 65.3%인 6,476천ha로 가장 많고 다음으로 21.2%인 2,109천ha이 농경지로 이용되었으며,

단위: 천ha, %

연도	1990	1995	2000	2005	2010	2015	2020
국토면적	9,926 (100.0)	9,927 (100.0)	9,946 (100.0)	9,965 (100.0)	10,003 (100.0)	10,030 (100.0)	10,041 (100.0)
임야	6,476 (65.3)	6,452 (65.0)	6,422 (64.6)	6,394 (64.2)	6,369 (63.7)	6,335 (63.2)	6,286 (62.6)
농경지	2,109 (21.2)	1,985 (20.0)	1,889 (19.0)	1,824 (18.3)	1,715 (17.1)	1,679 (16.7)	1,565 (15.6)
논	1,345 (13.5)	1,206 (12.1)	1,149 (11.6)	1,105 (11.1)	984 (9.8)	908 (9.1)	824 (8.2)
밭	764 (7.7)	779 (7.9)	740 (7.4)	719 (7.2)	731 (7.3)	771 (7.7)	741 (7.4)
기타 (공업도로주택)	1,341 (13.5)	1,490 (15.0)	1,635 (16.4)	1,747 (17.5)	1,919 (19.2)	2,016 (20.1)	2,190 (21.8)

자료: 농림축산식품부, 『농림축산식품통계연보』, 각 연도.

농경지 중 63.8%인 1,345천ha은 논으로, 36.2%인 764천ha은 밭으로 이용되었다. 그리고 공업용지, 도로, 주택 등 기타가 13.5%인 1,341천ha이었다.

국토면적은 간척농지개발사업과 공유수면 매립 등으로 매년 조금씩 증가하여 1990년 9,926천ha이던 것이 2000년 9,946천ha, 2020년 10,041천ha로 1990년 대비 1.16% 증가한 반면에 임야는 농경지 등의 용도변경으로 1990년 6,476천ha이던 것이 2020년도에는 6,286천ha로 2.9% 감소하였다. 같은 기간 밭의 면적은 큰 변화가 없는데 비해 논의 면적은 33.4% 감소하였다. 반면에 도로개발과 도시화 등으로 기타 면적은 1990년 1,341천ha이던 것이 계속 증가하여 2020년도에는 2,055천ha로 63.3% 증가하였다.

(2) 경지이용률 변화

작물별 경지이용면적 추이를 보면 1990년도에는 식량작물이 약 70%를 차지하였으며 30%는 특작, 채소, 과실 등에 이용되었다. 이는 미곡중심의 농업이라는 것을 알 수 있다. 전체적인 시계열자료를 보면 미곡은 일정한 면적을 유지하고 있어 비율은 조금씩 증가하다가, 2000년대에는 조금씩 감소하고 있다. 이는 논이 절대농지, 진흥구역 등으로 보존하였기 때문이다. 다른 작목을 보면 과수면적의 비율은 매년 증가하여 1990년 5.5%에서 2020년 9.1%로 증가하였다. 반면에 맥류와 두류는 계

〈표 3-2〉 작물별 경지이용면적 변화

단위: %

연도	1990	2000	2005	2010	2015	2020
식량작물	69.2	69.3	67.1	64.1	59.5	56.0
미곡	51.6	56.5	53.4	51.8	48.2	45.0
맥류	6.6	3.6	3.3	2.6	2.9	2.5
두류	7.8	5.6	6.4	5.3	3.8	4.1
서류	1.7	2.3	2.6	2.7	2.8	2.7
잡곡	1.5	1.3	1.4	1.6	1.8	1.7
특작	5.4	4.9	4.2	4.8	6.0	4.2
채소	11.5	15.6	13.1	18.6	16.2	12.3
과실	5.5	8.9	8.2	9.8	10.3	9.1
기타	8.4	11.8	12.1	17.8	17.0	18.4
계	100.0	100.0	100.0	100.0	100.0	100.0
이용률	113.3	110.5	104.6	109.3	103.9	107.0

주: 기타는 시설작물, 수원지 및 기타 작물임.
자료: 〈표 3-1〉와 같음.

속해서 감소하였다. 서류와 잡곡은 증가하다가 최근 정체현상을 보이고 있다. 시설작물 등 기타 작물은 1990년 8.4%에서 2020년에는 18.4%로 증가하였다. 경지이용률은 답리작[10] 면적의 감소로 1990년 113.3%이던 것이 2015년도에는 103.9%로 감소하였다가 2020년도에는 107%로 증가하였다.

(3) 농가경영규모별 변화

한국농업경영구조의 특징은 호당경지규모에서 나타나듯이 경영규모의 영세성을 지적할 수 있다. 농가경영규모별 변화 추이를 보면 1ha 미만의 농가비율은 1960년 73.0%, 1980년 63.1%, 2000년 59.2%로 낮아지다가 이후 점차 높아져 2020년에는 72.4%로 영세농가의 비율이 높아졌다. 3ha 이상 대농의 비율은 1990년 이후 점차 증가하여 2020년에 7.1%에 달하였다. 이는 경지규모별 농가호수의 분포가 소농과 대농은 확대 경향으로 양극화가 심해지고 있는 실정이다. 이는 WTO와 FTA,

---

10) 일정한 논에 벼를 재배한 다음 이어서 다른 겨울작물을 재배하여 논의 토지이용률을 향상시키는 논 2모작 작부양식.

<표 3-3> 경지규모별 농가구성의 변화

단위: %

연도	1ha 미만	1~2ha	2~3ha	3ha 이상
1970	64.9	25.8	5.0	1.5
1980	93.1	29.2	5.0	1.4
1990	58.1	30.7	7.3	2.5
2000	59.2	25.4	8.2	6.1
2005	61.1	22.1	7.3	7.3
2010	64.6	19.5	6.6	8.2
2015	68.0	17.0	5.8	8.2
2020	72.4	14.0	4.5	7.1

자료: 〈표 3-1〉와 같음.

RCEP, CPTPP 등으로 더욱 심화 현상을 보일 것이다. 그러나 앞으로 디지털 농업 등 4차 산업기술의 적용으로 경지규모의 중요성이 약화될 수 있을 것이다.

2 자본재

노동의 결과로 생산된 후 생산수단으로 사용될 재화를 자본재라 하며, 토지처럼 자연의 시혜물이 아니라 생산된 생산수단이라 할 수 있다. 경제활동의 원본이 되는 것을 자본이라 하므로 자본은 추상적 종합적 개념으로 화폐량에 따라 표시된다. 자본을 구성하고 있는 물적 내용은 토지자본재 등과 같은 물적 자본, 노동과 같은 인적자원, 현금·준현금 같은 유통자본 등으로 나눌 수 있다. 자본재는 자본의 한 구성요소로서 물적·기술적인 생산재화로서의 성질을 가진다.

농업생산에서 가장 일반적인 자본재는 고정자본재와 유동자본재로 구분되며 유동자본재는 원료와 재료가 있다. 고정자본재는 무생고정자본재로 토지개량자본재, 건물자본재, 농기구자본재가 있으며 유생고정자본재는 동물자본재와 식물자본재로 구분된다.

1) 고정자본재

(1) 고정자본재의 종류

① 토지개량자본재

토지의 농업상 이용가치를 유지 증진시키기 위해서 토지에 가하는 일체의 공작과 설비를 말하는 것이다. 토지개량은 답(논) 조성, 석력(직경 2mm 이상의 암석 편 또는 광물입자) 제거, 발근(개간할 때 벌채하고 남은 그루터기를 제거하는 작업), 객토 등과 같이 그 효과가 항구적이어서 토지 그 자체와 별개로 인식하기 곤란한 공작에 속하는 것과, 그 유효기간이 한정되어 있고, 또 토지 그 자체와 분리해서 인식할 수 있는 것으로 구분할 수 있다. 여기서 토지개량자본재는 토지로부터 형식적으로나 실질적으로 구별할 수 있는 토지개량 설비 즉 관계, 배수시설 등을 의미한다.

② 건물자본재

건물이란 농업생산 요소로서의 건설물일체로서 농업노동자의 주택, 축사, 농구사, 온실, 곡간 등은 물론 우물, 담장 등도 포함한다. 건물은 토지에 고착되어 있고 부동의 성질을 가지므로 가동적 성질을 가지는 농기구자본재와 구별된다. 그리고 건물은 토지와 결합되어 부동적이며 장기간 사용할 수 있다는 점에서 토지개량자본재와 유사성이 있으나, 토지는 농업생산의 기초조건이며 없어서는 안 되지만 건물은 농업생산에서 보조적 역할을 한다. 그러므로 토지는 많을수록 좋으나 농업용 건물은 필요를 충족할 수 있는 정도가 좋다.

③ 농기구자본재

노동의 생산력을 높이기 위한 보조용구 즉, 트랙터, 경운기 등을 농기구자본재라 한다.

④ 대동물자본재

매년 계속해서 이용할 수 있는 생산수단의 성질을 가지는 각종 대동물을 대동물자본재라 한다. 동물자본제는 역축과 용축11)으로 구분할 수 있는데, 역축은 생산물을 산출하는 것이 아니고 노력의 공급자이므로 생산의 한 보조적 요소이므로 필요를 충족시킬 수 있는 법위 내에서 최소한이 요구된다. 용축은 축산물을 생산하는 고정자본재로서 생산의 기초가 되므로 사정이 허락하는 한 많을수록 좋다.

---

11) 역축은 가축의 힘을 이용하기 위하여 사양하는 가축으로 역우·말 등이 있고, 용축은 우유, 고기, 털, 모피 등을 생산하기 위하여 사육하는 가축으로 젖소, 돼지, 육우, 가금 등이 있다.

⑤ 대식물자본재

생산수단으로서 매년 일정한 결실생산에 이용되는 과수 등을 식물자본재라 한다. 1년이 한정인 초본작물도 광의의 식물자본재에 해당되나 계속해서 생산물을 산출하는 고정적 성질이 없는 것이므로 유동자본재로 취급된다. 식물자본재도 생산의 기초적 요소의 하나로서 경영경제적 성질은 용축과 유사하다.

(2) 농업용 고정자본재 이용 현황

호당평균 고정자본을 보면 1995년도를 보면 토지가 67%로서 압도적인 비중을 차지하였으며, 다음으로 건물, 대동물 순이었다. 농가자본의 중요한 위치에 있어야 할 대농구의 비중이 낮은 반면 건물의 비중이 높으며 건물 중에서도 주택의 비중이 높았다. 농가자산에서 차지하는 고정자산의 비중은 1995년 84.9%이던 것이 계속 감소하여 2017년도 76.4%로 감소한 이후 증가하여 2021년도에는 85.0%가 되었다. 그리고 2010년 이후 대농구의 비중이 대동물의 비중을 상회하였다.

〈표 3-4〉 농가고정자산 추이

단위: 천 원, (%)

연도	토지	건물	대농구	대동물	대식물	고정자산	농가자산
1995	105,944 (67.0)	19,306 (12.2)	3,057 (1.9)	5,539 (3.5)	988 (0.6)	134,334 (84.9)	158,171 (100.0)
2005	158,923 (53.3)	51,420 (17.2)	8,840 (3.0)	12,643 (4.2)	4529 (1.5)	238,399 (80.0)	298,178 (100.0)
2010	201,952 (54.2)	63,560 (17.1)	10,175 (2.7)	7,141 (1.9)	4,821 (1.3)	289,435 (77.7)	372,476 (100.0)
2015	252,940 (55.8)	75,293 (16.6)	11,867 (2.6)	9,765 (2.2)	6,628 (1.5)	358,793 (79.1)	453,580 (100.0)
2016	262,082 (55.3)	75,125 (15.8)	11,875 (2.5)	10,391 (2.2)	6,641 (1.4)	368,226 (77.6)	474,309 (100.0)
2017	281,300 (55.6)	73,919 (14.6)	12,513 (2.5)	10,663 (2.1)	5,822 (1.2)	386,714 (76.4)	505,887 (100.0)
2020	338,210 (59.8)	103,564 (18.3)	18,080 (3.2)	13,762 (2.4)	5,265 (0.9)	484,985 (85.7)	565,622 (100.0)
2021	351,481 (60.0)	102,962 (17.6)	17,977 (3.1)	14,253 (2.4)	4,943 (0.8)	498,298 (85.0)	585,676 (100.0)

주: 고정자산에 2003년부터 무형자산(경작권)을 포함하였으며, 1999년부터 토지평가기준을 인근거래가격에서 공시가로 변경.
자료: 〈표 3-1〉와 같음.

대농기계 보유대수를 보면 트랙터, 관리기, 곡물건조기, 스피드스프레이어, 농산
물건조기는 계속 증가하는 추세인 반면, 경운기, 콤바인은 2000년 초반까지 증가하
다가 이후 감소 추세를 보이고 있다.

〈표 3-5〉 농기계 보유대수 추이

연도	1990	1995	2000	2005	2010	2015	2020
경운기	756,489	868,870	939,219	819,684	698,145	598,279	539,241
트랙터	41,203	100,412	191,631	227,873	264,834	282,860	302,570
이앙기	138,405	248,009	341,978	332,393	276,310	213,405	180,940
콤바인	43,594	72,268	86,982	86,825	81,004	78,984	74,346
관리기	50,699	239,496	378,814	392,505	407,997	407,134	422,217
곡물건조기	17,749	28,408	55,573	70,363	77,830	78,311	79,286
스피드스프레이어	4,944	13,472	28,885	38,790	43,943	55,188	59,887
농산물건조기	59,434	117,875	164,532	184,097	207,808	242,015	246,285

자료: 〈표 3-1〉과 같음.

2) 유동자본재

농업생산에 있어서 단지 1회 사용됨으로써 그 원형이 상실되는 자본재를 유동자
본재라 하며, 원료와 재료로 나눈다.

(1) 원료

원료는 생산에 이용됨으로써 그 원형은 상실되지만, 그 성분 및 구성물질은 농산
물 중으로 이행(농산물 속으로 이동하거나 포함)되어 그 가치 또는 효용이 고도화되
어지는 것을 말하며 종자, 비료, 사료 등이 있다.

(2) 재료

재료는 생산에 이용됨으로써 소비되는 물질이 농산물 중에 이행하는 것이 아니라
다만 생산을 가능하게 하고, 또는 촉진시키는 작용을 하는 유동재로서 연료, 농약,
약품, 가마니, 소농기구 등이 있다.

3 노동

1) 농업노동의 중요성

농업노동은 토지와 더불어 농업생산의 본원적 요소이다. 생산의 3요소 중 하나인 자본재는 노동생산성을 높이는 역할을 한다. 공업화, 산업화과정에서 기계가 인간노동을 대체함에 따라 기계가 주체가 되고 인간노동이 부차적 역할을 하는 것처럼 보이나 자본재는 인간노동의 집적된 결과 생산된 것이다.

농업생산에서 생산의 여러 요소는 인간의 노동에 의해서 생산력이 된다. 기계화·자동화는 노동생산성을 높이는 수단으로 노동을 사용하지 않으면 노동수단, 노동대상은 생산력이 될 수 없으므로 인간노동의 중요성은 변함이 없을 것이다.

2) 농업노동의 종류

농업생산은 유기적 생산이 그 주체를 이루고 있으므로 경종부문과 양축부문으로 한정하고 농산가공부문은 제외하고 논의한다. 즉, 농업생산의 기술적 특성을 이해하기 위해서는 공업생산과 비교한다면 이해에 도움이 될 것이다. 농업생산과 공업생산의 기본적인 차이점을 보면 농업생산은 생물학적 과정, 즉 유기적인 과정인데 비하여 공업생산은 기계적, 즉 무기적 과정이다. 이를 토대로 농업노동의 종류를 알아보면 다음과 같다.

(1) 정신적 노동과 육체적 노동

노동에는 정신적 노동과 육체적노동이 있다. 어떤 노동이든 완전한 정신적 노동, 완전한 육체적 노동은 없지만 주로 그 노동이 두뇌노동이냐 또는 근육노동이냐에 따라 정신노동과 육체노동으로 구분해 볼 수 있다. 사실 이러한 구분은 소농 가족농인 경우에는 정신을 사용하면서 육체노동에 종사하므로 구분의 중요성이 약하다. 자본주의적 대농경영에 있어서 경영의 기획 또는 노동의 지휘감독을 하는 관리인의 경우 정신적 노동이라 할 수 있을 것이다.

(2) 자가노동, 고용노동 및 청부노동

① 자가노동의 특성과 장점

자가노동은 다른 종류의 노동에 비하여 특이한 성질이 있다. 첫째, 가족노동은 농가에 이미 존재하는 노력으로서 그 수는 가족원 구성에 의해 결정되며 농업경영의 노동수요와 관계없이 증감한다. 즉, 경영의 의사와 관계없이 존재하므로 농업경영에 유리한 점도 있으나 유지와 재생산을 위해서는 일정한 비용 즉 생계비가 필요하다. 둘째, 노동에 대한 보수는 노임으로서가 아니라 경영성과 즉, 농업소득의 크기에 의해서 자가노동 보수의 크기도 결정된다.

자가노동은 고용노동에 비해 최선을 다하므로 노동능률이 높고 질적으로 우수할 뿐만 아니라 가족원 모두를 영세하고 단편적인 노동에도 활용할 수 있다. 항상 물품 취급에 주의를 하며, 노동시간의 제한을 적게 받으며, 작업감독이 필요하지 않다.

② 고용노동의 종류

자가노동이 농가에 존재하는 반면 고용노력은 농가 이외에서 제공되는 노력으로 타사업의 임금노동자와 동일하다. 고용노동을 분류해 보면 고용노동과 청부노동으로 구분되며, 고용노동에는 년고, 계절고, 일고로 나눌 수 있다.

고용노동 중 년고는 과거 머슴이라 불리었으며, 1년 또는 몇 년을 단위기간으로 계약되는 노동이다. 년고노동은 노동의 질이 자가노동보다는 못하나 임시고용보다는 양호하다고 볼 수 있다. 축산부문같이 항상 주의력이 필요한 작업에 유리하다.

계절고는 농번기에 일정기간 계약되는 노동이다. 노동의 질은 연고보다는 못하나 일고보다는 우량하다고 할 수 있다. 일고는 1일 단위로 계약하는 노동으로 경영주가 필요할 때 고용하므로 편리하나 책임감이 적다고 볼 수 있다.

③ 청부노동

청부노동은 일정량의 작업을 청부하고 그 작업의 완성에 대해서 일정한 보수를 받는 것을 말한다.

④ 교환노동

교환노동은 모내기 작업 등에서 널리 시행되고 있는 「품앗이」가 이에 속한다. 노동의 질은 자가노동보다는 못하나 고용노동보다 우수하다고 할 수 있으며 다수가 협동적으로 작업을 함으로써 노동의 효율성을 높일 수 있다.

(3) 가족노동과 고용노동 투하량의 추이

우리나라 노동종류별 투하량의 추이를 보면 품앗이를 포함한 가족노동의 비중이 항상 80%를 상회하였다. 2000년대 이전에는 가족노동의 비중이 90%에 가까웠으나 이후에는 80% 초반의 비중으로 큰 변화가 없었다. 이에 따라 일손 돕기를 포함한 고용노동의 비중은 10%에서 20% 사이이며, 2010년 이후 고용노동의 비중이 높게 나타났으나 최근 낮아졌다.

<표 3-6> 가족노동과 고용노동의 투하량

단위: 시간

연도	계	가족노동(품앗이 포함)	고용노동(일손돕기 포함)
1980	1,814 (100.0)	1,612 (88.9)	202 (11.1)
1990	1,593 (100.0)	1,400 (87.9)	193 (12.1)
2000	1,266 (100.0)	1,115 (88.1)	151 (11.9)
2010	1,103 (100.0)	926 (84.0)	177 (16.0)
2015	1,043 (100.0)	854 (81.9)	189 (18.1)
2020	1,108 (100.0)	927 (83.7)	181 (16.3)
2021	1,133 (100.0)	947 (83.6)	186 (16.4)

자료: <표 3-1>와 같음.

3) 농업노동력의 변화

농업노동은 계절성, 이질성, 이동성과 가족노동 의존성의 특성이 있다. 즉 수확기와 파종기에 노동의 수요가 집중되고, 작목과 작업과정에 따라 각기 다른 작업을 요구하므로 농업전반에 대한 기본적인 지식을 요구하므로 전문화와 분업화가 어렵다. 그리고 농업노동은 토지의 비이동성 때문에 노동의 이동성이 요구된다. 이러한 농업노동의 특성이 농작업의 전문화와 분업화를 제한하는 원인이 된다. 이는 디지털농업에 의한 시설농업, 스마트 농장, 수직공장 등으로 농업노동의 특성이 없어질 수 있다.

농가인구에서 차지하는 65세 이상 인구비율은 1980년 6.8%에서 2020년 42.4%로 크게 증가한데 비해 농가인구에서 차지하는 14세 이하의 인구비율은 같은 기간 20.8%에서 4.3%로 급격하게 감소하였다.

농림어업취업자 수는 2010년 1,586천 명으로 총취업자 수의 6.6%이었으나 이후 계속 감소하여 2016년도에는 1,273천 명으로 4.8%이었으나 이후 증가하여 2020년도에는 1,445천 명, 5.4%의 비중으로 높아졌다. 최근 농림어업취업자 수 증가 원인은 농업법인 증가로 상용근로자 채용 증가, 청년창업농 영농정착 자금지원에 의한 청년층 귀농 증가, 베이비붐세대 귀농 증가, 도시고용상황 악화, 농업·농촌선호도 향상, 도시인구 유입이었다. 도시인구유입원인을 보면 자동차 조선업계 구조조정으로 제조업 감소, 건강보험개편(2018년 7월부터 읍면 주소지 농어업종사 건강보험료 22% 할인)으로 도시노년층 주소지를 옮기는 것으로 볼 수 있다.

농업인력의 질을 반영하는 농림어업취업자 연령별 비율을 보면 15~29세의 비중

연령	2005	2010	2015	2020
15~29	1.6	2.0	2.1	2.6
30~59	43.5	42.1	35.7	31.4
60세 이상	54.8	55.9	62.2	66.0

자료: 〈표 3-1〉과 같음.

은 큰 변화가 없는데 비해 30~59세의 비율은 2005년 43.5%에서 2020년 31.4%로 감소하였다. 반면에 60세 이상 비율은 같은 기간 54.8%에서 66%로 증가하였다.

4 농업생산 요소의 수요 추정

1) 농업생산 요소의 수요

농업생산 요소에 대한 수요는 이론적으로 이윤을 극대화하고자 하는 수요자의 구매행위로부터 유도되며 생산요소의 수요는 생산요소자체가격, 농산물가격, 대체요소가격 등에 의해 변동하게 된다. 이러한 농업생산 요소의 수요추정 방법을 알아보면 다음과 같다.

(1) 수량반응함수(Yield Response Function)

개별 농작물생산에 있어서 추정하고자 하는 생산요소를 제외한 다른 생산요소는 고정되어 있다고 가정하고, 추정하고자 하는 생산요소의 투입에 따른 수량반응함수를 추정하여 이윤을 극대화시키는 투입수준 즉 한계생산(MRP)과 한계비용(MC)이 만나는 점에서 적정수요량을 결정하는 것이다.

이를 식으로 나타내면

$$Y = f(x) \quad \cdots\cdots\cdots\cdots\cdots\cdots\cdots\cdots\cdots\cdots\cdots\cdots\cdots\cdots\cdots\cdots \text{①}$$

여기서 Y: 농산물 생산량
　　　 X: 생산요소 투입수준

식 ①로부터 이윤함수를 유도하면

$$\pi = f(\mathrm{x}) \cdot P_Y - \mathrm{X} \cdot P_X \text{ ⋯⋯⋯⋯⋯⋯⋯⋯⋯⋯⋯⋯⋯⋯ } ②$$

여기서 π : 이윤

　　P_Y: 농산물 가격

　　P_X: 투입물 가격

따라서 완전경쟁하에서 이윤을 극대화하기 위한 생산요소투입수준은 식 ②를 생산요소 X로 미분함으로써 얻어진다.

$$\partial\pi \,/\, \partial\mathrm{x} = f'(\mathrm{x}) \cdot P_Y - P_X = 0 \text{ ⋯⋯⋯⋯⋯⋯⋯⋯⋯⋯⋯ } ③$$

$$\therefore f'(\mathrm{x}) \cdot P_Y = P_X$$

즉, X 생산요소투입에 따른 한계수입(MRP)과 한계비용(MC=P_X)이 같아질 때 이윤이 극대화된다. 따라서 생산요소의 수요를 농산물 가격과 생산요소 가격의 함수 즉 $D_X = f(P_Y/P_X)$로 나타낼 수 있으므로 모든 물가가 고정되고 농산물 가격만 오르면 농업생산 요소 수요는 증가하고 농업생산 요소의 가격이 상승하면 농용자재의 수요는 감소한다.

(2) 시계열 자료에 의한 생산요소 수요 추정

수량반응함수를 이용해서 얻어진 생산요소 수요함수는 개별농가에서 재배되는 개별농작물에 대한 수요함수이므로 생산요소에 대한 총수요(aggregated demand)는 개별수요함수를 합하여 얻어진다.

$$\text{즉, } D_X = f(\mathrm{X}i), \;\; i=1, \text{ ⋯⋯⋯⋯⋯, } R,$$

여기서 D_X: 생산요소수요

　　$\mathrm{X}i$: 자체가격, 생산물 가격, 대체재가격, 보완재가격

(3) 식부면적에 의한 생산요소 수요추정

기준연도의 작물별 적정투입량에 연도별, 작물별, 식부면적을 곱하여 얻어진다.

$$즉, \ D_t = \Sigma \ A_{it} \cdot Q_{xi}$$

여기서 D_t: t년도의 생산요소 수요

A_{it}: t년도의 i작물 식부면적

Q_{xi}: i작물의 적정투입량

(4) 농용 자재별 수요함수

① 농기계 수요함수

농기계의 기종별 수요함수는 생산함수로부터 유도될 수 있다. 즉, 어느 일정 생산기간(t) 동안에 생산물(Y)을 산출하기 위한 투입요소 x_i와의 관계는 일반적으로 다음과 같이 표시된다.

$$Y_t = f_{(xit)}, \ i = 1, \ 2, \cdots\cdots \text{n}$$

여기서 x_i는 각 투입요소의 재고(X_i)로서 얻어지는 서비스량을 의미한다.

생산자는 이 생산 관계로 부터 장기적으로 이윤최대화를 달성할 수 있도록 투입요소 간의 결합수준을 선택한다고 할 때, 어느 투입요소의 정태적인 장기균형수요량(xit)은 이와 대체되는 투입재의 상대투입물가격과 생산물 가격과의 상대가격비로 표시된다.

예를 들어 경운기의 수요함수는

$$D_t = f(X_1, \ X_2, \ X_3, \ X_4, \ X_5, \ X_6, \cdots\cdots\cdots)$$

여기서, D_t: 경운기의 각 연도 말 보유대수

X_2: 경운기 가격과 농산물 가격과의 상대가격

X_3: 경운기 가격과 노임과의 상대가격

X_4: 경운기의 전년도말 보유대수

X_5: 농가의 영농규모

X_6: 정책변수(가격보조, 융자비율, 계획보급대수 등)

만약 농기계의 총수요함수를 구하고자 하면 농가보유 총농기계 마력수를 종속변수로 하면 될 것이다.

② 비료수요함수

총비료수요함수(aggregated demand function for fertilizer)를 추정하기 위하여 일반적으로 비료수요에 미치는 변수로서는 농산물가격, 비료가격, 작물식부면적, 유기질비료가격 및 관련 생산요소가격 등을 들 수 있다.

이를 함수로 표시하면 다음과 같다.

$$D_t = f\ (P_{ft},\ Y_{pt},\ A_t,\ UF_t,\ R_t\ \cdots\cdots\cdots)$$

여기서 D_t: t년의 비료소비량』

$\qquad P_{ft}$: t년도 비료가격(농가비료 실질지불가격지수)

$\qquad A_t$: 작물식부면적

$\qquad UF_t$: 유기질비료가격

$\qquad R_t$: 관련 생산요소가격

비료종류별 수요함수도 같은 방법으로 추정해 볼 수 있다.

③ 농약수요함수

농약수요는 농약가격, 농산물가격, 병충해 발생 정도에 의해 직접적인 영향을 받는다. 또한 기술수준, 정부정책, 농민의식 등의 변화도 농약소비에 영향을 줄 수 있다. 이를 식으로 나타내면 다음과 같다.

$$D = f\ (P_P,\ Y_P,\ I_A,\ T\ \cdots\cdots\cdots)$$

여기서 D: 단위면적당 농약소비량(약제별로 구분할 수 있다)

$\qquad P_P$: 농약가격(농가구입가격지수로 디플레이트)

$\qquad Y_P$: 농산물가격(농가판매가격지수로 디플레이트)

$\qquad I_A$: 병충해 발생면적

$\qquad T$: 추세 변화

단, 제초제의 수요추정에는 노동이 대체관계가 있으므로 농촌노임을 독립변수로 추가해 볼 수 있다.

2) 농용자재이용의 경제성 분석

자재이용의 경제성을 분석하는 방법은 작물의 생산함수를 도출하고 이로부터 자재의 생산탄력성, 한계생산액 및 평균생산액을 계측해 보는 것이다. 이를 위하여 Cobb-Douglas형 생산함수를 이용할 수 있다.

$$Y = aX_1{}^a \ X_2{}^b \ X_3{}^c \ X_4{}^d \ X_5 e$$

여기서 Y: 미곡생산액
   X_1: 농기구비
   X_2: 비료비
   X_3: 농약비
   X_4: 노동비
   X_5: 토지평가액

생산함수는 물량을 기준으로 계측하는 것이 원칙이나 물량자료는 이용 가능한 자료를 구하기 어렵기 때문에 보통 금액자료를 이용한다.

한계생산액$(\mathrm{MP}_{x\,i}) = \partial Y / \partial X i$

평균생산액$(\mathrm{AP}_{x\,i}) = Y / X i$

함수의 추정결과 $\mathrm{MP}_{x\,i}$가 매년 낮아지면 수확체감의 법칙이 작용한다고 볼 수 있다. 한계생산액이 1보다 크다면 즉 1원을 투자하여 1원 이상을 얻는다면 경제성이 있다고 할 수 있다.

제4장 농업경영의 규모와 집약도

농업경영 규모는 고정적 생산요소의 크기에 초점을 맞추고 장기적 관점에서 규모의 확대 및 변화를 논하는데 비해, 집약도는 단기적으로 고정적 생산요소가 일정규모로 주어진 상황에서 비용과 생산량의 관계를 나타내는 것이다.

1 농업경영 규모

농업경영은 토지, 노동, 자본 등의 생산요소를 유기적으로 결합하여 이루어지므로 농업경영의 규모도 어느 한 요소를 기준으로 하는 것은 무리가 있다고 본다. 같은 경지 규모라도 작물의 종류, 축종 및 사육두수, 농기계보유 정도, 노동의 투하량, 농장의 위치, 토양의 비옥도 등 여러 가지 환경이나 조건에 따라 상대적인 규모가 다를 수 있다. 그러므로 농업경영 규모의 개념은 투입된 경지면적, 가족 등 상시고용노동력과 고정 자본재 등의 고정적 요소로 규정할 수 있다. 그러므로 작물의 종류, 축종 및 사육두수 등에 따라 투입된 토지, 노동력, 고정 자본재 등을 고려해야 할 것이다.

작물의 경우 경지 규모가 농업경영 규모의 측정지표로 가장 많이 사용되고 있다. 이는 작물생산의 경우 공산품생산과 달리 토지가 가장 기본적인 생산수단으로 토지가 작물수익의 가장 큰 비중을 차지하며 토지 면적이 노동력, 농기계 등의 규모 확대를 제약하기 때문이다. 또한 경지 규모는 단순하고 측정하기 용이하기 때문에 일반적인 농업통계에서 경영규모 분류에 많이 이용하고 있다.

1) 경영규모의 지표

경영규모는 무엇을 기준으로 하느냐에 대한 논의가 많으나 경영형태나 여건에 따라 다소 차이가 있으나 일반적인 기준을 보면 다음과 같다.

첫째, 경영규모 측정에 가장 일반적인 지표가 토지면적으로 많은 나라에서 경영규모의 지표로 이용하고 있다. 그러나 서로 다른 지역이나 경영방식이 다른 농업경영 간에는 토지면적에 의한 경영규모 측정에는 한계가 있다. 즉, 토지의 집약도와 입지조건이 다른 경우 토지면적의 차이가 경영규모의 차이를 반영하기 어렵다. 예를 들면 도시근교의 1ha의 농업경영이 산간지역의 2ha의 농업경영보다 규모가 작다고 하기 어렵다. 토지의 비옥도가 다른 경우도 면적으로는 규모의 차이를 얘기하기에는 한계가 있다.12)

그러므로 경지면적 이외에 축산업의 경우 가축의 종류와 사육두수, 농기계종류와 보유수량, 자본의 투하량, 농장의 위치 작물의 종류 등 여러 가지 조건에 따라 같은 면적이라도 효용성이 다르므로 토지면적 만을 가지고 규모를 결정하는 데에는 한계가 있다.

둘째, 토지면적의 단점을 보완한 경제학적 의미를 강조한 총생산액이다. 경영규모의 대소를 여러 요소의 총괄적인 성과를 생산 가치로 판단하여 경영규모를 결정한 것이다. 총생산액은 토지의 생산력뿐만 아니라 고정자본재(건물, 노동, 가축, 농기계 등)와 유동자본재의 생산력도 포괄하는 장점이 있다. 즉, 화폐액으로 측정하기 때문에 경영형태가 서로 달라도 경영체 간 전체의 비교는 가능하나 작물별, 축종별 비교가 어렵다. 그리고 지역별 품목별 시장조건과 가격조건이 달라 지역 간 비교가 곤란하다.

셋째, 노동자수로서 토지면적 다음으로 널리 이용되는 지표이다. 미국 등 기업농에서 지표로 많이 이용되고 있다. 그러나 자본이나 토지 등이 다를 경우 노동력으로 경영규모를 측정하는 것이 불합리한 측면도 있다.

농업경영 규모를 나타내는 다양한 지표가 있으나 각각의 장단점이 있다. 일반적으로 토지면적과 사육두수가 경영규모를 결정하는 지표로 많이 이용되고 있다. 농업에서 토지가 가장 중요한 생산요소이며, 수익성도 토지의 크기에 의존하며, 측정이 단순하고 정확하며 개별농업경영체가 모두 이용하는 등의 지표로서의 장점을 가지고 있다. 이에 따라 우리나라의 정부 농업통계나 농업경영분석에서 경지규모의 지표로 토지면적을 사용하고 있다.

2) 소농경영과 대농경영

대농과 소농의 우위성 논쟁은 18세기 말엽부터 19세기 초에는 산업혁명 이후의 급속한 기계화와 분업화에 따라 대규모 생산에 의해 공업이 발전한데 비해 농업분야는 전혀 변화가 없었다. 그래서 농업도 대규모 생산의 효율성이 필연적이라고 중농주의자들이 주장하였다. 이들은 토지만이 부의 원천이며 대농경영은 총수입을 증대시키는 유일한 부의 원천이므로 대농을 보호하여야 한다는 대농보호정책을 주장하

---

12) 일반적으로 1마지기의 면적을 평야지대는 150평, 산간지대는 200평이다.

였다. 대농 우월주의자는 영(A. Young), 테어(A. Tear) 등이고, 자유주의학자인 밀(J. S. Mill)과 러시아의 차자노프(A. Tschajanow) 등은 소농의 유리성을 주장하였다.

19세기 말부터 20세기 초에는 주로 사회주의 경제학자 들 간의 논쟁으로서 마르크스(K. Marx)는 소농은 필연적으로 몰락하여 임금노동자가 되므로 대농의 우위성을 주장하였다. 또한 카우츠키(K. Kautsky)를 중심으로 한 대농우위론과 데이비드(E. David)를 중심으로 한 소농우위론의 논쟁이 있었다.

(1) 소농우위론

코헨(R. L. Cohen)은 대농은 경영규모가 크므로 고용노동자의 감독이 어려워 대농의 우위성이 감소되는 반면 소농은 대부분 자작농이므로 이러한 문제가 없다고 하였다. 데이비드(E. David)는 농업발전의 본질은 작물이나 가축의 생산 증대에 있으며 이는 유기체적인 내적 개선에 의하는 등 농업의 본질 때문에 소농이 유리하며 자본주의체제하에서도 소농경영은 몰락하지 않는다고 하였다.

차자노프(A. Tschajanow)는 그동안 소농경영이 몰락하지 않은 것은 농업생산이 임금노동의 사용을 수반하지 아니하고 가족경영의 사경제적 본질에서 발생하는 경제적·사회적 특수성 때문이라고 하였다. 가족노동은 경영의 주체이며 노동의 주체로서 고용노동을 주로 하는 대농보다 유리하다고 하였다.

소농경영의 장단점을 종합하여 보면, 먼저 장점으로 노동 등 생산요소의 집약적인 투입으로 토지생산성을 높일 수 있고, 가족경영으로 경기변동에 대한 대응력이 강하며, 경영감독이 유리하고 자가노동을 탄력적으로 집약적으로 이용할 수 있다. 단점으로는 기업경영처럼 분업에 의한 이득을 얻기 어렵고, 농지이외의 생산요소의 이용률이 낮으며, 판매에서 대량거래의 이득을 얻을 수 없으며, 노동생산성과 대물 신용력이 약하다.

(2) 대농우위론

대농우위론의 대표자인 카우츠키(K. Kautsky)의 주장을 보면 대농경영은 경지면적의 손실 감소, 생산요소의 절약과 완전이용, 기계이용 및 분업, 자금조달 등에 유리하다고 하였다. 대·소농경영의 우위성비교는 토지생산성보다 노동생산성으로 해야 한다고 하였다. 독일의 롯셔(W. Roscher)는 대농은 노동생산성을 높일 수 있고, 자본 및 관계·배수시설·기계 등을 효과적으로 이용가능하며, 분업 및 협업의 이득이 있고, 수송, 저장, 판매 등 유통이 유리하다고 하였다.

대농과 소농의 장단점을 살펴본 결과 경영·경제적인 측면에서 보면 생산·유통측면에서 대농경영이 유리하다고 볼 수 있다. 우리나라는 아직도 소농 즉 가족농 위주이므로 적정규모는 노동생산성·토지생산성·자본생산성 등 경제경영적인 측면을 고려해야 하나 경제외적 요인도 감안해야 할 것이다.

3) 농업경영 규모 추이

통계청에서 제공하는 농업경영 규모 척도는 경지면적, 주요작물면적, 농업종사자수, 가축사육두수, 농업수익 등 다양하다. 가장 많이 이용하고 있는 것은 경지면적으로, 제3장 〈표 3-3〉에서 경영규모의 특징을 보면 경영규모의 영세성과 양극화가 심화되는 추세이다. 그리고 호당경지규모가 1970년 0.93ha에서 2020년 1.58ha로 농업경영 규모는 증가 추세이다.

경영규모의 증대에도 불구하고 농업소득에 의한 가계비 충족도의 급격한 저하로 인하여 많은 농민들이 영농을 포기하고 이농하지 않으면 안 되었고, 농촌에 체류하는 경우에는 자가 영농소득만으로는 생계유지가 어려워져 추가적인 소득획득을 위해 경영규모를 확대하거나 농외 취업기회를 구해야만 하는 것이었다. 그러나 현실적으로 농촌지역의 농외 취업기회의 제한과 고지가 구조 아래서 농가의 대응은 주로 임차를 통한 경영규모의 확대로 나타나게 되었고, 이러한 경지규모의 확대는 소농구조를 경직화시켜 경영구조의 영세성을 더욱 가속화시킨 요인이 되었다.

이상에서 살펴본 바와 같이 농업경영구조는 양극화 현상을 보이고 있으며, 낮은 농업수익성으로 인한 자본재의 적은 투입과 농업기술 수준의 저하 등으로 경영규모의 규모화가 어려운 실정이다. 농업경영이 안정적으로 유지되고 확대 재생산되어 나가려면 농업생산 요소의 투입이 기술적으로 고도화하고 규모화 하는 방향으로 나아가야 한다.

2 농업경영 집약도

1) 집약도의 개념과 척도

집약도(Intensity)는 일정한 상황에서 고정적 생산요소와 비용과 생산량의 관계를 나타내는 것이다. 우리나라는 경지면적이 협소하므로 경영 집약도가 중요하다. 일반적인 집약도는 토지의 단위면적당 투입된 노동 및 자본의 양으로 나타낸 토지이용도를 의미한다.

집약도 = (노동 + 자본) / 토지

토지에 의존하고 노동력과 자본을 적게 투입하면 집약도가 낮은 조방적 농업이라고 하며 토지의 생산능력을 높이기 위해 많은 노동력과 자본을 투입하는 것을 집약도가 높다고 한다.

2) 경영 집약도 추이

단보당 노동투입시간을 나타내는 노동집약도는 1990년 126.7시간에서 점차 감소하여 2015년도에는 80.2시간으로 낮아졌다가 2020년도에는 다시 87.6시간으로 증가하였다. 반면에 단보당 투입자본액은 같은 기간 892천 원에서 6,126천 원으로 6.9배 증가하였다. 노동집약도가 감소함에 따라 노동생산성은 같은 기간 4,932천 원에서 17,990천 원으로 증가하였다. 반면에 자본집약도가 증가함에 따라 자본생산성은 같은 기간 1원당 0.70원에서 0.26원으로 크게 감소하였다. 우리나라는 노동투입량이 감소하고 자본투입액이 많아짐에 따라 노동생산성은 증가하고 자본생산성은 감소 추세에 있다.

〈표 4-1〉 연도별 집약도 추이

연도	1990	1995	2000	2005	2010	2015	2020
경지면적(10a)	12.12	13.54	14.05	15.85	13.60	13.00	12.65
노동집약도(시간/10a)	126.7	101.6	89.2	92.8	81.1	80.2	87.6
자본집약도(천 원/10a)	892	1,575	2,237	3,138	3,920	4,841	6,126
농업부가가치(천 원)	7,574	12,919	14,762	18,075	17,314	20,326	19,932
노동생산성(원/시간)	4,932	9,387	11,778	12,297	15,698	19,497	17,990
토지생산성(천 원/10a)	625	954	1,051	1,141	1,273	1,563	1,576
자본생산성	0.70	0.61	0.47	0.36	0.32	0.32	0.26

주: 노동집약도=영농시간/경지면적, 토지생산성=농업부가가치/경지면적, 자본생산성=농업부가가치/농업자본액,
　　자본집약도=농업자본액/경지면적
자료: 통계청, 농가경제조사, 각 연도.

3) 디지털농업 경영규모와 집약도

4차 산업기술의 도입은 농업생산을 위한 정밀농업, 스마트팜, 농업 중심 산업 간 연계의 6차 산업화, 식물공장 등으로 나타나고 있다. 이들은 직접적으로 토지를 사용하지 않는 경우도 있으므로 농업의 경영규모와 집약도의 지표변화를 가져오고 있다. 그러므로 전통적인 개념인 경영규모와 생산요소 집약도에 대해 다시 생각해보아야 할 것이다.

우리나라 농업 경영규모의 지표는 호당 경지규모에 의하며, 경영 집약도 지표도 노동·토지·자본생산성 등이다. 그러나 디지털농업의 성과에 대한 연구결과를 보면 김연중 외(2013)[13]에 의하면 A 업체 식물공장은 200평 규모에 연간 조수익이 5억 원을 상회하며, 비용 3억여 원을 제하면 연간소득이 2억 원을 상회한다고 하였다. 박지연(2017)[14]에 의하면 ICT 기반 스마트팜 운영실태분석에서 시설원예는 투입 노동시간이 13.4% 감소하였고, 과수생산량은 20%, 축산생산량도 16.9% 증가한다고 하였다. 서대석(2020)[15]은 정밀농업 성과분석을 위한 23개 연구를 리뷰 정리한 결과 평균 68% 수익성이 개선되었다고 하였다. 이러한 통계는 사례분석이지만 경지면적은 적고, 노동투입시간은 감소하고 자본투입은 증가하는 것으로 나타났으며, 생산량과 연간 조수익은 크게 증가하는 것으로 나타났다. 그러므로 디지털농업의 경영규모는 연간 조수익 혹은 연간 소득, 자본 중심의 집약도 등을 중심으로 전환하여야 할 것이다.

---

13) 김연중·한혜성, "식물공장의 전망과 정책과제", 「KREI 연구보고」, 제49호. 2013. 3.
14) 박지연, "ICT 기반 스마트팜 운영실태 분석 및 발전방안", 농식품정책학회, 2017.
15) 서대석 외, "농업경쟁력제고를 위한 정밀농업체계 구축 방안", 「KREI」. R 904. 2020. 10.

제5장

농업생산과 비용

1 농업생산의 기초

1) 생산함수의 개념

생산함수란 수학적 개념으로서 일정기간 동안 생산과정에 투입하는 여러 가지 생산요소의 수량과 그 결합으로부터 얻을 수 있는 산출량과의 기술적 관계를 말한다. 즉, 가격의 개념이 포함되지 않으므로 투입과 산출의 기술적 관계이지 경제적 관계는 아니다.

예를 들어 노동을 투입하여 쌀을 생산할 경우, 노동력의 투입량을 X라 하고 쌀의 생산량을 Y라 할 경우 생산량과 투입량의 관계를 나타내는 생산함수는 다음과 같다.

① $Y = f(X)$

여기서 X는 독립변수이고, Y는 종속변수이다.

실제로 쌀을 생산하기 위해서는 노동만으로는 불가능하며, 토지, 비료, 농약, 농기계 등 다양한 생산요소가 결합되어야 가능하다. 그러므로 생산함수는 일반적으로 다수 생산요소의 투입량과 한 생산물의 생산량과의 관계를 나타내는 것이다. 즉

① $Y = f(X_1,\ X_2,\ X_3,\ \cdots X_n),$

Y는 쌀의 생산량이고, $X_1,\ X_2,\ X_3,\ \cdots X_n$는 쌀을 생산하는데 필요한 생산요소의 투입량을 나타낸다.

일반적으로 분석의 편의를 위하여 다른 생산요소의 투입량은 일정수준에 고정시키고 분석의 대상이 되는 생산요소나 자원의 투입량만 변화시킬 때의 산출량 변화를 나타내는 경우가 많은데, 이 경우 어느 생산요소를 고정시키는가에 따라 여러 가지 생산함수를 생각해 볼 수 있으며 단기 생산함수이다. 장기적으로는 토지나 건물 등 고정요소도 변하지 않을 수 없기 때문에 모든 생산요소가 고정되지 않고 변수가 되

는 장기생산함수가 된다.

투입과 산출의 상호관계를 좀 더 이해하기 위하여 한계생산물과 평균생산물의 상호관계를 알아본다. 한 생산요소의 평균생산물은 총생산량을 그 생산요소의 투입량으로 나눈 값이다. 한계생산물은 한 생산요소의 투입량을 한 단위 증가시켰을 때, 투입량의 증가로 인한 총생산량의 증가분을 의미한다. 이 관계를 식으로 나타내면 다음과 같다.

① 평균생산물(AP) = 총생산량(Q)/가변요소 투입량(L)
② 한계생산물(MP) = 총생산량 증가분 (△Q)/가변요소투입량 증가분(△L)

한 생산요소의 평균생산물과 한계생산물은 생산요소투입량 수준에 따라 일반적으로 변화한다. 특정한 생산요소를 제외한 다른 생산요소의 투입량을 일정수준에 고정시키고 특정한 생산요소의 투입을 증가시키면 단위투입량에 대한 생산물의 증가분은 체감하는 데 이를 한계생산물체감의 법칙이라고 한다. 이러한 현상은 모든 생산활동에 공통적으로 나타나는 현상이나 농업생산에서 가장 뚜렷한 현상을 나타낸다.

이러한 평균생산물과 한계생산물의 관계로서 생산함수의 특성을 설명해보면 다음과 같다. 첫째, 평균생산물과 한계생산물은 모두 처음에는 증가하다가 최고점에 도달한 이후 감소한다. 둘째, 평균생산물이 증가할 때 한계생산물은 평균생산물보다 많고, 평균생산력이 최대일 때 한계생산력과 평균생산력은 같으며, 평균생산력이 감소할 때 한계생산물은 평균생산물보다 적어진다. 즉, 한계생산물곡선이 평균생산물곡선 위에 있으면 평균생산물곡선은 우상향하고, 아래에 있으면 우하향한다. 셋째, 총생산물이 최고치가 되는 점에서 한계생산물은 영(0)이 된다.

생삼함수에 의한 한계생산물과 평균생산물의 관계로 생산탄력성[16]을 계산해 볼 수 있다.

$$생산탄력성(E_p) = 〈총생산량 증가분(△Q) / 총생산량(Q)〉 /$$
$$〈가변요소투입량 증가분(△L) / 가변요소투입량(L)〉$$
$$= (△Q / Q) \cdot (L / △L) = (L / Q) \cdot (△Q / △L)$$
$$= (1 / AP) \cdot MP = MP/AP$$

---

16) 가변요소투입량이 1% 변했을 때 총생산량이 변하는 비율을 나타내는 지표임.

2) 생산함수의 3영역

[그림 5-1]은 총생산물, 평균생산물 및 한계생산물의 관계로 생산함수의 3영역을 나타낸 것이다. 평균생산물이 최대가 되는 E점까지의 구간을 제1영역(region)이라 하고, E점으로부터 한계생산물이 영(0)이 되는 점까지를 제2영역이라 하며, 한계생산력이 부(−)가 되는 C점을 넘어선 구간을 제3영역이라 한다.

각 영역을 생산물 및 투입물가격이 일정할 경우 총생산력(TP), 한계생산력(MP), 평균생산력(AP), 생산탄력성(Ep)의 변화로 설명할 수 있다. 먼저 1영역은 평균생산력이 증가하므로 생산물 단위당 투입량 수준이 감소한다는 것을 의미한다. 즉, 생산물단위당 투입량이 감소하므로 생산량 증대가 유리한 영역이다. 이에 따라 1영역에서는 MP가 AP보다 크며, 생산탄력성도 1보다 크다. 1영역에서는 생산량을 증가시킬수록 유리하므로 이 영역을 비합리적인 생산영역이라고 한다. 비합리적인 영역임

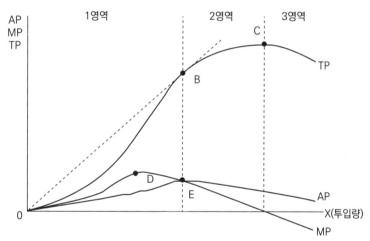

투입량(X)	총생산력(Y)	평균생산력(Y/X)	한계생산력(△Y/△X)
0	0	–	
1	5	5	5
2	14	7	9
3	21	7	7
4	26	6.5	5
5	30	6	4
6	33	5.5	3
7	35	5	2
8	36	4.5	1
9	36	4	0
10	35	3.5	−1

[그림 5-1] 총생산물, 평균생산물 및 한계생산물의 관계

에도 불구하고 농업경영자가 1영역에서 생산을 한다면 그 이유는 자원인 투입물 생산요소가 부족하거나, 생산요소를 구입할 자금이 없거나, 농업기술 및 정보 부족에 의해 적정 투입수준을 모르는 경우일 것이다. 그러므로 정부나 농협은 농업기술교육에 의해 투입량의 적정수준에 대한 교육을 하거나, 비료, 농약, 농기계 등의 생산요소의 생산공장 설립을 하고 생산요소의 구입가격을 낮추는 정책 등이 필요하다.

2영역에서는 TP는 증가하나 MP와 AP는 감소하며 MP가 AP보다 적으며, 생산탄력성도 1보다 적다. 2영역은 기술적인 합리적인 생산영역이나 영역 내의 어느 점에 생산하느냐는 생산물과 투입물의 가격조건에 의하여 결정된다.

3영역에서는 TP, MP, AP 모두 감소하므로 3영역에서는 생산량을 증가시킬수록 불리하므로 이 영역을 비합리적인 생산영역이라고 한다. 비합리적인 영역임에도 불구하고 농업경영자가 3영역에서 생산을 한다면 그 이유는 농업기술 및 정보 부족에 의해 적정 투입수준을 모르는 경우일 것이다. 그러므로 정부나 농협은 농업기술교육에 의해 투입량의 적정수준에 대한 교육을 하거나 정확한 정보를 제공하여야 할 것이다.

2 생산물의 선택 관계

농업경영에서 완전 전업농을 제외하고는 두 가지 이상의 생산물을 생산하는 것이 일반적이다. 특히 가족농의 경우에는 더욱 그러하다. 두 가지 이상 생산물을 생산하는 경우 경영자는 소유하고 있는 자원을 생산물별로 최적배분을 하여야 한다. 양돈과 양계를 사육할 경우 사육두수 결정, 무·배추를 생산할 경우 경작면적의 배분뿐만 아니라 경종과 양축의 자원 배분 등의 선택문제이다. 농업경영자가 일정한 노동력으로 양돈과 양계를 사육할 경우 양돈의 사육두수를 늘리고자 하면 양계 사육두수의 감소가 필요하다. 이와 같이 주어진 노동(자원)으로 생산할 수 있는 두 생산물(양돈과 양계 등)의 모든 가능한 결합을 나타낸 것이 생산가능곡선(production possibility curve)이다.

$$Y_1 = f(Y_2)$$

농업경영자의 생산과정에서 생산물 상호 간에 미치는 영향은 각 생산물의 특성에 따라 다를 것이나 이를 4가지 경우로 생각해 볼 수 있다. 즉, 결합관계, 경합관계, 보완관계, 보합관계 등이다.

1) 결합생산물 관계(Relationship of Joint Products)

결합생산물 관계는 동일한 생산과정에서 두 가지 또는 그 이상의 생산물이 생산되고 있는 경우를 말한다. 즉, Y_1을 생산하면 Y_2도 언제나 함께 생산되는 경우로 Y_1과 Y_2는 결합관계로 결합생산물이라고 한다. 예를 들면 벼농사에서 쌀과 볏짚, 양육과 양모 등 여러 가지가 있다. 이와 같이 결합생산물은 단일생산물로서 하나만 생산할 수 없으므로 선택의 문제가 따르지 않는다.

결합생산관계에서는 한생산물이 일정량 생산되면 다른 생산량도 같이 일정량 생산된다. 두 생산물은 단기적으로는 상호 대체되지 않으나 장기적으로는 상대가격의 변화에 따라 약간의 변화를 가져올 수 있다. 예를 들면 볏짚 가격이 상승하면 장기적으로는 품종개량에 의해 볏짚이 많이 생산되는 방향으로 품종개량 및 개발이 이루어져 쌀과 볏짚 생산량의 결합에 변화를 가져올 것이다.

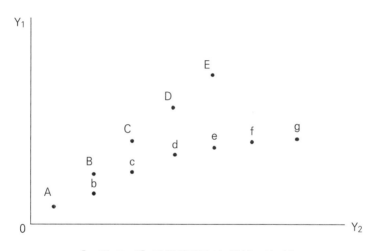

[그림 5-2] 결합생산물의 생산 가능성

2) 경합생산물 관계(Relationship of Competitive Products)

경합생산물 관계는 주어진 자원으로 어느 하나의 생산물을 생산하기 위하여 다른 하나의 생산물을 감소시키지 않으면 안 되는 경우이다. 노동력이나 자금이 일정할 때 양돈과 양계를 경영하고자 할 경우 양돈의 규모 증가를 위해서는 양계의 규모를 축소하여야하는 경합관계이다. 즉 한 생산물의 생산량의 증가를 위해서는 다른 생산물의 생산 일부를 희생해야 한다. 그러므로 경영자의 경우 선택의 문제가 발생한다. 〈그림 5-3〉에서 B점 이후로서 Y_1의 증가를 위해서는 Y_2의 감소를 가져온다.

3) 보완생산물 관계(Relationship of Complementary Products)

보완생산물의 관계는 동일 경영 내에서 두개 이상의 생산물이 생산될 때 한 생산부문이 다른 생산부문의 생산을 돕는 작용을 할 경우이다. 주어진 자원으로 두 가지 생산물을 생산할 때 그 중 어느 하나의 생산물을 증가시키기 위해 생산요소의 투입을 증가시키면 다른 생산물의 생산이 동시에 증가되는 경우이다. 예를 들면 건초와 곡물의 관계, 곡물생산과 가축사육의 경우, 윤작(동일 경지에 교대로 재배하여 지력의 소모와 병충해 방지 등)이다. 〈그림 5-3〉에서 보완성의 영역은 A점에서 B점까지이며 이 범위 내에서는 Y_1의 생산이 증가하는 동시에 Y_2의 생산도 증가한다. 또한 두 생산물간의 한계대체율은 (+)의 부호를 가진다.

4) 보합생산물 관계(Relationship of Supplementary Products)

보합생산물의 관계는 경합적인 생산물과 보완적인 생산물의 중간적인 경우로서 보충관계 또는 공용관계라고도 한다. 단일 경작지에서 두 생산물을 재배했을 경우 두 생산물 중 한쪽의 생산물의 증가 혹은 감소를 가져오지 않은 상태에서 다른 쪽의 생산물을 증가시킬 수 있으면 두 생산물은 보합적이라고 한다. 예를 들면 부업생산물을 들 수 있다. 일정한 노동력으로 미곡경영을 하면서 미곡생산에 전혀 영향을 주지 않으면서 소규모 양계를 하거나, 벼농사 다음에 보리농사를 하는 등 이모작을 예로 들 수 있다. 〈그림 5-3〉에서 AB의 범위에서는 Y_2 생산에 영향을 미치지 않고 Y_1의 생산량을 증가시킬 수 있다.

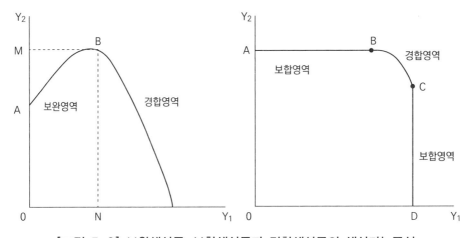

[그림 5-3] 보완생산물·보합생산물과 경합생산물의 생산가능곡선

5) 최적생산물 결합

생산물 간의 관계를 알아본 결과 농업경영자가 생산물 선택문제 대상이 되는 것은 경합생산물에 한하는 것을 알 수 있다. 결합생산물은 단일 생산물이고, 보완생산물은 생산시기가 다르며, 보완관계는 자원의 미이용관계에서 성립하므로 선택의 문제가 발생하지 않는다.

주어진 노동과 자본으로 경합생산물인 사과와 복숭아를 재배할 경우 두 생산물의 최적결합은 등량선과 등비선이 만나는 점이다. 등량선은 동일한 생산량을 생산할 수 있는 노동과 자본의 조합이며, 등비선은 동일한 비용으로 최대한 구입할 수 있는 생산요소의 조합이다. 주어진 노동과 자본의 결합으로 사과(Y_1), 복숭아(Y_2)의 생산이 가능한 생산가능곡선과 사과와 복숭아의 상대가격을 나타내는 가격선(등비용선, $P_1 \sim P_2$)이 만나는 접점(E)이다. 즉, 사과(Y_1)와 복숭아(Y_2)의 경합 시 한계대체률이 상대가격과 같을 때로서 생산물 대체로 생산이 증가하는 생산물의 가치가 감소하는 생산물의 가치가 같을 때이다.

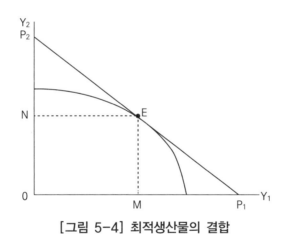

[그림 5-4] 최적생산물의 결합

③ 농산물생산비

1) 경제학적 비용과 회계학적 비용

농산물 생산을 위한 투입비용은 직접 지불되는 비용과 투입되었으나 지불되지 않은 비용이 있다. 여기서 직접 지급되는 비용은 회계적인 의미에서 비용이라고 한다. 그러나 가족농의 경우 자기소유의 토지·노동·자본은 투입은 되었으나 지불되지 않았지만 계상하는 것을 경제학적비용이라고 한다. 이는 지급되지 않았기 때문에 회계적인 의미에서 비용은 아니지만 농업경영자의 의사결정을 위해 기본적인 경제적비용이다. 즉, 어떤 생산요소가 하나의 생산요소에 투입됨으로써 다른 용도로 활용되지 못해 포기된 수입을 기회비용이라고 한다. 기회비용은 해당 투입요소를 판매 또는 임대했을 때 얻을 수 있는 수입이나 해당 투입요소를 다른 용도로 활용했을 때 얻을 수 있는 최대수입을 통해 측정될 수 있다. 즉, 기회비용은 해당 생산요소의 차선의 용도로부터 얻을 수 있는 소득으로 정의될 수 있다.

기회비용은 경영자의 노동이나 가족노동, 경영자의 경영활동, 경영에 투입된 자본 등에 대한 비용으로서 경영체의 이윤과 같은 경영성과분석에 활용될 수 있다. 경영자의 노동이나 가족노동에 대한 기회비용은 농외활동을 통해 얻을 수 있는 임금이나 소득 또는 여가시간에 부여하는 가치 등을 통해 측정될 수 있으며, 이러한 노동의 기회비용은 그 사람의 기술이나 인적자본의 축적 등에 따라 달라질 수 있다. 그러나 경영자의 경우 농업생산 활동과 관련된 일반적인 노동과 함께 경영자로서 다양한 경영활동을 수행하며 이를 위해 시간과 노력을 투입한다. 따라서 농업경영체경영주로서 수행하는 다양한 경영의사결정과 관련된 경제활동에 대해서도 생산활동에 투입하는 일반적인 노동과는 구별되는 기회비용이 발생한다.

자본의 경우 다양한 대안이 존재하며 그 대안에 따라 얻을 수 있는 수입의 크기도 다를 뿐만 아니라 위험도 다르다. 따라서 일반적으로 경영에 투입된 자본의 기회비용은 시장에서의 예금이자율을 통해 추정되지만, 경영활동에 대한 위험 정도가 명확하게 설정된다면 자본의 기회비용 역시 유사한 위험을 가진 투자사업의 수익률을 통해 추정할 수 있다.

2) 농산물 생산비

농산물 생산비는 "정상적 영농활동에서 일정량의 농산물을 생산하기 위해 소요되었거나 농가가 부담한 경제 가치를 화폐액으로 표시한 것"으로 공산품의 판매가격과 같다고 볼 수 있다.

정상적 영농활동이 아닌 취미농업, 화재·지진·풍수해·도난 등 우발적인 사고로 인한 손실은 생산비에 계상하지 않는다. 해당 농산물과 관련하여 소요되었거나 농가가 부담한 것으로 농기계 감가상각비 등은 해당농산물 생산에 소요된 것을 분할 계상하며, 정치적·종교적 기부금 등은 계상하지 않는다. 생산활동에 직접 투입되어 지급된 비용과 투입되었으나 지급되지 않은 자기소유의 토지·노동·자본의 기회비용을 포함하며 농가가 부담한 조세공과금 등도 포함한다.

농산물생산에 효용가치는 있으나 경제가치가 없어 돈이 지불되지 않는 공기 등은 생산비로 계상 안하나, 경제가치가 있으면 무상으로 받아 소요된 것, 즉 자녀가 사준 경운기의 감가 상각비등은 생산비에 계상하며, 투입된 자급물은 평가하여 생산비에 계상한다.

제조업과 농업의 생산비를 비교해보면 기업은 회계학적 생산비가 판매원가(총원가)로서 제품을 만드는데 직접 투입된 생산요소에 대한 비용인 직접재료비, 직접노력비, 직접경비(전기료, 수도료, 가스료 등)로 구성되는 직접원가(제1원가)에 제조간접비(공통비용, 보조재료비, 공구비, 잡급직 봉급 등)를 더하면 제조원가(공장원가, 생산원가)가 되고 다시 판매비와 관리간접비(사무직봉급 등) 등을 계상하면 판매원가 즉, 회계학적 생산비이다. 그러므로 판매손익은 판매가격과 총원가의 차액이다. 제조업의 총원가는 농업부문의 경영비에 해당되며, 자기자본이자, 자기토지자본이자, 기업가보수, 조세공과금 등은 포함되지 않는다.

경제학적 생산비, 즉 농업부문은 제조업의 총원가(판매원가)+자기자본이자+자기토지자본이자+기업가 보수(자가 노력비)+조세공과금+정상이윤 등을 포함한다.

4 비용함수(투입과 산출의 기술적 관계)

1) 고정비용과 가변비용

농업경영자의 농산물생산을 위한 의사결정에서 비용은 중요하다. 생산량의 증감에 따라 변하지 않는 고정비용과 변하는 가변비용이 있다. 건물이나 시설, 대형농기계 등과 관련된 비용은 단기에 있어서 생산량을 변화시키더라도 변하지 않는 비용이지만, 장기에서는 고정요소의 투입량이 변하므로 장기에는 고정비용이 존재하지 않는다. 즉, 모든 비용은 장기에서는 가변비용이라고 볼 수 있다.

경영자가 주어진 기간 동안 투입량을 조절할 수 있는 비용, 즉 경영자의 의사결정에 따라 투입량을 변화시키거나 생산량을 변화시킴으로써 달라지는 비용을 가변비용이라고 한다.

비용함수는 투입과 산출의 기술적 관계로서 다음과 같다.

① $C = f(Y)$, C(비용)는 Y(산출량)의 함수

장기비용함수는 고정요소가 없으며, 단기비용함수는 비료, 농약, 노동 등 유동재의 비용이다.

2) 평균비용과 한계비용

총비용(TC)은 생산에 투입된 모든 투입요소와 관련한 비용의 총합으로 총고정비용(TFC)과 총가변비용(TVC)의 합이다.

TC = TFC + TVC

① 평균총비용(TAC) = 총비용(TC)/총생산량(Y)
   평균비용은 생산물 한 단위당 비용을 의미한다.

② 한계비용(MC) = 총비용 증가분(△C)/생산량 1단위 증가분(△Y)
   한계비용은 총비용곡선의 기울기로 표시되며, 생산량 증가에 따라 한계비용은 감소하다가 증가한다. 생산량의 변화에 따른 총비용의 변화는 생산량 1단위 증가에 따른 고정비 증가가 없으므로 한계가변비용이다.

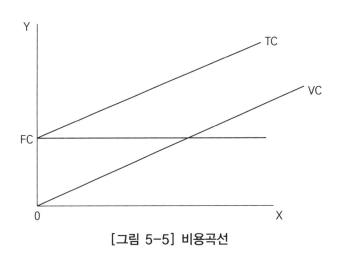

[그림 5-5] 비용곡선

3) 이윤극대화를 위한 적정고용자 수 예시

이윤극대화를 위한 적정 고용자수는 노동의 한계생산가치가 임금과 같을 때의 고용자 수이다. 즉, 1일 노동자 임금이 10만 원이고 복숭아 1상자 가격이 10만 원이라고 가정하자.

● 첫 번째 고용자는 복숭아 3상자 생산으로 수입이 30만 원이며 이윤이 20만 원이다.

- 두 번째 고용자는 복숭아 2상자 생산으로 수입 20만 원으로 10만 원 이윤이 증가한다.
- 세 번째 고용자는 복숭아 1상자 생산으로 수입 10만 원으로 이윤증가가 없다.
- 네 번째 고용자는 복숭아 1/2상자 생산으로 수입 5만 원으로 적자가 나타난다.
- 적정고용자수는 노동의 한계생산물가치와 임금이 같게 되는 3명이다.

4) 적정 노동투입 예시

① 이윤 극대화를 위한 적정 고용자 수: 노동의 한계생산가치 = 임금

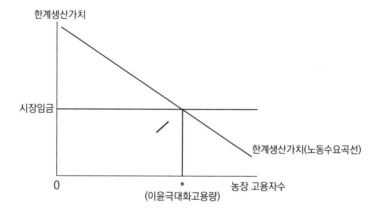

② 노동투입량 증가하면 노동의 한계생산이 감소하므로 노동수요곡선 우하향

1 농업경영조직의 구성

농업경영조직은 경영이 놓여 있는 자연적·경제적·사회적 및 경영자의 개인적 환경 등 다양한 환경조건에 따라 결정되는 것이다. 즉, 기상조건과 토지의 성상, 논과 밭의 면적비율 등 자연적 조건이 경영조직을 제약하고, 농산물가격 등 경제적 조건, 국가의 농업정책, 과학기술의 발달정도, 풍속·전통 등의 사회적 조건 및 경영자의 능력, 선호도, 경제사정 등 다양한 환경조건이 경영조직결정의 기본적 요인이 되는 것이다.

농업경영조직은 농업경영 목적을 달성하기 위하여 일과 사람을 합리적으로 결합시켜 조직하고 운영하는 것이다. 즉, 농업이라는 일을 매개로 한 인간의 조직이며, 조직의 구성, 관리 그리고 경영관리에 따라 다양한 유형으로 구분할 수 있다. 농업경영조직의 구성은 농업경영의 다각화·전문화·협업화로 되어 있다.

1) 다각화(Diversified Farming)

농업경영의 다각화는 전문화 경영에 대조되는 용어로서 한 품목의 농산물만을 생산하는 농업경영이 아니고 여러 가지 농산물을 복합적으로 생산하는 농업경영을 말한다. 특히 가족농이나 자급자족 목적 농업의 경우 일반적으로 여러 가지 농산물을 생산한다. 벼농사와 축산을 결합한 혼합경영 등을 다각화라 한다.

농업경영의 다각화의 장점을 보면, 첫째, 경영자원의 완전이용을 들 수 있다. 농산물 마다 각 생산요소에 대한 요구량과 요구 시기가 다르므로 복합경영에 의해 경영자원을 최대한 이용할 수 있다. 둘째, 농업경영의 위험을 분산시켜 농가경제의 안정을 기할 수 있다. 농업생산은 자연·기후 조건의 영향으로 생산량이 불안정할 뿐만 아니라 가격불안정 때문에 농가경제가 불안정한데 다각경영은 이러한 위험을 분산시킬 수 있다. 셋째, 윤작체계의 도입으로 지력을 증진시킨다. 가축 사양에 의한 퇴비를 작물생산에 이용하거나 계절마다 다른 작물을 재배함으로서 지력소모를 방지할 수 있다. 넷째, 연작은 병충해 발생률을 증대시키는 경향이 있는데 다각화로 병충해 발생률을 감소시킬 수 있다. 반면에 작물별 전문적인 기술을 기대하기 어렵고, 노동생산성을 저하시킬 뿐만 아니라 다품종 소량생산으로 판매에 불리한 점 등도 있다.

2) 전문화

농업경영의 전문화란 한 품목의 농산물만을 전문적으로 생산하는 농가의 경영형태이다. 이는 기업이론을 토대로 농업도 공업과 같이 단일 상품을 생산함으로서 분업을 통한 비교우위의 실현이 가능하다.

농업경영의 전문화의 장점은 첫째, 작업의 단일화로 분업의 이익을 얻을 수 있을 뿐만 아니라 노동의 숙련도와 기계이용률을 높인다. 둘째, 규모의 경제 실현에 의한 상품단위당 생산비를 감소시켜 시장경쟁력을 높인다. 셋째, 전문화에 의한 단일 생산물의 생산량이 대량이면 유통비용감소와 판매에 유리점이 있다.

농업경영전문화의 단점을 보면 첫째, 한 작물만 재배할 경우 토지와 노동이 한 계절에 집중적으로 이용되므로 토지의 집약적 이용이 불가능해 지력유지가 어렵고, 노동의 연중 배분이 어려울 뿐만 아니라 수입이 일정시기에 집중된다. 둘째, 자연적, 경제적 피해를 집중적으로 받기 쉬워 농가경제의 안정을 기하기 어렵다. 셋째, 자본회전이 느릴 뿐만 아니라 부산물의 이용과 생산자재의 상호보완적 이용기회가 적다. 농업경영을 다각화하는 것이 좋은지 전문화하는 것이 좋은지는 논란이 있으나 개별적인 경영여건이나 경영능력 등에 따라 다르다고 할 수 있다.

3) 협업화

농업경영의 협업화란 다수 농가가 토지, 자본, 노동과 같은 생산요소를 어떤 형태로 결합하여 새로운 경영체를 조직하는 것을 말한다. 협업화의 이유는 소규모 경영체의 결합에 의해 대규모 경영의 장점을 얻기 위한 조직이다. 협업화는 생산수단의 공동소유, 경영에 대한 공동책임, 생산자재의 공동구입, 생산물의 공동판매뿐만 아니라 경영성과에 대해서는 조직적 공동분배를 전제로 한다. 협업화는 역사적으로 사회주의 국가 농업발전의 기본 방향이었다.

협업화는 부분협업과 전면협업의 두 가지 형태로 구분해 볼 수 있다. 부분협업은 개별경영을 그대로 두고 작물, 과수, 축산 등 일부 품목이나 농기계작업 등 일부를 분리하여 협업화하는 것으로 주산지가 형성된 지역의 유리성이 크다. 전면협업은 개별경영을 해체하고 다수농가가 자기소유 토지와 노동, 자본 등을 제공하여 새로운 경영체를 만들어 경영전체를 공동화하는 것이다. 어떤 형태의 협업화든지 생산비 감소, 유통비용 절감, 기계화, 전문화, 노동능률 향상 등 다양한 측면에서 유리점을 가지고 있다.

2 농업경영조직의 유형

농업경영조직의 유형은 먼저 농업경영소유자가 단일인지 복수인지에 따라 개인경영과 집단경영으로 나눌 수 있다. 개인경영은 소유자가 1명이므로 설립이 용이하고 경영 및 의사결정구조가 단순하고 신속하나 대규모 경영에는 한계가 있으며 분업의 이익이 없다. 집단경영은 대규모 사업을 운영할 수 있으나 소유 또는 경영권이 다수에 분산되어 있으므로 사업의 지속가능성이 높다. 그러나 의사결정의 신속성이 결여되고 공동경영자 간 이해관계 상충의 문제가 발생한다.

개인경영은 가족경영과 기업경영으로, 집단경영은 임의집단경영과 법인집단경영으로 구분할 수 있다. 가족경영은 가족노동에 의존하며 자급자족 수준이며 소규모이다. 기업경영은 주로 고용노동에 의존하며, 나아가 노동력보다는 자본 중심의 경영으로 규모가 크다. 집단경영은 임의집단경영과 법인집단경영으로 구분되는데 이는 법인격을 가지는지 여부에 달려있다. 임의집단경영은 개인농가들 또는 개인법인들이 임의로 집단을 구성하여 단순히 협업을 하는 형태인 반면, 법인집단경영은 집단 자체가 법인격을 가지고 채권·채무의 주체가 되며 각종 정책사업의 추진주체가 될 수 있다. 법인집단경영은 회사법인(합자회사, 합명회사, 유한회사, 주식회사)과 조합법인으로 구분할 수 있다.

1) 가족경영

가족경영은 가족을 단위로 농업경영을 하는 동시에 필요한 노동력의 대부분을 가족노동을 통하여 공급하는 경영이다. 마티 스트레인지(M. Strange)의 저서 가족농[17]에서 전통적인 가족경영을 네 가지 면에서 법인경영 또는 자본적 경영과 구분하였다. 첫째, 가족경영은 가족단위의 농업경영이므로 의사결정은 가구주, 혹은 복수의 가구원의 협의를 바탕으로 이루어지므로 신속하고 신축적이다. 둘째, 가족구성원 위주의 노동력 공급으로 경영한다. 셋째, 부부관계를 기초로 하여 자식과 형제 등 소수의 직계가족을 구성원으로 하여 운영된다. 따라서 세대단위의 경영 즉, 상속을 통하여 경영자산을 포함한 자산이 부모 세대에서 자녀세대로 계승된다.

다음으로 아시아 소농국가의 가족경영의 특성은 추가로 첫째, 경영규모면에서 자급자족을 기본으로 하며, 자본이 가족 내에서 공급되므로 법인경영에 비해 소규모 경영 위주이다. 둘째, 경영과 가계를 분리하기 어려우므로 생산과 소비가 혼재되어

---

17) Family Farming: A New Economic Vision, 1988.

있고, 소득의 경우도 경영소득과 임금소득을 구분하기 어렵다.

우리나라 가족경영의 운영 실태를 보면 농가인구의 지속적 감소와 고령화의 가속화로 가족농의 수도 지속적으로 감소하고 있다. 이러한 추세는 농업경영의 승계가 쉽지 않을 것이라는 점을 나타내며, 농업의 후계인력부족을 시사한다. 그러므로 농업인들은 조직화를 통한 새로운 경영체로의 변화를 모색하고 있는 추세이다.

2) 농업법인

법인경영이란 다수의 자연인 또는 농가들이 조직을 구성하여 공동으로 농업경영을 유지해 나가되 임의집단이 아닌 하나의 법인격으로 움직이는 경영형태이다. 가족경영의 경우에도 법인 가족경영이 존재할 수는 있으나 매우 드물다. 대표적인 농업법인은 협업적 농업경영의 성격을 가진 영농조합법인과 기업적 농업경영체인 농업회사 법인이 있다.

③ 농업법인

1) 농업법인 설립

농업법인은 농업경쟁력 제고를 위해 협업농, 기업농의 육성을 위해 1990년 도입하였다. 이후 2000년대 대형마트가 새로운 유통채널로 등장하면서 출하상품의 규격화, 대규모 물량, 소포장 상품화와 협상에 의한 납품이라는 새로운 형태의 거래방식을 농업생산자들에게 전면적으로 요구하게 되었다. 이에 따라 산지조직을 중심으로 대형유통업체와 교섭할 수 있는 단위로 확장하기 시작하였는데, 그 대표적인 형태가 농업법인체(농업회사법인, 영농조합법인 등)이다. 최근 들어 산지에 기반을 둔 다양한 농업법인체들은 시장에 대한 공동대응이라는 기조아래 연합과 협력을 통한 규모화 및 시장경쟁력을 확보해 나가고자 하고 있으며, 농림축산식품부는 「농어업경영체 육성 및 지원에 관한 법률」 제16조와 제19조에 근거하여 농업법인체 육성 및 지원을 점차 확대해나가고 있다.

개별경영체가 법인경영체로의 변화는 단순한 경영형태의 변화가 아닌 법적인 규제를 받아야 하므로 경영면에서 농업경영자는 발상의 전환이 필요하다. 즉 가족경영은 소유와 경영, 노동의 보수가 삼위일체적인 성격을 가지나 그 성과(각 생산요소의 보수)는 경영자에게 귀속되는 경우가 많다. 그러나 법인으로 전환되면 실질적으로는 경영자에게 모두 귀속된다 하더라도 법적으로는 소유와 경영, 노동의 보수가 분리되어야 한다. 그러므로 법인경영에 맞는 경영관리기법을 도입하여 유지하는 것이 필요하다. 가족형태의 법인이라 하더라도 토지·건물 등 고정자산은 법인소유로 하여 개인이 임대하는 형태로 임대료를 수취하거나 가족노동도 원가로 평가하여 임금을 지불하고, 자금조달 운영에서도 조달하여 법인에 공급하면 이자를 수취하는 형태로 처리되어야 한다.

2) 농업법인 유형

(1) 영농조합법인

영농조합법인은 협업적 농업경영을 통해 생산성을 높이고 농산물의 출하·가공·유통·수출 및 농어촌 관광 휴양사업 등을 공동으로 하려는 농업인 5인 이상을 조합원으로 두고 설립하는 법인이다.

장점으로는 공동출자로 인한 규모화 영농운영이 가능하고, 공동구입과 공동판매 시설이용 등으로 비용을 절감할 수 있으며, 거래처에 대한 이익단체로서의 기능을 하고, 납입출자액을 한도로 유한책임을 진다는 장점이 있다.

단점으로는 조금이라도 사업이 불투명하면 탈퇴가 이어질 수 있으며, 상호 반목이 생길 경우 경영효율성이 저하된다. 그리고 탈퇴 및 해산 시 잔여재산의 공정 타당한 평가가 어려워 분쟁으로 이어질 수 있으며 준조합원의 의결권이 없어 투자유치가 어렵다.

조세혜택을 보면 식량작물재배업 소득에 대한 법인세 전액면제, 그 외 작물재배업 소득에 대한 조합원당 연 6억 원까지 법인세 면제, 그 외 소득은 조합원당 연간 1,200만 원까지 법인세가 면제된다. 또한 법인세 면제소득에 대한 배당소득세가 전액 면제된다.

(2) 농업회사법인

농업인 1인으로 설립이 가능하며, 농업인이 아닌 사람도 투자지분에 비례한 의결권을 가질 수 있으며, 주식회사 형태로 하면 주식양도도 가능하다. 농업회사법인 형태는 주식회사, 유한회사, 유한책임회사가 있다. 주식회사는 보편적인 회사형태로 투자를 받기 쉬우나 상법상 정해진 운영절차를 반드시 준수해야 한다. 그리고 유한회사와 유한책임회사는 정관으로 절차를 변경할 수 있기 때문에 주식회사보다는 재량이 많은 편이다.

<표 6-1> 영농조합법인과 농업회사법인의 비교

구분	영농조합법인	농업회사법인
성격	• 협업적 농업경영	• 기업적 농업경영
목적	• 농업경영 및 부대사업 • 농산물 가공 • 농산물 출하·유통·판매 등	• 농업경영 및 부대사업 • 농산물 가공 • 농산물 출하·유통·판매 등
설립 자격	• 농업인, 농업생산자단체	• 농업인, 농업생산자단체 등
발기인 수	• 농업인 5인 이상	• 합명(2인), 합자(유무한 각 1인), 유한(50인 이하), 주식(1인 이상)
출자 제한	• 조합원 1인의 출자액 제한 없음	• 비농업인은 총출자액의 90% 이내
의결권	• 1인1표	• 출자지분
농지 소유	• 소유 가능	• 소유 가능
설립 운영	• 농업인 자율적으로 설립·운영	• 농업인 자율적으로 설립·운영

자료: 김정호, 「가족농연구」, 2012.

3) 농업법인 현황

농업법인의 수는 농업법인제도가 1990년 도입된 이후 1995년 1,533개(영농조합법인 1,207개, 농업회사법인 326개), 2015년 18,757개(영농조합법인 12,979개, 농업회사법인 5,778개), 2020년에는 전년보다 1,184곳 증가한 24,499곳(영농조합법인 10,136개, 농업회사법인 14,363개)이며 종사자수는 전년보다 8,702명 증가한 약 168,951명이었다. 최근 영농조합법인수는 감소하고 농업회사법인은 증가 추세이다. 농업법인의 2020년 총매출액은 전년보다 7% 증가한 42조 9천 162억 원이었다. 이중 영농조합법인은 2.6% 증가한 11조 8천 963억 원, 농업회사법인은 8.8% 늘어난 31조 199억 원이었다.

<표 6-2> 농업법인 수 추이

연도	1990	1995	2005	2010	2015	2020
영농조합법인	1	1,207	4,293	8,107	12,979	10,136
농업회사법인	6	326	967	1,633	5,778	14,363
계	7	1,533	5,260	9,740	18,757	24,499

자료: 통계청, 농어업법인조사, 각 연도.

사업별로 보면 영농조합법인은 매출액 비중이 가장 큰 사업은 농업생산법인 39.3%, 농축산물 유통업 25.3%, 농축산물가공업 18.1% 순이었다. 농업회사법인은 농축산물유통업 35.1%, 농업생산 31.3%, 농축산물 가공업 22.7% 순으로 나타났다.

4 농협의 조합공동사업법인(조공법인)

1) 농협과 농업법인의 공통점과 차이점

농협의 조공법인과 농업법인의 공통점은 모두 산지유통조직으로서 농산물의 가치창출 목적을 위해 운영되는 조직이다. 산지농산물을 소비지로 운송하는 소극적인 가치창출과 선별·포장·가공·신상품개발·브랜드마케팅 등 다양한 방법으로 가치창출을 하고 있다.

농협조공법인과 농업법인의 차이점을 보면 농협은 부가가치가 조합원의 이익에 기여하는 반면, 농업법인은 부가가치 창출을 통해 기업의 이윤을 극대화한다. 그러나 영농조합법인, 농업회사법인 모두 일정 비율 이상 농업인이 출자하므로 농협과 같이 농업인의 이익 창출활동을 수행한다.

2) 농협의 조합공동사업법인: 농협 간 통합이 아닌 경제사업 통합

(1) 조공법인의 정의와 도입 배경

1991년 미곡종합처리장(RPC)을 도입한 이후 2003년 342개로 확대되면서 RPC 상호 간 과당 경쟁으로 수익성이 악화되는 등 문제점이 발생하여 2004년 영세 노후화 RPC를 통폐합 하는 등 구조조정을 하면서 통합 RPC의 운영주체로 조공법인을 도입하였다. 최초의 조공법인은 2005년 백두대간조합공동사업법인이며 중앙회 준회원으로 가입하고 이용고배당을 받는다.

조공법인의 목적을 보면, 농협법 제112조 2의 "조공법인은 사업의 공동수행을 통하여 농축산물의 판매·유통 등과 관련된 사업을 활성화함으로써 농협의 경쟁력 강화와 농업인의 이익증진에 기여하는 것을 목적으로 한다." 그리고 농협정관 례)를 보면 비영리법인으로써 회원 간 사업의 공동수행을 통하여 농축산물의 판매·유통 등과 관련된 사업을 활성화 하고, 회원이 필요로 하는 기술·자금·자제 및 정보 등을 상호 공유 및 제공함으로써 농업의 경쟁력 강화와 농업인의 이익증진에 기여하는 것을 목적으로 하는 조직이다.

(2) 조공법인 체계

① **수평적 계열화(지역연합)**: 시군 중심조직, 지역브랜드(사회문화적 결합), 지역사회 결합(행정 등), 다품목결합방식, 복합사업(판매, 가공, 마트 등)

② **수직적 계열화(품목연합)**: 시장지향조직, 전략품목 지역연합 간 결합, 전략품목 마케팅 계열화, 광역단위 전문조직, 수급조절, 소비지 대응 등

③ **연합체계**
- 수평적 계열화(지역연합): 시군단위 사업연합
- 수직적 계열화(품목연합): 지역연합 간 전략품목 중심 마케팅 연합

(3) 조공법인의 문제점과 이슈

① 적자경영으로 경영이 어려운 출자조합부담 가중

② 책임경영체계 미흡
- **조공법인 대표이사**: 출자조합 출신다수, 대표이사 인사권 조합장
- 대표이사 경영권에 대한 책임과 권한 규정 정비 미흡
  - 중앙회의 주관조합제도 등으로 사업관련의사결정 대부분을 조합장들로 구성된 이사회에서 결정
- **직원 비전문성**: 다수가 비전문 계약직, 파견인력은 소속 농협 위주 사업 추진

③ 참여조합과 사업 경합

④ 경영투명성 부족
- 경영성과에 대한 객관적 평가
- 투명성 확보를 위한 제도적 장치 미흡

⑤ 통합유형의 교차보조
- 통합조공법인(양곡+원예유통사업)
- 축산조공법인(축산물유통사업+사료사업)

⑥ 지도·감독체계 미흡
- **농협법상**: 조공법인 설립인가, 경영지도, 감독권한은 농림식품부장관에게 있음. 자율적 설립 독립법인으로 조직운영체계 및 사업 활성화는 각 법인의 과제라는 견지
  - 감사는 농협중앙회에 위탁, 중앙회는 준회원으로 지도지원에 법적근거 없다는 근거로 지도·감독 제한적 진행
- 지도감독 및 육성체계의 사각지대임.

3) 조합공동사업법인 성공사례

조공법인의 성공사례로 햇사레 과일조합공동사업법인, 농협김치, 원당·기린농협 두부 등이 있다. 이중 햇사레 과일조합공동사업법인에 대해서 알아본다.

(1) 참여기관

- 경기도 장호원농협·경기동부과수농협과 충북 음성군의 감곡농협·음성농협이 결성한 복숭아 연합사업단을 모태로 한 복숭아 공동브랜드연합 마케팅 조직임.

(2) 추진방법

- 법인과 참여조합, 조합원이 역할 분담을 통해 효율적인 사업추진
  - 법　　인: 마케팅 기획과 실행, 거점 APC 운영 전담
  - 참여조합: 농가조직운영, 품질관리, 위성 APC 운영
  - 조 합 원: 고품질 복숭아 생산에 주력

(3) 성공요인

① **규모화 사업전략**: 연합사업 실시이전 개별 조합별 사업추진으로 조합 간 출하처 확보 및 가격경쟁이 치열하였으나 조합 간 연합사업을 통해 사업물량 확대와 주산지 조합 간 연합마케팅을 통해 조합 간 출혈경쟁을 극복하고, 규모화 달성에 의한 시장교섭력 강화로 농가수취가격 제고

② **차별화 사업전략**: 연합사업의 공동브랜드 도입과 적극적 홍보, 포장규격 효율화 품질관리와 소비자신뢰도 제고, 품질관리 강화

③ 기업형 경영방식

5 기업의 농업회사법인

1) 기업의 농업부문사업 진출

농업회사법인(합명, 합자, 유한, 주식회사)은 상법을 준용하며, 비농업인 출자한도 제한이 90%로 사료, 유통, 생산의 계열화가 가능함에 따라 기업은 농업법인 중 농업회사법인에 의하여 농업에 진입하고 있다.

기업의 농업부문사업 진출 후 철회한 사례를 먼저 보면, 동부그룹의 동부팜한농이 2012년 유리온실사업에 진출 후 2013년에 철회하였다. 동부팜한농은 화성 화옹 간척지에 4만 5천 평 규모의 첨단유리온실 완공으로 아시아 최대 규모로 연간 100억 원 규모의 토마토 매출이 가능하였다. 그러나 토마토 생산 후 일본에 수출할 계획이었으나 여의치 않아 국내 출하에 의한 토마토의 가격하락으로 농민단체의 반대와 동부그룹 영농자재 불매운동 등 저지운동이 심하여 2013년 철회하였다. 이후 팜한농은 LG 자회사로 편입, LG그룹 계열사 LG CNS 새만금 스마트팜 단지 조성 추진 후 2016년 철회하였다.

2) 진출기업과 사업

(1) SK텔레콤의 스마트팜 관련 사업동향

스마트팜 기술 적용이 어려웠던 감자재배농가에 SK텔레콤이 오리온, 스마프와 구미에 위치한 오리온 감자계약재배농가에서 스마트팜 솔루션 도입에 의한 노지재배용 스마트팜 기술로 IoT 플랫폼을 활용해 온도·습도·강수량 등 작물 재배에 필요한 정보들을 실시간으로 분석하고, 필요한 물과 양분을 자동으로 산출하고, 모바일 기기를 활용한 원격제어가 가능해 노동력 절감을 하였다.

(2) KT의 노지채소 스마트팜 모델 개발

KT는 2018년 10월 농림수산식품교육문화정보원이 주관하는 '2018년 노지채소 스마트팜 모델개발 사업'의 위탁사업자로 선정되어 무, 배추, 파, 고추 등 4대 노지채소를 위한 스마트팜을 전국 59개 농가에 구축하였다. 즉, 농지에 설치된 센서를 통해 수집한 기온, 습도, 풍향, 풍속, 일사, 강우 등의 기상정보와 지온, 지습, 염농도(EC) 등의 토양정보 등 재배환경 정보를 토대로, 인공지능(AI) 분석 솔루션이 최적의 생육상태를 유지하였다. 그리고 스마트팜 사업으로 단열자재 재배사 건축과 ICT 적용 내부 환경최적화(온습도, 이산화탄소 농도) 설계로 CCTV 보안관리 등 버섯농가 실증시험을 하였다.

(3) LG 유플러스의 스마트팜 관련 사업

농촌진흥청 국립축산과학원과 5G 기반 스마트 축산 활성화를 위해 협력하였는데 이는 5G 기술을 축산 산업에 활용하는 첫 사례이다. 그리고 가금연구소와 LG 이노텍이 공동 개발하는 육계 무인사양관리 시스템으로 체중 예측 등의 기술을 개발하였다. 닭의 상태를 실시간으로 분석해 축사의 환경을 최적화하는 '스마트 양계장' 분야 진출을 발표하였다. 이는 조류인플루엔자로 인한 양계 농가의 피해를 줄이는데 기여할 것으로 기대되고 있다.

(4) 삼성전자의 스마트팜 관련 사업

2018년 5월 식물생장 전용 발광다이오드(LED) 패키지 신제품 'LH351B 레드'를 출시하였다. 제품은 660나노미터(nm·10억분의 1m)의 파장 대역에서 적색을 방출하는 하이파워(소비전력 1와트 이상) LED 광원 패키지로, 식물 광합성을 촉진시키는 식물생장 전용제품이다. 식물은 빛 파장에 따라 각기 다른 화학반응을 나타내는데, 그 중에서도 660nm 적색 파장은 식물 개화와 성장, 광합성 촉진에 효과적인 것으로 알려져 있다. 이를 적용하는 경우 높은 광효율과 방열기술로 농가 전기비용을 낮출 수 있고, 기존 백색광원인 LH351과 동일한 디자인으로 고객에게 설계 편의성을 제공하였다.

(5) 카카오의 스마트팜 관련 사업동향

2017년 5월 제주국제자유도시개발센터(이하 JDC)와 제주첨단과학기술단지에서 '사물인터넷기술 실증사업을 통한 스마트팜 연구개발'의 성공적 추진을 위한 업무협약을 체결한 후 단지 내 카카오가 보유한 산업시설용지에 스마트팜 연구개발 시설을 설치해 사물인터넷과 자동환경제어 모듈을 연구하고, 연구 내용의 실증을 통해 ICT 농업기술의 국산화 및 대중화를 이루는 것을 목적으로 하고 있다.

(6) 기타 농업부문 기업진출 사례

① CJ: 양돈, 양돈 정액 판매, 곡물 및 기타 식량재배
② 하림: 양돈, 양계, 젖소 사육업
③ 아모레 퍼시픽: 음료용 및 향신용 작물재배
④ 카카오: 채소작물
⑤ 화이트 진로: 팜컬쳐, 과실재배업
⑥ 한화: 시설작물
⑦ 현대차: 현대 서산농장 등

제7장

농지관리와 농업경영체 육성

1 토지소유제도

1) 농지개혁법 제정 이전[18]

고려시대 이전 원시사회의 토지는 종족, 씨족 등 집단내부의 집단적 소유와 노동을 하는 토지공유제도라고 볼 수 있다. 삼국시대에는 족제(혈연)조직에 기초한 토지국유제하에 국가가 지배계급에게 공노를 보상하기 위하여 혹은 녹봉 지급 대신 분여(각각의 몫에 따라 나누어 줌)한 토지와 일반 피지배계층인 농민에게 분급하여 경작하는 토지로 구분할 수 있다. 지배계급에게 분여한 토지로는 식읍(食邑)[19], 녹읍(祿邑), 사전(賜田) 등이 있었다. 국가로부터 일정면적의 토지를 분배받은 농민들은 경작이용에 일정액의 전조(田租)를 국가에 납부하였고 수시로 강제부역 노동에 징발되었다. 조세는 국민에게 직접 부담시킨 것이 아니라 공동체(씨족 등) 단위로 부과하면 공동체가 개별농민에게 징수하여 국가에 납부하였다. 식읍, 녹읍, 사전은 노예노동에 의존하였으나 농민의 경작노동이 삼국시대의 지배적인 생산형태이었다.

통일신라시대에는 당나라의 공전(公田)제도를 도입하여 전국 토지를 공전으로 규정하고 왕족이나 공신에게 주었으며 상속이 가능하고 소유권을 부여하였다. 그리고 왕족과 문무백관에게 계급에 따라 식읍과 녹읍을 사급하는 사전제도(賜田制度)를 채택하였다. 피지배층인 농민에게는 정전제(丁田制) 실시로 정년(丁年, 20세)의 농민에게 정전을 분급하였는데 국왕의 명의로 분급함으로써 지배층이나 호족으로부터 약탈을 못하게 하였다. 정전은 60세가 되면 국가에 반납하였으며 농민이 자유롭게 경작함으로써 생산을 많이 하게 하여 수탈하기 위한 목적도 있었다고 볼 수 있다.

---

18) 신인식, 「협동조합경영연구」, 제42집, 2015. 6.
19) 왕족이나 공신에게 주었으며 상속이 가능하고 소유권을 부여하였음. 2) 관료에게 직무의 대가로 지급(월급)하였으며 상속이 안 되고 소유권이 없음. 3) 임금이 내려준 논과 밭. 4) 조세를 거둘 수 있는 권리인 수조권(收租權)이 있고 왕실 혹은 국가기관에 귀속되었던 토지로서 수조권이 있는 토지를 관리의 등급에 따라 차등지급하였으며 퇴직 시 반납해야 함.

고려시대에는 국가적 토지공유제 확립으로 집권 봉건적 토지지배 관계를 완성한 시기라고 볼 수 있다. 식읍, 사전(구왕족과 지배층을 회유할 목적으로 주었음), 역분전(군사적, 정치적 충신에게 보상으로 주었음) 모두 수조권만 부여하여 백성에게 세금을 거둘 수 있는 권리를 관료들에게 월급대신 주는 것으로서 국가에 납부할 세금을 관료에게 납부하게 하였다.

이조시대 전기에는 과전법(科田法)에 입각한 토지제도를 확립하였으며, 국가가 농민에게 직접 전조를 수납함으로써 지배층의 농민수탈을 막았다. 후기 15C 중엽 사전(私田)확대운동이 전개되었으며, 1592년 임진왜란 때에는 수조지의 사유화가 확대되었다. 이조후기에는 관료적 봉건지주나 농민 간에 봉건적 소작관계가 형성되었다. 봉건층과 농민관계는 수조권자와 전조납부자 관계에서 지주와 소작농 관계로 전환되어 농민의 부담이 전조에서 소작료 형태로 바뀌었다.

1948년 8월 15일 대한민국 정부수립과 함께 헌법 제86조에 의해 "경자유전의 원칙확립으로" 농지는 농민에게 분배되며 그 분배의 방법, 소유의 한도, 소유권의 내용과 한계는 법률로 정한다고 하였다.

2) 농지개혁법 제정 이후

1949년 농지개혁법 제정으로 1950년 지주에게 농지를 유상몰수하고 농민에게 유상분배 하는 농지개혁을 단행하였다. 대지주를 막기 위하여 농지소유 상한선을 약 3만 제곱미터(9,075평, 3ha)로 하였으며, 분배농지의 상속·매매 등 소유권 처분행위를 엄격하게 제한하였다. 즉 농지의 소작·임대차·위탁경영 등을 금지하였다. 1980년 헌법 개정에 의한 농지임대차와 위탁경영의 부분적 허용으로 농업생산성 제고와 농지의 합리적인 이용추구 취지에서 농지의 임대차와 위탁경영은 법률이 정하는바에 의하여 인정을 하는 것으로 하였다. 이에 따라 임차농지와 임차농가가 증가하였다. 그리고 1990년 농발법(농어촌발전특별조치법) 제정으로 영농조합법인의 농지소유로 경자유전의 원칙이 무너졌다. 1994년 농지개혁법과 농지임대차관리법 등을 통폐합하여 농지법을 제정한 이후 1996년 시행으로 농지는 농민과 농업법인만 소유하게 하였다. 그러나 농지소재지 거주요건 폐지(20km 이내 통작 거리)로 도시인도 농지취득자격증명을 발급받아 농지소유가 가능하였다. 1999년 임차료 상한제 등 임차농가보호를 위한 제도가 폐지되었으며, 농지소유 상한은 약 5만 제곱미터(15,125평, 5ha)로 확대되었다. 이후 농업연구 바이오벤처·기업·연구소·직업탐색을 위한 대학생에게도 농지소유가 가능하게 되었다.

3) 농지관리 강화를 위한 농지법 등 관련법 개정(2022년 5월 18일 시행)

⑴ **농지 취득 심사 강화**: 기존에 농지 취득 심사 시 재출하는 농업경영계획서 작성은 취득면적과 노동력 확보 방안을 기재하였으나 법 개정 이후 직업·영농경력·영농착수·수확시기 및 작업일정, 농지 취득·자금조달계획 등의 추가 및 재직증명서 등 이를 입증할 자료 제출을 의무화하였다. 뿐만 아니라 의무사항 미기재 시 농지취득자격증명서 발급을 제한하고, 거짓·부정기재 시 과태료 500만 원을 부과하는 등 실제 농사지을 사람인지 확인을 위한 사전규제를 강화하였다.

⑵ **주말·체험영농용도의 농지 취득 시**: 농지법 개정 전 1,000㎡(303평) 이하 농지를 주말 체험영농목적 취득 시 영농계획서 제출 의무가 없었으나 개정 후 제출 의무가 있을 뿐만 아니라 영농계획서식의 신설로 영농거리기재와 농업진흥지역 내 농지는 주말·체험영농목적으로 농지를 취득할 수 없도록 하였다.

⑶ **투기 우려농지 등에 대한 사전·사후 관리체계 정립**: 현재 지자체 담당공무원 1~2명의 심사로 농지취득심사가 부실하였으나 지자체에 농지위원회 설치로 10~20명의 위원을 두며, 자격심사 대상은 관외거주자, 농업법인이 농지 신규 취득 시, 농지 공유 취득, 투기우려지역 농지 취득 때 등이다.

⑷ **지자체가 매해 1회 이상 실태조사**: 모든 농지가 아니라 유휴농지, 농업진흥지역, 농지전용 및 농지거래에 관한 사항, 최근 일정기간 농지취득자격증을 받아 취득한 농지 등은 농지소유이용실태조사 및 보고를 의무화하였다.

⑸ 1필지를 여러 사람이 공유 취득 시 각각이 소유한 농지에 대한 약정서, 도면자료 등 증빙자료 제출과 공유지분 비율 및 각자가 취득하려는 농지의 위치, 농업경영계획서, 주말·체험영농계획서를 제출하여야 한다. 공유자 수가 지자체 조례기준 이상일시 농지취득자격증명서 발급 제한 등 공유취득자의 농지취득자격 심사가 강화되었다.

⑹ 농업법인 사전신고제 도입으로 설립 전 지자체가 법인 설립 목적 등을 심사하여 부동산업 등 목적 외 사업을 영위하거나 1년 이상 미 운영한 농업법인에는 농지추가취득을 금지하고, 지자체의 농업법인 실태조사주기를 3년에서 1년으로 단축하였다.

4) 농지관련 불법행위 제제 강화 및 부당이득 환수제 도입

(1) 기존 투기목적 취득 농지에 대해서는 즉시처분명령을(현재 1년의 처분의 무기간 부여)하고, 미이행 시 매년 토지가액(공시지가 기준) 20%에 해당하는 금액을 이행 강제금으로 부과하였으나, 앞으로는 공시지가와 감정평가액 중 높은 가격으로 토지가액을 산출해 그 중 25%를 부과한다.

(2) 농업법인이 목적 외 사업으로 얻은 부당이득은 과징금으로 환수하고 농지 불법임대에 대한 벌칙을 1천만 원 이하 벌금에서 2천만 원 이하로 강화하였다.

(3) 농지관리행정체계 확충을 위하여 농지불법행위단속을 위한 특별사법 경찰제를 도입하고 농지은행에 농지상시 조사·감시·분석 등의 업무를 부여하였다.

5) 농지보전을 위한 농지정책

2020년 총경지면적은 1995년 200만 ha에서 2020년 156만 4,797ha로 21.8% 감소하였다. 경지면적 감소원인은 농지전용이 2017~2019년 3년 연속 1.6만ha씩 전용되었으며 이중 농업진흥지역농지도 매년 2~3천ha 전용되었다. 그러므로 농업 진흥지역 지정기준을 현재 농지의 집단화 정도와 토지생산성 기준에서 생물 다양성, 환경적 특성, 공익적 가치도 함께 고려하고, 농업진흥지역농지도 세분화·등급화 할 필요가 있다.

2 농지이용제도(농지법 시행령·시행규칙 최근 개정안을 중심으로)

1) 농업진흥구역과 농업보호구역

(1) 지목과 용도지역

지목이란 현재 토지의 용도 즉 주된 사용목적에 따른 종류로서 땅주인의 뜻에 따라 지자체 허가를 받으면 변경이 가능하다. 지적법상 지목은 대지, 전, 답, 과수원, 목장용지, 임야, 광천지(온천수 나오는 곳), 염천, 공장용지, 주차장, 주유소용지, 창고용지, 도로, 철도용지, 제방, 하천, 구거(인공수로·둑), 유지(저수지), 양어장, 수도용지, 공원, 체육용지, 유원지, 종교용지, 사적지, 묘지, 잡종지 등이다. 일반적으로 건물을 지을 수 있는 대지와 그 이외의 땅으로 구분되기도 하며, 필지마다 하나의 지목설정이 원칙이다.

용도지역은 토지의 이용 및 건축물의 용도, 건폐율, 용적률, 높이 등을 제한함으로써 토지를 경제적·효율적으로 이용하고 공공복리의 증진을 도모하기 위해 도시관리계획으로 결정된다. 이는 정책적 필요에 따라 지정되며, 행정당국의 행정적 계획제한 내용으로 땅 소유주가 바꾸기가 매우 어렵다.

용도지역은 도시지역(주거지역, 상업지역, 공업지역, 녹지지역), 준농림지역과 준도시지역이 통합된 관리지역(보전관리지역, 생산관리지역, 계획관리지역), 농림지역, 자연환경보전지역 등 4가지로 분류된다. 용도지역을 통해 해당 토지에 지을 수 있는 건물의 종류와 건폐율, 용적률이 결정되며, 도시지역은 관리지역에 비해 건폐율(대지면적에 대한 건축할 수 있는 1층 부문의 면적)과 용적률(대지면적에 대한 각 층 면적의 합계)이 높다. 용도지역과 용도지구는 땅의 이용에 초점을 맞추고, 용도구역은 토지이용규제에 초점을 둔다.

도시지역은 주거, 상업, 공업, 녹지공간 등 사람들의 일상생활을 영위하는 주된 공간으로 체계적인 개발·정비·관리·보전이 필요한 지역이다.

관리지역은 도시지역의 인구와 산업을 수용하기 위해 도시지역에 준하여 체계적으로 관리하거나, 농림업의 진흥, 자연환경 또는 산림의 보전을 위하여 농림지역 또는 자연환경보전지역에 준하여 관리 할 필요가 있는 지역이다. 수도권과 광역시 인접 시군은 2005년 말, 기타 시군은 2007년 말의 토지적성평가에 따라 관리지역을 세분화하여 1, 2등급은 보전관리지역, 3등급은 생산관리지역, 4, 5등급은 계획관리지역으로 편입하였다. 이를 구체적으로 보면 다음과 같다.

첫째, 보전관리지역으로 자연환경보호, 산림보호, 수질오염방지, 녹지공간 확보 및 생태계보전 등을 위하여 보전이 필요하나, 주변용도지역과의 관계 등을 고려할 때 농림지역으로 지정하여 관리하기가 곤란한 지역으로 기존 준농림지의 50%, 건폐율 20% 이하, 용적률 80% 이하이며, 단독주택, 초등학교 등이 건축 가능하다.

둘째, 생산관리지역은 농업·임업·어업 생산 등을 위하여 관리가 필요하나 주변용도 지역과의 관계 등을 고려할 때 농림지역으로 지정하여 관리하기 곤란한 지역으로 소규모농어촌지역, 농지 주변, 취락지구로 지정이 안 되는 농어촌 지역 등이다. 건폐율 20% 이하, 용적률 80% 이하로서 단독주택, 초등학교 건축과 소매점(330평 미만), 창고시설(농·축·임·수산물 관련) 설치가 가능하다.

셋째, 계획관리지역은 도시지역으로 편입이 예상되는 지역이나 자연환경을 고려하여 제한적인 이용·개발을 하려는 지역으로 계획적·체계적관리가 필요한 지역으로 개발가능성이 있는 지역으로 관리지역 중 가장 가치가 높은 지역으로 볼 수 있다.

국토의 약 27%가 관리지역으로 범위가 방대하고 용도가 다양하여 구체적인 용도를 확정하기 위하여 다시 세분화하여 관리하고 있다. 건폐율 40% 이하, 용적률 100% 이하이며 단독주택, 운동장, 묘지관련시설, 제1종 근린생활시설(휴게음식점 제외), 제2종 근린생활시설(제조업소, 일반음식점, 단란주점 등 제외), 의료시설(종합병원, 병원, 치과병원, 한방병원 제외) 등이 가능하다.

〈표 7-1〉 관리지역의 건폐율과 용적률

구분	국토의 계획 및 이용에 관한 법률	
	건폐율	용적률
보전관리지역	20% 이하	50% 이상 80% 이하
생산관리지역	20% 이하	50% 이상 80% 이하
계획관리지역	40% 이하	50% 이상 100% 이하

농림지역은 도시지역 외지역의 농지법에 의한 농업진흥지역 또는 산림법에 의한 보전임지에 해당되는 지역으로 농림업의 육성과 보전을 위한 지역이다. 농어가주택과 초등학교, 발전소, 청소년수련관, 청소년문화의 집, 유스호스텔 등의 건축물만 지을 수 있으며, 건폐율 20% 이하, 용적률 80% 이하로 제한하고 있다.

자연환경보전지역은 자연환경, 수자원, 상수원, 문화자원의 보전과 수산자원의 보호, 육성이 필요한 지역으로 개발이 극히 제한된 지역이며, 건폐율 20% 이하, 용적률 80% 이하로 제한하고 있다.

(2) 농업진흥구역과 농업보호구역

농업진흥구역(절대농지)과 농업보호구역(상대농지)은 도시지역 중 녹지지역(특별시는 제외), 관리지역, 농림지역, 자연환경보전지역을 대상으로 구분하여 지정하고 있다.

농업진흥구역은 농업의 진흥을 도모하여야 하는 지역으로서 정한 규모로 농지가 집단화되어 농업목적으로 이용할 필요가 있는 지역을 말한다. 농지법 제28조에 국가와 지방자치단체는 필요한 규제와 조정을 통하여 농지를 보전하고 합리적으로 이용할 수 있도록 규정함에 따라 시·도지사는 농지를 효율적으로 이용하고 보전하기 위하여 농업진흥지역을 지정하고 있다. 농업진흥구역에서는 농업 생산 또는 농지 개량과 직접적으로 관련되는 토지이용행위와 「농지법」에서 정한 토지이용행위 만이 허용된다.

농업보호구역은 농업진흥지역 중의 일부를 농업보호구역으로 구분하여 지정할 수 있다. 예를 들면 계란의 노른자인 중심부가 진흥구역이고 흰자인 바깥 부분은 보호구역으로 보면 쉽게 이해가 될 수 있다. 즉, 농업진흥구역의 용수원 확보, 수질 보전 등 농업 환경을 보호하기 위하여 필요한 지역으로 농업진흥구역을 보호하는 지역으로 볼 수 있다. 따라서 농업보호구역에서는 농업진흥구역에서 허용되는 토지이용행위 및 농업인 소득 증대와 농업인의 생활여건을 개선하기 위해 필요한 시설의 설치 행위만 허용된다.

(3) 농업진흥지역과 농업보호구역에서 공통적으로 적용되는 내용

① 농업진흥(보호)지역 지정 당시의 행위제한에 대한 특례: 농업진흥(보호)지역 지정 당시 관계 법령에 따라 인가·허가 또는 승인 등을 받거나 신고하고 설치한 기존의 건축물·공작물과 그 밖의 시설에는 행위 제한 규정이 적용되지 않는다. 또한 농업진흥(보호)지역 지정 당시 관계 법령에 따라 다음의 행위에 대하여 인가·허가·승인 등을 받거나 신고하고 공사 또는 사업을 시행 중인 자는 그 공사 또는 사업에 대해서만 위의 농업진흥(보호)지역에서의 행위제한 규정이 적용되지 않는다. 즉, 건축물의 건축, 공작물이나 그 밖의 시설의 설치, 토지의 형질변경, 그 밖에 위의 행위에 준하는 행위 등이다.

② 농업진흥(보호)구역에서 허용되는 농업생산 또는 농업개량과 직접 관련된 토지이용행위(농지법 제32조 1항)로는

1 농작물의 경작

2 다년생식물의 재배

3 고정식온실·버섯재배사 및 비닐하우스와 그 부속시설의 설치

4 축사·곤충사육사와 그 부속시설의 설치

5 간이퇴비장의 설치

6 농지개량사업 또는 농업용수개발사업의 시행

7 농막[20], 간이저온저장고(연면적 33㎡ 이하일 것), 간이액비저장조(저장 용량이 200톤 이하일 것) 등이다.

---

20) 농작업에 직접 필요한 농자재 및 농기계 보관, 수확 농산물 간이 처리 또는 농작업 중 일시 휴식을 위하여 설치하는 시설(연면적 20㎡ 이하이고, 주거 목적이 아닌 경우로 한정).

(4) 농업진흥(보호)구역에서 농업 생산 또는 농지개량과 직접 관련되지는 않지만
   예외적으로 허용되는 토지이용행위[21]

① 농수산물(농산물·임산물·축산물·수산물을 말함)의 가공·처리 시설 및 농
   수산업(농업·임업·축산업·수산업을 말함) 관련 시험·연구 시설(농지법
   제32조 제1항1호의 대통령령으로 정하는 시설)

  1 농수산물의 가공·처리 시설: 국내에서 생산된 농수산물 및 농림축산식
      품부장관이 정하여 고시하는 농수산가공품을 주된 원료로 하여 가공하
      거나 건조·절단 등 처리를 거쳐 식품을 생산하기 위한 시설로서 농업
      진흥구역 안의 부지 면적이 1만 5천㎡(미곡종합처리장의 경우에는
      3만㎡) 미만인 시설

  2 양곡가공업자가 농림축산식품부장관 또는 지방자치단체의 장과 계약을
      체결해 정부관리양곡을 가공·처리하는 시설(양곡관리법 제2조 5호와
      2호)

  3 농수산업 관련 시험·연구 시설: 육종연구를 위한 농수산업에 관한 시
      험·연구 시설로서 그 부지의 총면적이 3천㎡ 미만인 시설

② 어린이놀이터, 마을회관, 그 밖에 다음과 같은 농업인의 공동생활에 필요한
   편의 시설 및 이용 시설의 설치(농지법 32조 제1항 2호)

  1 농업인이 공동으로 운영하고 사용하는 창고·작업장·농기계수리시설·
      퇴비장

  2 경로당, 어린이집, 유치원, 정자, 보건지소, 보건진료소, 응급의료 목
      적에 이용되는 항공기의 이착륙장 및 「민방위기본법」에 따른 비상대피
      시설

  3 농업인이 공동으로 운영하고 사용하는 일반목욕장·화장실·구판장·운
      동시설·마을공동주차장 및 마을공동취수장

  4 국가·지방자치단체 또는 농업생산자단체가 농업인으로 하여금 사용하
      게 할 목적으로 설치하는 일반목욕장, 화장실, 운동시설, 구판장, 농기
      계 보관시설 및 농업인 복지회관

---

21) 농업진흥구역과 농업보호구역에서 행위제한에 위배되는 행위를 하는 사람은 5년 이하의 징역 또는
    5천만 원 이하의 벌금에 처해짐.

③ 농업인 주택의 설치: 다음의 요건을 모두 갖춘 건축물 및 시설물

1 농업인 1명 이상으로 구성되는 농업·임업·축산업을 영위하는 세대로서 해당 세대의 농업·임업·축산업에 따른 수입액이 연간 총수입액의 2분의 1을 초과하거나, 해당 세대원의 노동력의 2분의 1 이상으로 농업·임업·축산업을 영위하는 세대의 세대주가 설치하는 것이어야 한다.

2 농어업인 세대원이 장기간 독립된 주거생활을 영위할 수 있는 구조로된 건축물 및 해당 건축물에 부속한 창고·축사 등 농업·임업·축산업을 영위하는데 필요한 시설로서 그 부지의 총면적이 1세대 당 660㎡ 이하여야 한다. 다만, 부지면적을 적용함에 있어서 농지를 전용하여 농어업인 주택을 설치하는 경우에는 그 전용하려는 면적에 해당 세대주가 그 전용허가신청일 또는 협의신청일 이전 5년간 농어업인 주택의 설치를 위하여 부지로 전용한 농지면적을 합산한 면적을 해당 농어업인주택의 부지면적으로 본다.

3 농어업인 세대원의 농업·임업·축산업의 경영의 근거가 되는 농지·산림·축사 등이 있는 시·구·읍·면 또는 이에 연접한 시·구·읍·면 지역에 설치하는 것이어야 한다.

④ 다음에 해당하는 농업용 시설, 축산업용 시설의 설치

1 농업인 또는 농업법인이 자기가 생산한 농산물을 건조·보관하기 위하여 설치하는 시설

2 포획 등이 금지된 야생동물(포획 등 허가를 받은 경우는 제외)이나 수입 등이 금지된 생태계교란 생물(수입 등 허가를 받은 경우는 제외)에 해당하는 시설을 제외한 야생동물의 인공사육시설

3 「건축법」에 따른 건축허가 또는 건축신고의 대상 시설이 아닌 간이양축시설

4 농업인 또는 농업법인이 농업 또는 축산업을 영위하거나 자기가 생산한 농산물을 처리하는데 필요한 농축산업용시설, 탈곡장 및 잎담배건조실, 농업인 또는 농업법인이 자기의 농업경영에 사용하는 비료·종자·농약·농기구·사료 등의 농업자재를 생산 또는 보관하기 위하여 설치하는 시설, 농축산업용 관리사(주거목적이 아닌 경우에 한함), 총부지의 면적이 1천 500㎡ 이하인 콩나물 재배사 등이다.

5 「가축분뇨의 관리 및 이용에 관한 법률」에 따른 처리시설

6 특별시장·광역시장 또는 도지사, 시장·군수·구청장 또는 「농업협동조합법」에 따른 조합이 설치하는 가축 방역을 위한 소독시설 등이다.

⑤ 농어촌 소득원 개발 등 농어촌 발전에 필요한 시설

1 국내에서 생산되는 농수산물을 집하·예냉(豫冷)·저장·선별 또는 포장하는 산지유통시설(농수산물을 저장만 하는 시설은 제외)로서 그 부지의 총면적이 3만㎡ 미만인 시설

2 부지의 총면적이 3천㎡ 미만인 농업기계수리시설

3 부지의 총면적이 3천㎡ 미만인 남은 음식물이나 농수산물의 부산물을 이용한 유기질비료의 제조시설

4 부지의 총면적이 3천㎡ 미만인 사료 제조시설(해당 시설에서 생산된 제품을 유통·판매하는 시설 포함)

5 농지의 타 용도 일시사용 및 이에 필요한 시설

6 국내에서 생산된 농수산물과 「농지법 시행령」에 해당하는 시설에서 생산한 농수산물의 가공품을 판매하는 시설로서 농업생산자단체 또는 「수산업·어촌 발전 기본법」에 따른 생산자단체가 설치하여 운영하는 시설 중 그 부지의 총면적이 1만㎡ 미만인 시설

⑥ 다음의 어느 하나에 해당하는 농산어촌 체험시설

1 「도시와 농어촌 간의 교류촉진에 관한 법률」에 따른 농어촌체험·휴양마을사업의 시설로서 그 부지의 총면적이 1만㎡ 미만인 시설로서 숙박서비스시설과 승마장을 운영하는 경우에는 「도시와 농어촌 간의 교류촉진에 관한 법률」에 따른 규모 이하일 것, 음식을 제공하거나 즉석식품을 제조·판매·가공하는 경우에는 「도시와 농어촌 간의 교류촉진에 관한 법률」에 따른 영업시설기준을 준수한 시설이어야 한다.

2 농업인 또는 농업법인이 자기가 경영하는 농지·산림·축사 또는 농산물 가공·처리시설을 체험하려는 자를 대상으로 설치하는 교육·홍보시설 또는 자기가 생산한 농수산물과 그 가공품을 판매하는 시설로서 그 부지의 총면적이 1천㎡ 미만인 시설이어야 한다.

⑦ 농기자재(농기구, 농기계, 농기계 부품, 농약, 미생물제제, 비료, 사료, 비닐 및 파이프 등 농업생산에 필요한 기자재를 말함) 제조시설

⑧ 토지이용행위와 정보통신기술을 결합한 농업을 육성하기 위한 시설로서 다음 요건을 모두 갖춘 시설

1 농림축산식품부 장관이 고시한 지역에 설치하는 시설일 것

2 시·도지사가 농림축산식품부 장관과 협의한 사업계획에 따라 설치하는 시설일 것

3 「농지법 시행령」 규제에 해당하는 시설이 아닐 것 등이다.

(5) 농업보호구역에서 허용되는 토지이용 범위

① 관광농원사업으로 설치하는 시설로서 농업보호구역 안의 부지 면적이 2만㎡ 미만

② 주말농원사업으로 설치하는 시설로서 농업보호구역 안의 부지 면적이 3천㎡ 미만

③ 태양에너지 발전설비로서 농업보호구역 안의 부지 면적이 1만㎡ 미만

④ 그 밖에 농촌지역 경제 활성화를 통하여 농업인 소득증대에 기여하는 농수산업 관련 시설로서 농림축산식품부령으로 정하는 시설

⑤ 농업보호구역에서 허용되는 농업인 생활 여건 개선을 위한 필요시설의 설치로서 농업보호구역 안의 부지 면적이 1천㎡ 미만이어야 한다.

필요시설은 첫째, 단독주택, 둘째,「건축법 시행령」에 따른 제1종 근린생활시설 인 식품·잡화·의류·완구·서적·건축자재·의약품·의료기기 등 일용품을 판매하는 소매점으로서 같은 건축물에 해당 용도로 쓰는 바닥면적의 합계가 1천㎡ 미만인 것. 의원·치과의원·한의원·침술원·접골원(接骨院)·조산원·안마원·산후조리원 등 주민의 진료·치료 등을 위한 시설, 탁구장 및 체육도장으로서 같은 건축물에 해당 용도로 쓰는 바닥면적의 합계가 500㎡ 미만인 것. 지역자치센터·파출소·지구대·소방서·우체국·방송국·보건소·공공도서관·건강보험공단 사무소 등 주민의 편의를 위하여 공공업무를 수행하는 시설로서 같은 건축물에 해당 용도로 쓰는 바닥면적의 합계가 1천㎡ 미만인 것. 마을회관·마을공동작업소·마을공동구판장·지역아동센터(단독주택과 공동주택에 해당하는 것은 제외) 등 주민이 공동으로 이용하는 시설 등이다.

셋째,「건축법 시행령」에 따른 제2종 근린생활시설로 공연장(극장, 영화관, 연예장, 음악당, 서커스장, 비디오물감상실, 비디오물소극장, 그 밖에 이와 비슷한 것을 말함)으로서 같은 건축물에 해당 용도로 쓰는 바닥면적의 합계가 500㎡ 미만인 것. 종교집회장(교회, 성당, 사찰, 기도원, 수도원, 수녀원, 제실(祭室), 사당, 그 밖에 이와 비슷한 것을 말함)으로서 같은 건축물에 해당 용도로 쓰는 바닥면적의 합계가 500㎡ 미만인 것. 서점(제1종 근린생활시설에 해당하지 않는 것), 총포판매소, 사진

관, 표구점, 청소년게임제공업소, 복합유통게임제공업소, 인터넷컴퓨터게임시설제공업소, 가상현실체험 제공업소, 그 밖에 이와 비슷한 게임 및 체험 관련 시설로서 같은 건축물에 해당 용도로 쓰는 바닥면적의 합계가 500㎡ 미만인 것. 장의사, 동물병원, 동물미용실, 동물위탁관리업을 위한 시설, 그 밖에 이와 유사한 것, 학원(자동차학원·무도학원 및 정보통신기술을 활용해 원격으로 교습하는 것은 제외), 교습소(자동차교습·무도교습 및 정보통신기술을 활용해 원격으로 교습하는 것은 제외), 직업훈련소(운전·정비 관련 직업훈련소는 제외)로서 같은 건축물에 해당 용도로 쓰는 바닥면적의 합계가 500㎡ 미만인 것. 독서실, 기원, 테니스장, 체력단련장, 에어로빅장, 볼링장, 당구장, 실내낚시터, 놀이형시설(「관광진흥법」에 따른 기타 유원시설업의 시설을 말함) 등 주민의 체육 활동을 위한 시설로서 같은 건축물에 해당 용도로 쓰는 바닥면적의 합계가 500㎡ 미만인 것. 금융업소, 사무소, 부동산중개사무소, 결혼상담소 등 소개업소, 출판사 등 일반업무시설로서 같은 건축물에 해당 용도로 쓰는 바닥면적의 합계가 500㎡ 미만인 것(제 1종 근린생활시설에 해당하는 것은 제외) 등이다.

2) 농지임대차제도

헌법 제121조, 1항 경자유전의 원칙 달성과 소작제도 금지와 2항 농업생산성의 제고와 농지의 합리적 이용을 위해 불가피한 사정으로 인한 농지의 임대차와 위탁경영은 법률에 정하는 바에 의하여 인정하고 있다. 현행 농지법은 경자유전의 원칙에 반하는 예외를 폭넓게 인정함으로써 헌법에 명시된 경자유전의 원칙을 유명무실하게 하고 있다. 비농민에게 관대한 농지법은 상속으로 농지를 취득하는 경우, 주말·체험영농을 위해 농지취득 등 비농업인의 농지소유가 가능한 16가지 예외조항이 있다. 이로서 농지는 투기대상이 되어 농지가격이 상승함에 따라 농민의 영농비용 상승으로 영농포기·이농 증가 및 귀농 진입장벽이 높을 뿐만 아니라 농사지을 사람은 매매보다 임차를 선택함에 따라 부재지주 양산과 실경작자가 직불금 등 농민에게 부여되는 혜택을 받지 못하는 부작용이 발생하고 있다. 그리고 노령농가인구 증가로 비농민 상속인 소유농지가 계속 증가하고 있다.

임차농지 비율 추이를 보면 1990년 37.4%, 1995년 42.2%, 2000년 43.6%, 2005년 42.3%, 2010년 47.9%, 2015년 50.9%, 2017년 51.4%로 매년 증가하고 있어 헌법상 경자유전의 원칙이 흔들리고 있는 것을 볼 수 있다. 농지임대차 허용사유를 임대허용확대전후로 비교해 보면 다음과 같다.

(1) 임대허용 확대 전 개인 간 임대차 허용사유

농지법 시행('96. 1. 1.) 이전부터 소유하고 있는 농지와 국가, 지방자치단체 소유 농지, 고령 은퇴농가의 소유 농지(60세 이상, 5년 이상 자경), 질병, 징집, 취학 등 부득이한 사유로 임대하는 농지, 상속 농지 및 8년 이상 농업경영 후 이농 시 소유농 지(1ha), 농지은행에 위탁하여 임대하는 농지, 농지이용 증진사업 시행계획에 따라 임대하는 농지 등은 개인 간 임대차를 허용한다. 상속으로 농지를 취득한 자가 직접 농업경영을 하는 경우에는 소유 상한의 제한이 없이 농지를 소유할 수 있으나 농업 경영을 하지 아니하는 자는 그 상속 농지 중에서 총 1ha(3,025평, 10,000㎡)까지만 소유할 수 있으며, 1ha 이내에서는 타인에게 임대할 수 있다. 다만, 1ha가 초과하는 농지라도 한국농어촌공사에 임대 위탁하는 경우 그 기간 동안에는 그 농지를 계속 소유할 수 있다.

(2) 임대허용 확대 후 개인 간 임대차 허용사유

그간 농업인 소유농지의 임대는 엄격하게 금지되어 60세 이상 농업인이어도 더 이상 농업에 종사하지 않는 은퇴농만 임대가 허용되어 왔으나 은퇴하지 않은 60세 이상 농업인 소유농지[22]의 임대를 허용하였다. 이는 2019년 기준 60세 이상 농가 경영주가 78%에 달하는 상황으로, 청년농·전업농의 농업 기반 확대에 도움이 되기 위하여 60세 이상 농업인도 은퇴 없이 소유농지를 임대할 수 있도록 하였다.[23]

공동의 목적(예: 수출 규모화, 친환경 농법의 지역적 실시 등)을 지닌 농가들이 조직화하여 집단화된 농지를 활용하려는 경우, 농지소유권을 직접 확보하지 않더라도 필요한 농지를 임대로 쉽게 이용할 수 있도록 하여 농지규모화, 농산물 수급안정 등을 위한 사업에 필요한 농지의 임대는 임대허용사업으로 농림축산식품부고시 사업은 허용한다(농지법 제23조제1항제9호, 시행령 제24조제3항). 예를 들면 친환경농업기반구축사업으로 친환경농업을 실천하는 규모화 된 사업신청자(쌀 재배면적 10ha 이상 등)에게 시설·장비·교육비 등을 지원하는 사업으로, 친환경인증 등을 위해 대상지 내 인근 농약살포 등의 우려가 없어야 하므로 연접·집단화 사업대상지 확보가 중요하므로 허용한다. 농산물전문생산단지 즉, 농산물 생산·가공시설이 갖춰진 규모화 된 사업자를 대상으로 수출인증 비용 등을 지원하는 사업으로서 사업대상지 내에서 자경농지 임대가 허용되면서 수출 농산물의 규모화 된 생산·인증에 유용하도

---

22) 5년 이상 자경한 농지로서, 농지 소유자가 거주하는 시·군 또는 이에 연접한 시군에 있는 소유농지.
23) 농지법 제23조제1항제4호, 시행령 제24조제2항.

록 허용하고 있다.

그간 농지소유자가 스스로 경작할 수 없어 임대가 허용되는 사유가 징집·질병·취학 등으로 한정되어 있었는데 임신 중이거나, 분만 후 6개월 미만24)의 농지 소유자의 임대와 농작업의 전부를 위탁경영하는 것을 허용하였다. 이는 여성 농업인의 권익 보호에 기여할 것으로 기대된다.

(3) 농지은행 위탁

농어촌 공사에서 하는 사업 중 하나인 농지임대수탁사업을 농지은행이 한다. 농지은행에 농지를 맡기거나, 농지은행으로부터 임차하는 방식이다. 임대차 기간은 5년, 10년 중에 선택할 수 있다.

농지은행에 위탁한 후 8년이 지나면 농지는 시골에 있고 서울에 거주하더라도 사업용 토지로 인정받아 양도소득세 혜택을 볼 수 있다. 농지는 시골에 있고 거주는 서울에서 하는 경우 이 농지는 비사업용 토지에 해당되므로 추후 매도 시 비사업용 토지로 추가 10%(비사업용중과세)를 더 납부해야(2021년 기준이고 2022년부터는 추가 20%로 예정되어 있음) 하지만 농지은행에 8년 이상 위탁하면 사업용 토지로 인정받아 일반 세율로 계산해서 납부하면 된다. 물론 장기보유 특별공제도 가능하여 8년이면 24%의 장기보유 특별공제가 가능하다. 다만, 농지은행에 위탁한 기간은 자경으로 인정되지는 않으므로 농지연금 신청에 필요한 자경기간은 인정되지 않는다. 자경이 인정되지 않으니 당연히 양도소득세 감면도 안 되며, 그냥 사업용 토지로만 본다.

③ 농지대장과 농업경영

1) 농지원부

농지원부는 농지의 소유와 이용실태 등을 파악하여 효율적인 농지관리 및 농지행정의 기초자료로 활용하기 위해 작성하는 장부로서 1973년에 도입하였다(농지법 제50조제1항, 농지법 시행규칙 제58조). 농업인의 소유농지, 임차농지 그리고 자경이나 임차에 대한 기록 관리를 하며, 농업인 입증서류로 가능하나 정부지원 등에 활용

---

24) 모자보건법 제2조제1호: '"임산부"란 임신 중이거나 분만 후 6개월 미만의 여성으로 한다.'
농지법 시행령 제8조제1항제3호, 제24조제1항제5호.

되지는 않는다.

그동안 공익직불제 도입 등으로 농지관리의 강화 필요성이 증대됨에 따라 2020년 3월 기준 정비가 필요한 107만 건 중 소재지 행정구역과 농민주소지 상이와 80세 이상 고령농이 경작하는 농지 등 62만 건을 우선정비 목표로 하여 2020년 82%인 51만 건을 정비하였다. 농지소유 임대차정보를 중점적으로 정비하기 위해 농지원부는 2021년 일제정비(소유정보 중점관리)를 하여 농림식품부와 지자체가 관리하였다.

2022년 8월 18일부터 시행되는 농지원부의 개편사항을 정리하여 보면 임대차계약 발생 및 변경 시 농지소유자에게 농지대장변경신청 의무를 부여하고, 농민기준에서 필지별로 작성(4월 15일부터)하고, 1,000㎡ 미만 소규모 농지도 포함되며, 농민주소지 발급에서 전국 어디서나 발급 가능하다. 다음의 〈표 7-2〉와 같다.

〈표 7-2〉 농지원부 개편 전후의 비교

구분	개편 전	개편 후
공부 명칭 변경	농지원부	농지대장
작성 기준	농업인(세대)	농지필지(지번)
작성 대상	농지 1천㎡ 이상	모든 농지
관할 행정청	농업인주소지	농지소재지
관리방식 변경	직권주의	신고주의

2) 농지원부 취득자격(변경 전)

1,000㎡ 이상 농지에 농작물을 경작하거나, 농지에 330㎡ 이상의 고정식온실, 비닐하우스, 버섯재배사 등 농업용 시설을 설치하여 경작하거나 다년생 식물을 재배하는 자로 세대별로 1부만 작성하며, 농업을 목적으로 3년 이상 경작한 사람이 농지를 임대해서 농사짓는 경우도 신청이 가능하다. 1996년 1월 1일 이후 자경목적취득(증여 포함) 농지는 개인 간 임대차 금지로 농어촌공사에 가서 농지임대차계약서를 작성해야 한다. 신청자는 농지의 실제소유와 관계없이 농사를 짓는 사람이 신청한다.

농지원부 신청지는 주소지 관할 시·구·읍·면·동사무소에 직접 신청하며, 신청서류는 자경농은 등기부 등본·토지대장·경작확인서를, 임차농은 임대차계약서·토지대장·이장확인에 의한 경작확인서 등이다.

농지임대차계약을 맺거나 변경·해제할 때는 사유 발생한 날부터 60일 이내에 농지대장변경신청을 반드시 해야 하며, 농막[25)]·축사·고정식온실·버섯재배사·곤충사육사 등 농축산물 생산시설 등을 신설할 때에도 변경신청을 해야 한다.

농업법인의 사전신고제 도입으로 이전에는 법인 설립·변경등기를 완료한 후 시·군·구에 통지하면 되었으나 8월 18일부터 농업법인을 설립·변경·해산 등기할 때에는 그 이전에 법인주소재지 관할 시·군·구에 반드시 신고해야 한다.

4 농업경영체 등록과 농업경영

1) 농업경영체 등록 추진

농업문제의 핵심인 구조개선과 농가소득 문제 등을 해결하기 위해서는 평준화된 지원정책에서 탈피하여 맞춤형 농정 추진이 필요한데 이를 제도적으로 뒷받침하기 위해 농업경영체 등록제를 도입하였다. 즉, 정책사업과 재정집행의 효율성 제고를 위하여 농업인의 인적사항, 농지, 농작물과 같은 정보를 경영체 단위로 통합하여 등록·관리함으로써 경영체별 맞춤농정을 추진하고자 도입하였다.

농업경영체 도입 추진 경위를 보면 2004년 2월 농림부 농업·농촌 발전 기본계획을 수립하였고, 2006년 12월 농업경영체등록제 도입 방안 마련, 2007년 9월 농업경영체 등록제 시범사업을 추진한 이후 2008년 6월부터 농업경영체등록 본 사업을 추진하였다. 2009년 10월 농어업경영체 육성 및 지원에 관한 법률 제정으로 2010년 1월 농업경영체 등록제 상시관리 체계를 구축한 후 2013년 8월 농업경영체 등록 DB 개선 계획을 수립하였다.

상시관리 추진을 위하여 신규등록, 변경등록(중요정보 위주로 변경기준을 정하여 관리 및 등록정보 확인)과 등록정보 확인(일제검증, 현지조사·전산검증 추진)을 하였다. 등록정보는 각종 농림사업(147개 사업, 맞춤형 농림사업안내 서비스) 및 직접지불제도의 기초 자료로 활용(단계적 활용 확대)하며 미등록 또는 변경등록을 하지

---

25) 농지법시행규칙 제3조2): 농막은 농작업에 직접 필요한 농자재 및 농기계 보관, 수확농산물 간이처리, 농작업 중 일시 휴식 등을 위해 농지에 설치하는 시설로 연면적 20제곱미터(6평) 이하로 주거목적이 아닌 경우로 한정. 지자체에 신고하거나 허가받을 의무가 있음. 농막은 건축법상 지자체의 허가 또는 신고절차를 거쳐야 하는 "가설건축물"에 해당하는데 건축법 시행령은 가설건축물이 전기·수도·가스 등 새로운 간선 공급설비 설치를 필요로 하지 않아야 한다고 규정. 최근 정부는 농막에 전기·수도·가스를 임시 연결 할 수 있도록 유권해석. 정화조 설치(6평안에 포함)도 가능. 농지를 포함해 농막의 진입로 개설행위는 농지 불법전용에 해당.

않은 경영체는 각종 지원의 전부 또는 일부를 제한하였다.

등록지는 농지소재지가 아닌 신청자의 거주지 관할 농관원이며, 등록 유효기간은 3년이며 매년 변경 작성을 하여야 한다. 그리고 경영체 등록 혜택으로는 농업용 면세유, 농자재 영세율, 직불금, 농지 관련 취득세, 양도세 감면혜택 등이 있다.

2) 농업경영체 등록

(1) 농업경영체 현황

2019년 농가호수는 1,007,158호(농업법인 제외)인데 농업경영체수는 1,686,068건으로 678,910만큼 농가수보다 많다. 특히 서울의 경우 경영체수가 19,618건으로 지역 농가호수 2,851호보다 7배가 많았다. 농가호수와 농업경영체수의 차이는 2015년 501,277건이 매년 증가하여 2019년도에는 678,910건의 차이를 보였다. 이러한 현상은 경영체 분할등록과 가짜농민(등록에 실제경작여부 확인 추가)의 증가에 기인한 것으로 보인다. 2019년 농경연 조사결과를 보면 46.5%가 농업경영체 등록, 농지원부, 농업인 확인서 등이 농민식별에 효과가 없다고 하였다.

(2) 농업경영체 등록대상과 요건

농어업·농어촌에 관련된 융자·보조금 등의 지원대상은 신규 농업경영체(농업인, 농업법인)이며, 농업법인은 농어업경영체 육성 및 지원에 관한 법률 제16조, 19조에 의해 설립된 영농조합법인과 농업회사법인이다.

등록기준은 1,000㎡ 이상의 농지에 농작물 재배, 농지 660㎡ 이상의 채소·과실·화훼작물(임업용 제외) 재배, 농지 330㎡ 이상의 고정식온실, 버섯재배사, 비닐하우스 시설을 설치하여 농작물 재배하는 경우이다. 그리고 연간농축산물 판매액 120만원 이상[26], 1년 중 90일 이상 농업에 종사[27] 등 3가지 요건 중 하나만 충족하면 등록이 가능하다.

---

26) 농수산물유통 및 가격안정에 관한 법률 제23조에 규정된 도매시장법인·시장도매인·중도매인·매매참가인, 농업·농촌 및 식품산업기본법 제3조4호의 생산자단체와 판매계약을 체결하고 서면계약서를 제출하거나 농산물 출하·판매를 증명할 수 있는 영수증 등을 제출한 사람.

27) 농업법인, 농장주 등 농업경영주와 1년 중 90일 이상 농업경영이나 농지경작활동의 피고용인으로 종사한다는 고용계약을 체결하고 농업경영이나 농지경작활동에 참가(실제로 노동력제공)하였거나 농업인의 가족원으로서 1년 중 90일 이상 농업경영이나 농지경작활동에 참가한 자.

(3) 구비 서류

재배업은 농업경영체등록신청서(농업인용)와 증빙자료 즉, 자경농지인 경우 농업경영체 영농사실 확인서, 본인 명의 농자재 구매영수증 또는 농산물 판매영수증이며, 임차농지인 경우 임대차계약서, 본인 명의 농자재 구매영수증 또는 농산물 판매영수증 등이다.

축산업은 농업경영체등록신청서(농업인용), 축산업허가증(등록증) 등인데 가축의 자영인 경우 본인 명의 입식 증명서류, 수탁인 경우 수탁계약서, 시설임차인 경우 축사 및 농지 임대차계약서 등을 제출해야 하며, 공통구비서류로 본인 명의 사료 구매 영수증, 출하증명서, 가축입식증명서 중 하나는 구비하여야 한다.

곤충사육업은 농업경영체등록신청서(농업인용)와 증빙자료로 공통으로 곤충 사육 신고 확인증이 있어야 하며 임차인 경우 토지와 가축사육시설의 임대차계약서를 구비하여야 한다.

농업법인은 농업경영체등록신청서(농업법인용)와 증빙자료로 등기사항전부증명서(구, 등기부등본), 정관, 조합원(사원)별 출자내역, 법인과세표준 및 세액신고서 또는 법인 명의의 농자재구매영수증(농산물판매영수증), 이사회(총회)회의록, 사업자등록증명서, 농업인 증명서류(농업경영체증명서, 농업인 확인서 중 택 1) 등이다.

(4) 변경등록

① **대상**: 등록된 정보에 변경이 있는 경영체[28]와 등록기관의 확인결과 등록내용이 사실과 달라 등록정보 변경요청을 받은 경영체이다.

② **변경등록 대상 중요정보**: 인적정보로 농업인 성명 및 주소, 법인명·소재지 및 대표자의 성명·주소, 농지정보는 농지 소재지와 지목(공부 및 실제) 및 면적(공부상·실제관리 및 휴·폐경), 경영형태(자경·임차[29]), 가축·곤충정보는 사육시설의 지번·지목 및 면적, 경영형태(자영·수탁)이다.

③ **신청인**: 경영주 농업인, 법인 대표자. 대리 신청하는 경우 신청인과 대리인의 신분증, 위임장 첨부 시 가능하다.

---

28) 농지소재지별로 등록한 농작물의 품목 변경, 등록 품목의 재배면적이 10%를 초과하여 변경 또는 노지 재배면적 660㎡나 시설 재배면적 330㎡ 규모를 초과하여 변경된 경우. 단 품목별 변경된 재배면적이 100㎡ 이하인 경우 제외. 가축·곤충의 종별 상시 사육규모가 10% 초과하여 변경된 경우. 단 출하로 인한 일시적 변경이거나 상시 사육규모 변경이 닭 1,000마리 이내, 오리 500마리 이내인 경우 제외.

29) 임차에는 대가나 보상 없이 빌려 쓰는 농지를 포함.

④ **등록 방법**: 등록정보가 변경된 날로부터 14일 이내에 변경등록신청서를 작성하여 방문, 우편, 팩스, 인터넷 등으로 관할 사무소에 제출하거나 전화로 신청하며, 변경등록 후 30일(공휴일과 토요일 제외) 이내에 등록확인서가 발급된다.

(5) 농업경영체 등록 혜택 및 사용처: 양도세 감면, 농업경영체 신청, 농협 조합원 가입

농지원부 등록을 하면 농업인 자격 요구 시 원부사본을 제출하면 되고, 토지거래 허가지역에서 농지 추가 구입 시 유리하며, 개발제한구역에서 농업인 혜택 부여 시 확인서류로 활용된다. 농업인 대상 자금 지원 시 확인서류로 사용되며 농업경영체와 농협 조합원 신청이 가능하다. 농업경영체 등록을 하면 농지원부 신청등록 2년경과 후 농지취득 시 취득세 50% 감면과 토지소재지 및 연접지역에 2년간 거주조건으로 국민주택 채권매입 시 세금면제 혜택(합계 3ha 즉, 9,075평 이내 추가 농지 구입 시 해당)이 있다. 8년 이상 재촌자경 입증[30] 시 농지 양도 시 양도소득세 감면혜택이 있다. 국민연금 보조 월 최대 38,250원, 건강보험료 50%(농어촌거주 22%, 농어업인 증명 28%) 할인혜택과 농지를 전용하여 농가주택, 창고, 농업용 시설 설치 시 농지전용 부담금 면제가 가능(농업인)하다. 농자재 구입 시 부가가치세 환급·농어촌출신 대학생자녀 장학금지원 대상·농업용 유류 구입 시 일정량 면세혜택 등이 있다. 뿐만 아니라 영농경력 5년 이상 만 65세 이상이면 농지연금 가입이 가능하고, 농기계임대서비스 지원·농축산경영자금 지원·여성농업인대상 생생카드(바우처) 발급 등의 혜택이 있다. 농지이나 지목이 임야라면 지목변경 후 농지원부 작성이 가능하다.

---

30) 법에서 인증하는 재촌자경: 연접한 시·군·구 또는 농지로부터 직선거리 30km 이내에 있는 지역에서 사실상 거주하는자로 농지에서 농작업의 2분의 1 이상을 본인이 직접하는 것. 재촌자경으로 8년 이상 보유하면 양도소득세 감면. 단 농업 외 사업소득 합계가 3,700만 원 이상(배우자소득 제외)이면 농업이 주 생계수단이 아니라고 판단하여 당해 연도는 자경으로 인정하지 않음. 그러나 농지은행에 8년 이상 위탁한 후 양도하면 사업용 토지로 인정받아 양도소득세 감면.

5 농지취득자격증명과 농업인확인서

1) 농지취득자격 증명

농지법에 농지취득자격증명을 받으려면 농업경영계획서를 농지소재지 지방자치단체에 제출하면 지자체는 신청인의 영농능력·영농의사·거주지·직업 등을 종합적으로 고려하여 계획서 내용이 실현가능하다고 판단되면 농지취득자격증명서를 발급하였다. 그러나 2002년 법 개정 때 지자체 내 마을단위 농지관리위원회 폐지 등으로 세밀하게 심사가 어려워 이 절차는 유명무실하였다.

이에 따라 농지취득자격 심사 체계화와 사후관리 강화 등으로 농지취득심사강화를 위한 새 농지법 시행령·시행규칙이 2022.5.18. 시행되었다. 즉, 농업경영계획서 서식개편과 주말·체험영농계획서식을 신설하였다. 또한 기존에는 지자체가 농지취득 자격 확인 시 해당 농지면적과 경작 작물 정도만 고려하였으나 농사경력·농지까지의 거리 등 영농여건, 영농착수시기, 수확시기, 작업일정, 농지취득자금조달계획, 최근 3년간 농지취득자격증 발급이력 등이 포함된 영농계획서를 필수적으로 검토하여야 한다. 특히 농지취득자는 직업과 국내거주 입증 서류를 제출해야 하며, 농지취득자가 비농민이면 재직증명서, 재학증명서, 외국인이면 외국인 등록증을 제출하여야 한다. 농업법인은 정관, 최근 5개연도 표준손익계산서, 임원명부, 업무집행권을 가진 자 중 1/3 이상 농업인 확인서류 등을 제출하여야 하며, 한 필지 다수의 구분 소유 시 각자 취득하고자 하는 농지 위치, 면적을 특정한 약정서, 도면자료 제출이 필수이다.

시·구·읍·면에 설치하는 농지위원회[31] 심의대상을 부동산신고거래법에 따른 토지거래허가구역에 있는 농지를 취득 하려는 자, 농업법인, 거주지 또는 인접하지 않은 지역농지를 최초로 취득하려는 자, 한 필지 농지를 3인 이상 공유취득하려는 자, 외국인 외국국적 동포가 농지를 취득 할 경우 등으로 명확화 하였다. 발생할 수 있는 민원처리를 원활하게 하기 위하여 농지취득자격 증명발급의 민원처리기간을 농업경영의 경우 4일에서 7일로, 주말·체험영농은 2일에서 7일로, 농지전용목적은 2일에서 4일로 연장하였으며 농지위원회심의대상의 경우는 14일로 변경이 없었다.

---

31) 지자체(시·구·읍·면)농지위원회는 2022년 8월 18일부터 운영되며, 운영위원장을 포함 10명 이상 20명 이하의 위원으로 임기 2년이며, 해당 지역 농민(3년 이상 계속해당지역에서 농업경영)과 전문가(해당지역소재 농업기관 또는 단체의 추천을 받은 사람)등이 참석하며 농지법이 정한 대상이 농지를 취득할 때 그 자격을 심사한다.

2) 농업인 확인서

농업인임을 증명해주는 서류로는 농업인확인서(유효기간 3개월)와 농업경영체등록확인서(유효기간 3년)가 있다. 농업인확인서 발급대상은 1,000m² 이상의 농지(비농업인이 분양이나 임대받은 농어촌 주택 등에 부속된 농지는 제외)를 경영하거나 경작하는 사람, 농업경영을 통한 농산물의 연간 판매액이 120만 원 이상인 사람, 1년 중 90일 이상 농업에 종사하는 사람(가족원인 농업종사자 또는 고용된 종사자에 해당), 관련 법령에 따라 설립된 영농조합법인의 농산물 출하·유통·가공·수출활동에 1년 이상 계속하여 고용된 사람(직전 3개월 근로계약서와 급여내역서를 제출해야 함), 관련 법령에 따라 설립된 농업회사법인의 농산물 유통·가공·판매활동에 1년 이상 계속하여 고용된 사람(단, 법인 대표와 등기이사는 해당하지 아니함)이다.

발급 신청은 주민등록표에 등록된 신청자의 거주지를 관할하는 국립농산물품질관리원 지원 및 사무소에 방문, 우편, 팩스로 신청하여야 하며 온라인 신청은 불가능하다. 발급기간은 연중 가능하며 신청서 접수 후 10일 내 발급되며 유효기간은 발급한 날로부터 3개월간이며 기간 경과 시 재신청하여야 한다.

발급신청 시 첨부 서류는, 농지대장, 농업경영체 등록확인서, 경작확인서, 농업인 확인 신청서와 주민등록표 등본(경영주인 농업인은 주민증록증 제시 가능) 또는 외국인등록표이며, 관계 증빙자료는 경작사실 확인서(이장 동의서), 농자재 구매확인서(농산물 판매확인서), 토지대장, 임대차계약서, 고용계약서 등이며 개인정보조회 동의서를 제출하여야 한다.

제8장 농업경영자의 의사결정과 새로운 기술수용

1 농업경영자의 의사결정

1) 농업경영 의사결정의 의의와 과정

농업경영의 의사결정(Decision-Making)이란 일정한 목적을 설정하고, 그 목적을 달성하기 위한 몇 가지 대안 가운데서 가장 유리하면서 실행 가능한 대체 안(Alternatives)을 선택하는 합리적인 농업경영자의 행동이다. 의사결정 분야를 보면 생산물의 선택과 생산규모와 생산시기 및 생산물수준 등을 결정하는 생산 분야, 생산요소의 적정결합 및 투입물수준 등을 결정하는 자원이용분야, 생산물의 판매시기와 투입요소의 구입 시기 등의 유통분야로 구분해 볼 수 있다.

의사결정의 단계적 과정을 보면
　　　① 농업경영의 목적 설정
　　　② 영농과정에서 대안의 관찰 분석(품종선택, 농작업 방법 등) 및 선택
　　　③ 의사결정 후 필요한 조치 수행
　　　④ 수행결과에 대한 책임

2) 농업경영인의 의사결정내용

(1) 무엇을 생산할 것인가?

재배품목(오이, 배추, 양파, 무, 토마토, 딸기 등) 및 축종(비육우, 양돈, 양계, 낙농 등)의 선택 시 경영자의 생산기술, 시장가격 등을 고려해야 한다.

(2) 어떤 생산방법을 이용할 것인가?

생산품목이나 축종이 결정되었다면 비용최소화 및 수익극대화의 원칙에 의해 생산기술, 생산시설의 선택, 생산요소의 결합방법 등을 결정한다. 자본은 자기자본 혹은 차입자본, 토지는 자영 혹은 임차, 노동은 고용노동 혹은 자기노동 등을 결정해야 한다. 최근 생산방법 결정에서 생산기술 수준 즉, 스마트팜 1단계·2단계 등을 결정

하는 것이 중요하다.

(3) 얼마만큼 생산할 것인가?

생산방법이 결정되었으면 농장규모, 경지규모, 자본규모 등에 의해 얼마만큼 생산할 것인가를 결정해야 한다.

(4) 생산을 위한 농용자재를 언제 구입하고, 생산물을 언제 판매할 것인가?

가격, 운송비 등을 고려하여 농용자재를 필요 시 혹은 미리 구입 후 저장할 것인가? 생산물은 언제 판매하는 것이 유리할 것인가 등을 결정한다.

(5) 농용자재를 어느 곳에서 구입하고, 생산물을 어느 곳에 판매할 것인가?

역시 가격과 운송비 등을 고려하여 자재 구입을 농협 혹은 대리점, 농산물 판매는 상인 혹은 농협으로 할 것인지를 결정한다.

(6) 왜 생산을 하는가?

가장 먼저 의사결정을 해야 하는 것으로 자가소비 혹은 판매를 위한 것인지를 결정한다.

의사결정내용을 예를 들어 요약해 보면, 판매를 위해 밭 2,000평에 고추와 마늘을 노지 재배하고, 비료, 농약 등 농용자재는 농협에서 구입하고 필요한 자본은 자기자본으로 하며 생산한 배추는 농협에 출하하기로 하였다.

〈표 8-1〉 의사결정 내용 예

작목	생산방법	생산규모	농용자재		생산물판매	
			구입시기	구입처	판매처	시기
딸기, 토마토 고추, 마늘	시설재배 노지재배	1,000평 2,000평	필요 시 사전	상인 농협	상인 농협	수시 수확 직후

2 위험과 불확실성하의 의사결정과 관리전략

1) 농업경영인의 의사결정 환경

농업경영을 위한 의사결정 환경을 자연적 여건(기상, 토지여건 등), 경제적 여건 (시장, 작목별 등), 사회적 여건(소비자 기호, 제도, 정책 등), 개인적 여건(생산요소 보유 수준, 경영자 능력 등) 등으로 구분해 볼 수 있다.

의사결정 환경은 의사결정자가 가지고 있는 정보에 따라 구분된다. 대부분 의사결 정의 기준이나 원칙은 의사결정에 필요한 정보가 알려져 있고 획득가능 하여 하나의 결과만을 제공하는 확실성(Certainty) 전제하에 성립되나, 농업경영에 대한 의사결 정은 환경을 정확하게 예측할 수 없을 뿐만 아니라 해외요인까지 고려해야 하므로 위험과 불확실성은 더욱 커지게 된다. 위험 또는 불확실성(risks and uncertainties) 이란 생산량 또는 판매가격이 기대한대로 나타나지 않을 때를 말한다. 일반적으로 두 용어를 구분하기도 하고 구분하지 않고 사용하기도 한다.

나이트(Frank H. Knight) 교수는 위험은 확률적으로 나타나는 것을, 불확실성 은 확률적으로 나타나지 않는 것이라고 구분하였다. 즉, 위험(Risk)은 나타날 결과 에 대한 확률이 알려져 있으나 어느 결과의 확률이 실제로 나타날지 모를 때(기상, 일기예보 등)를 말하며, 불확실성(Uncertainty)은 나타날 결과에 대한 객관적 확률 이 알려지지 않은 상황으로 구분해 볼 수 있다. 농산물의 경우 수량의 변동보다 가격 변동이 더 크므로 위험 또는 불확실성이 다른 산업에 비해 크다고 볼 수 있다.

2) 불확실성의 종류와 원인

(1) 생산(수확량)의 불확실성

농업생산은 공산물과 달리 자연의 영향을 크게 받을 뿐만 아니라 생산기간이 길 고, 기상변화, 병해충, 잡초, 가축의 불임성 등에 많은 영향을 받으므로 수확하기 전 에는 생산량을 예측하기 어렵다. 특히 새로운 품종이나 생산기술은 생산의 위험이 더욱 크다. 그러므로 위험회피적인 농업경영자는 새로운 품종이나 생산기술 도입에 적극적이지 않으므로 새로운 기술의 확산속도가 늦은 이유이다.

(2) 가격의 불확실성

농산물은 가격 비탄력적이므로 생산량 변동에 대한 가격변동이 심하다. 또한 매년 혹은 연중에도 계절에 따라 변동한다. 농산물은 기상조건 등 많은 요인에 의해 수확량이나 작부면적을 미리 알 수 없을 뿐만 아니라 수확 후 저장이 어려워 시장공급량 예측이 어렵다. 수요측면에서도 소비자들의 기호와 소득 및 경제상황이 변하기 때문에 수요량 역시 예측하기가 어렵다. 또한 농산물 수출입 물량도 변하기 때문에 일정시점 농산물 가격의 예측은 거의 불가능하다고 볼 수 있다.

농산물 시장은 시장의 수요와 공급에 의해 결정되므로 개별 생산자는 시장가격에 영향을 미칠 수 없으므로 시장상황에 따른 가격변동은 농업경영자가 직면하는 중요한 위험 요인이다.

(3) 재정적 위험

농업경영자의 자금의 조달 및 운용, 지불능력 등의 약화가 재정적 위험이다. 이는 금리변화나 경제상황변화에 의한 신용이 낮아지며, 농산물가격변동에 의한 판매수익 변동으로 상환능력 불확실 등이다.

(4) 제도적 위험

농업관련 정부의 정책이나 법령의 변화 시점이나 내용을 예측할 수 없는 것이 제도적 위험이다. 예를 들면 직접지불제 개편이나 농업통상정책의 변화 등에 의한 농업소득의 변화이다.

(5) 인적 위험

인적 위험은 농업경영자나 가족의 사망, 질병, 상해, 이혼, 행방불명 등으로 농업경영에 영향을 미치는 것을 말한다. 사회가 복잡할수록 인적위험의 중요도가 증가한다.

(6) 새로운 기술 또는 생산방법

농산물은 공산품과 달리 수확기 이전에 기상변화, 해충, 잡초, 가축의 불임성 등으로 생산량을 정확하게 예측하기 어렵다. 새로운 기술을 농업경영에 도입 할 경우 항상 위험과 불확실성이 따른다. 신품종 도입 시 생산방법이 달라지며, 새로운 비료, 농약, 농기계 등의 수용여부도 위험요인이 될 수 있다.

3) 위험과 불확실성 관리전략

농업의 특수성 때문에 농업경영은 다른 산업의 경영에 비해 위험과 불확실성이 더 크게 존재한다. 특히 기상이변, 농산물 시장의 불안정성, 자재가격의 변동, 병해충, 가축질병 등은 농업경영이 직면하는 중요한 리스크로 부각되고 있다.

리스크는 농장경영의 성과에 크게 영향을 미치므로 지속적이고 효율적인 농장경영을 위해서는 농업경영자의 리스크를 관리할 수 있는 능력은 필수적인 요소이다. 농업경영자는 리스크의 실태를 정확하게 인지하고, 체계적으로 대응할 수 있는 능력개발이 요구된다. 그리고 농장경영의 리스크 관리를 위한 제도의 도입과 발전이 필요하다.

(1) 생산의 불확실성 관리

① 생산의 다각화(Diversification)

생산의 다각화는 자기경영 내에서 일종의 보험 작용이 가능하다. 다각화방법은 여러 작물을 동일한 시기에 경작하는 작물 배분적 다각화와 서로 다른 시기에 동일한 작물을 경작하는 시간 배분적 다각화로 구분된다. 작물 배분적 다각화는 생산의 위험을 여러 종류의 생산물에 분산시켜 전체 경영의 위험을 줄이는 방법이다. 즉, 어느 한 농산물의 생산이나 소득이 감소할 경우 다른 농산물의 생산이나 소득으로 보충하여 전체적인 경영의 안정을 추구하는 것이다. 생산의 다각화는 농업경영의 위험을 줄이는 데는 매우 효과적이나 경쟁력 제고를 위한 생산의 전문화와 규모화와는 반대되는 전략이다. 그러므로 상충되는 주 전략을 어떻게 조화시킬 것인지에 대한 농업경영자의 노력과 판단이 요구된다. 시간 배분적 다각화는 노동투입이 시간적으로 분산되는 것으로 조생종·중생종·만생종의 결합, 기후조건의 변화에 적응하는 품종 등으로 생산량 및 가격변화에 대한 위험을 회피하는 수단이다.

② 안정 경영

안정적인 경영은 과거 실적의 통계치로서 확인해 볼 수 있다. 미작이 채소나 과수에 비해 상대적으로 안정적이고, 낙농이 양돈이나 양계보다 소득의 변화가 적다고 볼 수 있다. 또한 수리시설은 가뭄 등으로부터 생산의 안정성을 높이고 온실은 기후의 위험요인의 최소화로 농업경영을 안정화시키는 것이다.

③ 농업보험

보험은 위험 및 불확실성을 회피하는 가장 일반적인 방법이다. 보험은 불확실한 다액의 손실이 발생할 가능성을 소액의 확실한 비용으로 대체하는 것으로 사건이 일어나는 것이 확률적으로 나타나므로 피해를 입지 않은 다수가 피해를 입은 소수에게 피해의 일부를 보상하는 것이다. 생산 등 위험요인을 줄이는 방법으로 다양한 보험이 있다. 농업경영에 관계되는 보험으로 농·축협의 공제가 있으며, 작물보험, 가축보험 등이 있다. 농어업 재해대책법에 의해 재해보상도 실시되고 있다.

우발적인 사고로 인한 손실에 대비하기 위해 농업경영자는 보험회사와 계약을 맺고 일정액의 보험료를 부담한다. 보험가입자가 수확량의 감소나 가격의 하락으로 인해 손실을 입었을 때, 보험회사는 그 손실의 일부를 보험금으로 지급하므로 가입한 경영자는 어느 정도의 소득이 보장되므로 위험을 감소시킬 수 있다. 농업보험의 형태는 재해보험(yield insurance)과 수입보험(revenue insurance)으로 구분된다. 재해보험은 기상재해나 병충해 등 생산의 위험을 감소시킬 수 있는 보험형태이며, 수입보험은 수확량 감소나 시장가격하락에 따른 수입 감소의 위험을 줄일 수 있는 보험형태이다.

우리나라 농업재해보험은 농작물재해보험과 가축재해보험으로 구분되며, 농작물재해보험은 2001년 사과·배 품목을 시작으로 2022년 67개 품목으로 증가하였다. 가입농가수도 2021년 기준 49만7,884호로 가입률은 49.4%로 상승하였다. 가축재해보험은 1997년에 도입하여 2022년 대상품목은 소, 돼지, 닭 등을 포함하여 16개 가축이다. 농업재해보험의 대상품목 및 보장범위가 확대됨에 따라 가입농가수와 가입금액이 지속적으로 증가하고 있다. 정책보험인 농업재해보험은 보험료의 50%를 정부가 지원하고 20~40%를 지자체가 지원하고 있다.

수확량 감소와 가격하락에 따른 위험을 관리하기 위하여 농업수입보장보험 시범사업을 실시하고 있다. 농업수입보장보험은 2013년부터 2년간의 도상연습을 거친 후, 2015년에는 3개 품목(콩, 포도, 양파)에 대해, 2016년도에는 마늘을 추가한 4개 품목, 최근에는 고구마, 양배추, 감자를 추가하여 주산지에서 시범사업을 실시하였다. 시범사업은 정부가 보험료의 50%, 지자체가 15~40%를 지원하는 형태의 시범사업을 6년째 계속해오고 있다.

④ 재해대비 기술의 수용

위험과 관련한 농업기술은 위험을 증가시키는 기술과 위험을 감소시키는 기술로 구분될 수 있다. 수확량의 변동성이 신품종은 생산의 위험을 증가시키나 서리피해를 방지하는 방상휀은 생산의 위험을 감소시킨다. 농업경영자는 위험을 감소시키는 기술의 적극적 수용으로 생산의 위험을 감소시킬 수 있다. 즉, 재해대비 기술의 학습과 수용으로 안정적인 생산을 위한 리스크 관리가 필요하다.

(2) 가격의 불확실성 관리

농산물의 가격은 공산품과 달리 시장의 수요·공급에 의해서 결정되기 때문에 농업경영자가 농산물의 시장가격을 미리 알 수 없기 때문에 불확실하므로 이를 관리하는 방법을 알아볼 필요가 있다.

① 생산의 다각화

생산의 다각화는 생산의 위험뿐만 아니라 가격의 위험도 감소시킬 수 있다. 서로 다른 시기에 동일한 작물을 경작하는 시간 배분적 다각화는 가격의 연중 변동에 의한 위험감소에 효과적이다.

② 분산 판매

생산한 농산물을 일시에 판매하지 않고, 생산시기 조절 및 저장·가공 등으로 출하시기를 조절하여 분산하여 판매할 경우 가격의 연중 변동에 따른 위험을 감소시킬 수 있다. 농산물은 저장이 불가능하거나 저장을 하더라도 저장비용이 높으므로 분산판매에 의한 리스크 감소의 이득과 저장비용을 감안하여 판매시기 및 회수를 결정하여야 한다.

③ 농업수입보장보험

농업수입보장보험은 수확량감소 위험뿐만 아니라 가격하락에 따른 위험도 감소시킬 수 있다. 즉 실제농업수익(당년 실제생산량·당년수확기 시장가격)이 보장농업수익(평년생산량·평년시장가격·보장률)보다 적을 경우 그 차액을 보험금으로 지급하기 때문에 농업수입보장보험을 통하여 가격하락의 위험을 부분적으로 관리할 수 있다.

④ 공동계산제

공동계산제는 여러 생산농가들이 생산한 농산물을 등급에 따라 구분하여 공동관리 및 판매한 후, 판매대금과 비용을 평균하여 개별 경영자들에게 정산하는 방법이다. 공동계산제는 출하처, 출하시기에 따른 판매가격 차이에 관계없이 일정한 기간 내의 총판매대금을 등급과 출하물량에 따라 배분한다. 그러므로 개별 경영자들은 가격변동에 따른 위험을 감소시킬 수 있다. 또한 생산자조직은 공동계산제를 통하여 마케팅 능력과 시장교섭력을 제고 할 수 있으며, 대량거래의 유리성을 얻을 수 있으며, 규모의 경제를 실현할 수 있다.

⑤ 선도거래(Forward Transaction)

현재 정해진 가격으로 미래의 일정시점에 상품의 인도 및 대금지급을 약정하는 거래가 선도거래이다. 이는 생산자와 유통업자(도매상 등)의 가격위험을 감소시킬 수 있다. 선도거래와 유사한 개념으로 우리나라의 경우 채소를 중심으로 한 포전매매가 이루어지고 있다. 포전매매는 밭떼기거래라고도 하며, 농작물의 파종 후 수확기 전에 밭의 작물을 통째로 면적당 계산해서 상인에게 넘기는 매매행위이다. 이때 계약시 계약금을 받고 수확기에 잔금을 받는다.

⑥ 계약생산

계약생산은 농업경영자가 대량수요처나 가공공장 등과 장기공급계약을 하고 생산·판매하는 방법이다. 가격과 판매량을 미리 정하여 계약에 명시하기 때문에 안정적인 판로를 확보하는 동시에 가격의 위험을 줄일 수 있다. 이는 가끔 농업경영자가 유·불리에 따라 계약을 파괴하는 경우가 종종 있으므로 이에 대한 대안도 생각해보아야 할 것이다.

⑦ 시장에 대한 정보의 축적

지역별 재배면적, 작황, 수출입량, 소비전망, 가격전망 등 농산물의 시장과 가격에 대한 정보를 농업경영자가 직접모아서 경영의 의사결정에 이용할 경우 가격변동에 따른 위험을 효과적으로 줄일 수 있다.

⑧ 정부와 농·축협의 개입

정부의 개입은 농산물교역의 불공정요인이 되고 자율적인 국제무역시장을 교란시키므로 곤란하다. 그러므로 생산자 단체인 농협이 개입을 하고 있다. 이는 조합원 상호 간의 신뢰가 중요하고 조합원의 조합에 대한 신뢰도 매우 중요하다.

3 위험과 불확실성하의 의사결정 방법[32]

1) 의사결정나무와 의사결정 행렬

위험과 불확실성하 의사결정의 기본적 요소는 가능한 행동대안, 발생 가능한 상황, 각각의 대안과 상황에 대한 결과이다. 이 기본적 요소들을 이용하여 의사결정 문제를 나무구조로 그린 것이 의사결정나무이며, 표로 나타낸 것이 의사결정행렬이다.

2) 위험하의 의사결정

상황이 몇 개로 나타나고 각각의 상황에 대한 확률이 미리 알려져 있는 경우의 의사결정이 위험하의 의사결정이다. 이 경우 의사결정기준은 각 대안의 기대가치를 비교하고 이 기대가치를 극대화하는 대안을 선택하는 것이다.

3) 불확실성하의 의사결정

발생 가능한 상황에 대한 확률이 알려져 있지 않거나, 확실한 근거에 의해 추정될

---

32) 김배성 외 7인, 『스마트시대 농업경영학』을 인용하였음.

수 없는 경우의 의사결정이 불확실성하의 의사결정이다. 이 경우 의사결정의 성격이나 경영자의 성향에 따라 몇 가지 기준을 적용할 수 있다.

(1) 비관적 기준(Maximin Criterion)

비관적 기준은 최대최소기준이라고도 하며, 미래에 대해서 매우 비관적인 전망에 준하여 의사결정이 이루어지는 기준이다. 이는 어떤 대안을 선택하더라도 가장 나쁜 결과가 나타난다고 예상하는 비관적인 경영자에게 적합한 기준이다. 즉, 각각의 행동 대안에 대한 최소수익을 비교하고, 이들 최소수익 중에서 가장 최대인 행동 대안을 선택한다.

(2) 낙관적 기준(Maximax Criterion)

미래의 상황에 대해 매우 낙관적인 전망에 준해서 의사결정이 이루어지는 것이 낙관적 기준이며, 최대 기준이라고도 한다. 어떤 대안을 선택하더라도 가장 유리한 결과를 얻을 수 있을 것으로 예측하는 가장 낙관적인 전망을 가지는 경영자에게 적합한 기준이다. 이 기준에서는 각 행동 대안에 대한 최대수익을 비교하고, 이들 최대수익 중에서 가장 최대인 행동 대안을 선택한다.

(3) 후르비츠 기준(Hurwicz Criterion)

일반적으로 의사결정자는 완전히 비관적이거나 낙관적이지 않고 중간의 어느 지점에 있다. 그러므로 후르비츠는 낙관계수(coefficient of optimum)라는 개념을 개발하여 의사결정기준에 사용하였다. 낙관계수(α)는 의사결정자가 미래에 대해 어느 정도 낙관적인 견해를 가지는 지를 측정하는 지수로 0과 1 사이의 값을 갖는다($0 \leq \alpha \leq 1$). 의사결정자가 완전히 낙관적이면 낙관계수는(α) 1이고, 반대로 지극히 비관적이면 낙관계수는(α) 0이다. 그러므로 $1-\alpha$는 비관계수(coefficient of pessimism)로 해석된다.

후르비츠 기준에서는 최대수익에 낙관계수(α)를 곱한 것과 최소수익에 비관계수($1-\alpha$)를 곱한 것의 합인 수익의 평가액(AV)을 구하여 비교하고 가장 높은 평가액을 가지는 행동 대안을 선택한다.

$$AV = 최대수익 \cdot \alpha + 최소수익 \cdot (1-\alpha)$$

(4) 유감 기준(Minimax Regret Criterion; Savage Criterion)

유감 기준은 최소·최대유감 기준이라고도 하며, 제안자의 이름을 따서 사베지 기준이라고도 한다. 의사결정자는 어떤 행동 대안을 선택할 때, 최대수익보다 적은 수익을 얻는 경우 후회할 것이며 유감을 표시한다. 유감 기준에서는 각각의 행동 대안에 대한 유감액(최대수익-의사결정시 얻는 수익)을 측정하고, 각 대안에 대한 최대유감액을 극소화하는 행동 대안을 선택한다.

(5) 라플라스 기준(Laplace Criterion; Equal Likelihood Criterion)

라플라스 기준은 예상되는 상황의 확률을 모르기 때문에 모든 상황에 대해 동일한 확률을 가정한다. 즉 발생 가능한 상황에 대해 동일한 확률을 부여하여 각 대안의 기대가치를 계산하여 비교하고, 기대가치를 극대화하는 행동 대안을 선택한다. 동일한 확률을 부여하기 때문에 기대가치는 결과들의 단순평균과 동일하다.

4 새로운 농업기술의 수용과 유발요인

1) 새로운 기술의 농가수용경로

Everett M. Rogers는 저서 '혁신의 확산(Diffusion of Innovations)'(1962)에서 농업 혁신 기술을 채택하는 시점이 농업인에 따라 다른데, 채택 시기에 따라서 수용자를 5개의 범주로 나누었는데 이를 기술수용주기(The Theory of Technology adoption Life Cycle)이론이라고 하며, 혁신이 일반에 수용되는 과정을 설명해주는 이론으로 많이 이용되고 있다. 기술수용주기이론은 특히 수용자가 혁신적인 기술을 수용하는 과정에 대하여 설명하고 있다. Rogers(2003)는 혁신(innovation)을 개인 혹은 다른 채택 단위들이 새롭다 고 인식하는 아이디어, 관행, 또는 사물이라고 말하면서, 어떤 아이디어가 최초로 사용되거나 발견된 이후에 시간이 지남에 따라 그 아이디어가 객관적으로(objectively) 새로운 것인지 아닌지 판단하는 것은 별로 문제가 되지 않고, 개인에게 새롭다 고 느껴지는 아이디어가 개혁이라고 말했다. 즉 기술수용주기이론의 적용대상이 되는 새로운 기술은 수용자에 의하여 새롭다 고 느껴지는 것이면 무엇이던지 그 대상이 된다.

Rogers(1962)는 다른 사례를 종합 검토하여서 한 사회에서 신기술의 수용비율을 도표화했을 때 정규분포(normal distribution) 곡선 형태로 나타나며, 누적된 도표로 그릴 경우 S자 곡선으로 나타난다고 하였다. Rogers(2003)는 개인의 개혁성

(innovativeness)에 기하여 수용자를 [그림 8-1]³³⁾과 같이 혁신자(innovators), 조기수용자(early adopters), 전기 다수수용자(early majority), 후기 다수수용자(late majority), 지각 수용자(laggards)의 5개 범주로 분류하고 있다. 이때 혁신성은 한 수용자가 같은 사회체계에 속한 다른 수용자보다 새로운 기술 등의 수용에 있어서의 매우 다른 특징을 가지고 있다.

혁신자는 혁신 기술을 최초로 채택하는 수용자로서 전체 수용자의 2.5%를 차지하며, 이들은 재정이 풍부하고, 기술에 대한 이해가 높고, 위험선호자 성향을 가지고 있다. 전체의 13.5%를 차지하는 조기수용자는 혁신자 다음으로 신기술을 채택하는 수용자로서 지역에서 오피니언 리더의 역할을 하는 사람들로서 지역 커뮤니케이션 네트워크의 중심적 위치에 있다. 전기 다수수용자는 전체의 34%를 차지하며, 새로운 아이디어를 채택하는데 매우 신중한 입장을 취한다. 실용주의자인 이들은 검증되고 확인된 뒤에 수용하는 태도를 보인다. 전기 다수수용자와 동일한 34% 비율을 차지하고 있는 후기 다수수용자는 회의적이고 보수적 성향을 지니고 있다. 혁신 기술 채택의 기준은 경제적 이유가 대부분이고, 사회 규범에 의해서 긍정적 평가를 받은 혁신만 수용한다. 마지막으로 혁신을 채택하는 지각 수용자는 16%를 차지하고 있고, 과거 지향적인 비개혁주의자들이다. 경제적인 문제 등으로 인하여 위험 회피 성향이 강하다.

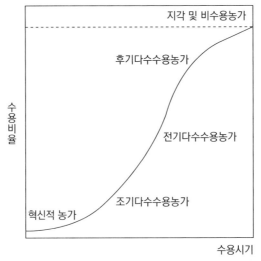

[그림 8-1] 새로운 농업기술의 농가수용경로모형

---

33) IRRI, 「Evaluating Technology for New Farming System: Case Studies from Philippine Rice Farms」, by C. Barlow. S. Jayasuriya, and E. C. Price.

새로운 농업기술은 아무리 농업인에게 유익하더라도 소개 또는 도입되는 즉시 채택·수용되는 것이 아니라 어느 정도의 시차(lag)가 소요되는 것이 일반적이다. 따라서 새로운 기술의 수용경로를 "S"형 곡선으로 표시하고 소개 즉시 수용하는 혁신적 수용자(innovator), 조기수용자(early adopter), 다수수용자(majority), 후기수용자(laggard) 및 비수용자(nonadopter)로 구분하여 소비자의 의사결정(decision making)에 영향을 주는 주요 원인을 연구하는 것이 필요하다. [그림 8-1]의 절편(intercept)은 혁신(innovation)에 대한 예상이익(expected profit)에 의존하며 "S"형 곡선의 기울기(slope)는 농업인의 자원제약(resource restriction) 및 예산(budget)과 위험(risk)을 고려한 농업인의 기대이윤 및 효용에 의하여 결정된다.

개별 농업인의 새로운 기술에 대한 수용결정과정은 통상 다음의 다섯 단계로 구분하여 볼 수 있다.

① 인지단계(awareness stage): 제한된 정보(information)에 의하여 기술이 있다는 것을 인지하는 단계이나 관심이 적은 단계

② 관심단계(interest stage): 주로 타인의 성공사례를 보면서 관심이 높아지는 단계

③ 평가단계(evaluation stage): 새로운 기술의 수용 시 이해득실을 계산하여 보는 단계

④ 시행단계(trial stage): 시험 삼아 일부를 수용하여 보거나 또는 타인의 수용현황을 적극적으로 관찰하면서 의사결정에 필요한 모든 정보를 입수하는 단계

⑤ 수용-비수용의 결정단계(adoption/rejection stage)

모든 농업인이 이들 다섯 단계를 완전하게 거치는 것이라 할 수는 없지만 적어도 3단계 이상은 내부적으로나 외부적으로 거치게 되며 모험을 기꺼이 감수하고자 하는 농업인(risk-taker) 즉, 혁신계층의 소비자는 1단계에서 수용하게 되며 이를 싫어하는 농업인(risk averter)은 다섯 단계를 다 거치더라도 비수용자가 된다.

개별농가의 새로운 제품에 대한 수용결정 과정과 수용경로를 경운기를 예로 들어 보면 처음 인지단계로서 경운기라는 것이 있는데 경운작업에 효율적이라는 정보를 들었으나 별로 관심이 없는 단계이며, 관심단계는 이웃의 혁신적 수용농가가 경운기를 구입하여 노동력 부족을 해결함과 동시에 효율적인 농작업을 하는 것을 보고 경

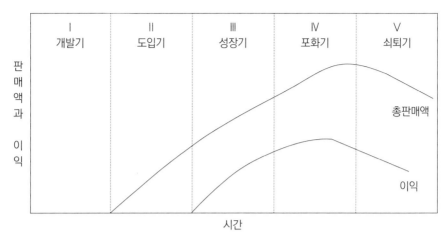

[그림 8-2] 생산주기 단계

운기 구입에 대하여 관심을 가지는 단계이며, 평가단계로서 경운기를 구입하였을 경우 손익을 계산하여 보고 마지막으로 수용–비수용을 결정한다.

우리나라 경운기의 농가수용경로를 보면 1970년 초 혁신적 농가가 경운기를 수용하였으며 1970년대 중반에는 조기 수용농가들이 경운기를 수용하였고 1980년대 초반에는 대다수 농가들이 수용하였으며 1980년대 중반에는 후기 수용농가들이 수용하였다고 볼 수 있다.

2) 새로운 기술의 수명주기(Product Life Cycle)

새로운 기술의 라이프 사이클이란 기술이 농업인에게 사용되다가 차츰 쇠퇴하여 마침내 기술사용이 중단하여 살아지는 과정을 판매액과 이익 및 시간과 관련하여 파악한 개념이다. 다른 모든 기술과 같이 농업기술도 기술의 종류에 따라 다소 차이는 있으나 단기화 되는 경향이 있다.

수명주기를 구성하는 단계를 보면 기술에 대한 연구를 하는 개발기(development stage)와 기술이 시장에 나와 혁신농가에게 수용되는 도입기(introduction stage)를 거쳐 농업인의 평가가 좋으면 성장기(growth stage)와 포화기(maturity stage)를 거쳐 새로운 대체기술의 출현 및 농업인의 기호변화로 쇠퇴기(decline)를 맞게 된다. 우리나라 경운기의 수명주기를 보면 1960년대 말을 개발기라고 할 수 있으며 1970년대 초를 도입기, 1980년대 초반까지를 성장기로 볼 수 있고, 1980년대 중반 이후를 쇠퇴기라고 할 수 있다.

3) 케즘의 기술수용주기이론

Geoffrey A. Moore(1992)는 Rogers의 기술수용주기 이론을 첨단기술제품 시장에 적용한 마케팅이론으로 케즘이론(The Theory of Chasm)을 발표했다. 케즘이론은 마케팅 분야만이 아닌 Wi-Fi, IPTV 등 ICT융합 산업 분야의 시장 성공과 정책적 시사점 마련을 한 분석 이론으로 사용되고 있다. Moore는 '개인의 인식'을 혁신 여부를 구분하는 기준으로 하는 Rogers의 견해에 동의하면서도 이를 다시 더 나은 연비의 자동차, 속도 빠른 최신형 컴퓨터와 같이 행동양식의 변화가 필요 없는 일상 성능향상을 의미하는 연속적 혁신(continuous innovation)과 HDTV(high definition television, 고선명 TV), 새로운 OS(operating system)와 같이 수용자의 제품 이용 방식이 기존 방식에 비해 큰 변화를 요구하는 불연속 혁신(discontinuous innovation)으로 세분화했다. 케즘이론의 대상이 되는 첨단기술제품 시장은 불연속 혁신을 가져오는 제품시장에 해당된다.

Rogers의 기술수용주기 이론과 Moore의 케즘이론 모두 수용자를 5개의 범주로 분류한 것은 동일하지만, 전자는 개혁성의 관점에서 각각 신제품 수용자 집단을 구분한 반면, 후자는 신제품의 기술 진화에 대한 수용자의 채택여부를 기준으로 수용자를 5개 범주로 구분한 것에 차이가 있다고 할 수 있다.

Moore(1992, 1999)는 Rogers와 달리, 신기술이 수용되는 과정에서 어느 특정 수용자 집단이 더 중요한 것이 아니라, 개별 수용자 집단별로 다른 접근이 필요한 것이라고 말하고 있다. 그는 케즘이론을 통하여 기술수용주기이론에서 분류한 5개의 수용자 집단 사이에는 단절이 존재하고, 이는 각 수용자 집단이 마케팅적으로 전혀 다른 시장임을 의미한다고 말하고 있다. 조기 수용자와 전기 다수수용자 특성의 차이 때문에 조기 수용자에서 전기 다수수용자가 주류인 시장 사이에는 케즘(The Chasm)으로 명명한 커다란 단절이 존재한다고 말한다. 케즘은 첨단기술제품에서 흔히 발견되는 초기시장에 성공적으로 진입한 첨단기술제품이 성장기 시장에 진입하지 못하고 정체 혹은 철수하는 현상을 말한다.

Moore는 케즘이론을 통해서 불연속적 신기술의 수용과정에서는 케즘이라고 하는 혁신기술 확산이 정체되는 현상이 흔히 발생하고, 이를 극복하기 위해서는 수용자의 특성에 따른 맞춤형 확산산략이 필요하다고 강조한다. 케즘이론에 따르면 첨단기술이 주류시장에 성공적으로 편입되기 위해서는 해당기술의 시장상황과 수용자의 특성 파악이 선행되고 그에 맞는 확산방안이 마련되어야 한다.

Moore는 케즘이론에서 신기술의 시장상황에 따라서 주류를 이루는 수용자가 다르기 때문에 확산을 위해서는 해당 수용자 집단의 특성을 고려한 확산 방안을 마련해야 한다고 말한다. 우선 초기시장의 경우, 새로운 기술에 열광하는 개혁자와 조기수용자의 주도로 새로운 기술에 동참하려는 시장 분위기를 가지고 있다. 따라서 혁신확산을 해서는 이들에게 신기술이 이전에는 불가능했던 전략적 도약을 가능하게 해 준다는 것을 실제로 보여주는데 주력해야 한다. 이때 전략적 도약은 본질적 가치를 지닌 것으로서 기술자가 아닌 수용자에게도 매력적인 것을 의미한다. 혁신기술의 성공 여부는 하나 이상의 응용분야에서 실제 쓸모가 있는가에 달려있다. 둘째, 케즘 상황은 신기술이 초기시장의 관심이 줄어들고 주류시장에서는 아직 널리 수용되지 못하여 오랜 정체가 발생하는 상황이다. 이는 해당 신기술이 완전완비제품(Whole Product)[34]의 특성을 갖지 못했기 때문이다.

국내 농업ICT 확산의 걸림돌이 되고 있는 수용자의 태도에 대하여 보다 세밀히 검토할 필요가 있다. 농림축산식품부의 스마트팜 관련 여론조사에서 나타난 것처럼 국내 농업인들은 사용상의 어려움, 성과 확신에 대한 불신, 기술 신뢰 부족, 기반시설 부족 등을 농업ICT 수용상의 장애요인으로 답하고 있다. 결국 농업인들은 농업ICT 기술의 안정성을 확신하지 못하고 있고, 이에 따라서 농업ICT 도입 시 성과에 대한 두려움을 가지고 있는 것으로 판단된다. 축산 농가의 경우, 양돈을 중심으로 농업ICT 기술을 많이 도입했다. 하지만 대부분 외국산 제품으로 축사의 온도, 습도, 가축들이 열이 나는지와 같은 단순 정보만 얻고 있다. 문제가 발생했을 때 어떤 조치를 취해야 하는가와 같이 좀 더 중요한 정보를 얻는데 어려움이 많다. 또한 설비가 고장이라도 나면 A/S를 받기도 어렵다.

Moore는 기술수용자들과 달리 실용주의자들은 검증된 기술만을 수용하려고 한다고 말한다. 완전완비제품이 아닌 경우 주류시장으로 진입하는 것은 불가능하다. 농업인들의 국내 농업ICT 기술에 대한 불신은 해당 기술을 완전완비제품으로 받아들이지 않는다는 것을 의미한다. 따라서 농업ICT 확산을 위해서는 복잡한 이용법을 교육을 통해서 해결하려고 하기 보다는 손쉽고 부담 없이 사용할 수 있는 시스템을 통해서 농업인들에게 기술에 대한 신뢰를 심어줘야 한다.

---

34) 최종 소비자들의 구매 및 사용을 유인할 수 있을 정도의 서비스, 평판, 가격 등 모든 유무형의 가치들이 조합된 제품.

4) 농업기술유발요인이론

(1) 요소가격과 기술유발

Hicks의 기술유인가설에 의하면 생산요소의 상대가격이 보다 비싼 요소를 절약하고 싼 요소를 보다 많이 사용하는 새로운 생산방법을 유도한다고 했다. 이 이론이 논의의 여지가 없는 것은 아니지만 Hayami와 Ruttan의 미국과 일본의 농업발전 비교연구에 의하여 어느 정도 타당한 것으로 입증된 바 있다. 그러므로 이 모델에 의하여 기계적 기술진보와 생화학적 기술진보를 요소의 대체와 보완의 성격으로 설명함에 있어서 생화학적 기술진보는 토지의 비옥도를 증진시켜 토지단위당 생산량이 증가하므로 비료가 토지를 대체한다고 볼 수 있으므로 [그림 8-3]과 같이 설명할 수 있다.

[그림 8-3(a)]는 비료-토지의 상대가격과 시비량에 민감한 반응을 보이는 신품종 개발 등 생물학적 기술진보와의 관계를 나타낸다. 시비량에 대한 반응이 서로 다른 품종의 등생산량곡선이 V_0V_1이며 서로 다른 기술수준을 나타내는 등생산량곡선을 둘러싸는 접점의 궤적인 포락선(envelope curve)이 V-V이다. 토지-비료의 상대가격을 나타내는 것이 r_0r_1인데 비료-토지의 상대가격이 낮아지면 상호가격을 나타내는 가격선은 r_0로부터 r_1로 이동하는데 V_1이 V_0의 오른쪽에 있으므로 농민이 다비성품종을 수용하는 것이 유리하여 다비성 품종의 수요가 증가할 것이므로 개인 종묘회사나 연구기관에서 다비성 신품종을 개발하기 위하여 더욱 노력할 것이다. 그러므로 생산요소가격이 기술진보를 유인한다고 할 수 있을 것이다. 즉 비료가격이 지가에 비하여 낮으면 다비성 신품종의 수요증대로 종묘산업이 발달하게 된다.

[그림 8-3(b)] 역시 같은 방법으로 기계적 기술유인에 대한 설명으로 I_0와 I_1은 서로 다른 기종을 나타낸다. 현재의 농기계-노동에 대한 상대가격이 P_0일 때 기술수준은 I_0이다. 그런데 임금이 상대적으로 상승한다면 기술수준은 I_0로부터 I_1으로 이동한다. 즉 새로운 기종을 사용하고 노동력을 절약하게 될 것이다. 예를 들면, 현재 농민이 경운기를 사용하고 있는데 노임이 상대적으로 상승하면 노동을 더욱 많이 대체할 수 있는 농기계의 수요가 증대할 것이므로 이에 부응하여 트랙터가 개발되는 등 농기계산업이 발달하게 될 것이다.

또한 [그림 8-3(b)]에서 X축을 배합사료, Y축을 조사료의 양을 나타낸다고 하면 배합사료산업의 발달요인을 같은 방법으로 설명할 수 있다. 즉 등량곡선(isoquant) I_0와 I_1은 서로 다른 비육우 사육방법을 나타낸다. 현재의 조사료-배합사료의 상대가격이 P_0일 때 기술수준은 I_0이다. 그런데 임금과 가격의 상승으로 조사료 가격이

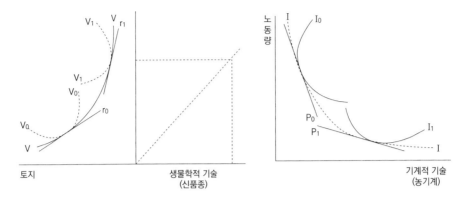

[그림 8-3] 요소가격과 기술유발

상대적으로 상승한다면 비육우 사육은 배합사료를 많이 이용하는 I_1 수준으로 변화될 것이므로 배합사료의 수요량이 증가될 것이므로 배합사료산업이 발달하게 될 것이다.

(2) 공공연구기관의 기술유발

공공부문에서의 농업발전을 위한 과학적 기술혁신에 관해서는 사경제적인 입장과는 다른[35] 입장에서의 접근이 필요하다. 공공농업연구의 혁신유발의 메카니즘은 Hicks의 사경제부분의 기술혁신 즉 이윤극대화를 위한 시장가격의 변화에 의해서도 반응하지만 과학자나 행정 관료들의 독특한 성격에 의해서 주로 영향을 받는다. 이들은 시장가격이나 농민의 수요에 의해서만 연구의 목적을 설정하는 것이 아니라 성취, 표창, 명예 등의 유인에 의하여도 동기[36]를 부여받기 때문이다.

농업기술변화가 응용과학뿐만 아니라 기초과학의 진보에 영향을 받는데 기초과학을 담당하는 공공부문에서의 기술혁신 역시 시장기구의 영향을 받는다는데 대해서는 과학적 혁신이 생산물의 수요와 요소이용 비율의 변화에 직접적인 관계가 없다고 하더라도 기술수용은 생산물수요에 의해 영향을 받으므로 결국에는 요소시장과 생산물시장에 의해 과학적 혁신이 영향을 받는다고 볼 수 있기 때문이다.

---

35) Binswanger(1974)에 의하면 공공부문의 기술혁신을 저해하는 요인은 ⓐ 이 연구를 위한 예산이 외생적으로 주어지며 ⓑ 근본적으로 자원의 안정분배를 위한 노력의 추구에 있다고 했다.
36) Hoenack(1983)는 관료제도하에서는 생산성과 자원배분의 분석에서 시장기구에 의해서만 분석해서는 안 된다고 했다.

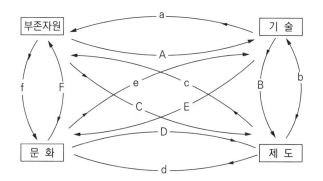

[그림 8-4] 부존자원, 문화, 기술과 제도변화의 상호관계

(3) 일반균형모델

Fusfeld[37])에 의해 개발된 일반균형모델은 부존자원, 문화, 기술과 제도 간의 일반균형관계를 파악할 수 있으므로 앞의 기술유발이론보다 더 완전하다. 더구나 이 모델은 제도를 주어진 조건으로 보는 전통적인 일반균형모델에 비해 경제적·사회적 분석에서 소홀히 하기 쉬운 부분을 분석할 수 있다.

[그림 8-4]는 패턴모델로서 사회적·경제적 변화의 여러 변수들의 관계를 나타낸다. 이 모델은 기술유발요인으로서 자원부존과 기술변화, 문화와 기술 그리고 제도의 변화 등 제 관계와 경제적 사회적 순환변동을 파악할 수 있다.

변수들 간의 관계에 대한 선행연구나 역사적 경험을 살펴보면 마르크스주의자들은 제도적·문화적 변화가 기술변화를 좌우하는 경향이 있다고 했으며(b.e), Witfogel은 극동지역에서 수리시설이 정책에 의해 결정되는 사실을 들어 기술과 자원이 제도에 미치는 영향을 강조하였다(B.c). 16세기 봉건제도의 붕괴는 국가의 지위를 향상시켰으며(c), 공산물생산에 규모의 경제와 무역을 가능케 함으로써 제도의 변화를 가져왔다(b).

5) 기술수용의 효과 분석

(1) 생산자와 소비자

생산자와 소비자에 대한 농업기술진보(technological change)의 효과는 농산물

---

37) Daniel R. Fusfeld, "The Conceptual Framework of Modern Economics", Journal of Economic Issues, 14 March 1980.

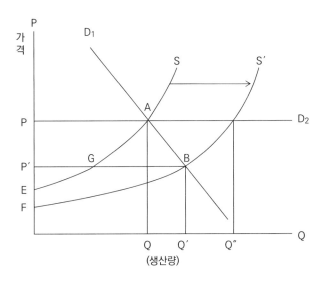

[그림 8-5] 기술변화에 의한 생산자와 소비자의 잉여변화

의 수요와 공급의 탄력성에 달려 있다. 즉 수요가 완전탄력적(perfectly elastic)이면 기술진보의 효과가 전부 생산자에게, 비탄력적(inelastic)이면 소비자의 잉여는 증가하는 반면 생산자잉여는 증가 또는 감소한다. 단위탄력적(E=1)이면 생산자잉여는 변화가 없는 반면 소비자잉여는 증대한다.

이와 같은 관계를 Binswanger(1987)의 모델을 적용하여 설명해 보고자 한다. [그림 8-5]에서 농산물수요가 탄력적일 때(D2), 기술변화로 공급곡선이 s로부터 s′로 이동하면 생산자잉여(consumer surplus)는 PAE로부터 PCF로 증가하고 소비자잉여(producer surplus)는 변화하지 않는다. 수요가 비탄력적(D1)일 때는 생산자잉여는 PAE로부터 P′BF로 변하여 PAGP′만큼 잃고 EFBA만큼 얻는다. Pinstrup-Anderson(1976)[38]에 의하면 식량생산에 있어서 기술변화는 언제나 소비자에게 유리하다고 했다. 왜냐하면 빈자가 부자에 비해 실질소득(real income)에 대한 음식비의 비중이 높고 수요탄력성이 크지 않기 때문이라고 했다.

녹색혁명(green revolution)은 인구성장과 소득증대로 인하여 수요곡선을 이동시키므로 기술변화(technical change)에 의한 공급곡선이 이동되더라도 소비자잉

---

38) Pinstrup-Anderson, per, Norha Ruiz de Londono, and Edward Hoover, "The impact of increasing food supply on Human Nutrition: Implications for priorities in Agricultural Research and Policy", AJAE, 58(2): 131-142, May 1976.

여는 크게 증대되지 않을 것이다. 그러나 녹색혁명이 없었다면 농산물가격이 상승하고 식량부족으로 곤경을 겪었을 것이다.

(2) 지역별 소득분배

지역 간에 환경과 경제적 입지조건이 다르므로 기술변화와 효과 역시 다르게 나타난다. 특히 녹색혁명은 주로 수리시설이 잘된 지역과 그렇지 않은 지역 간의 차이가 크게 나타난다. 그러므로 지역 간의 기술변화에 대한 효과를 알아보고자 한다. Evenson(1976)의 부분균형분석을 보면 [그림 8-6]과 같다. 비탄력적인 수요곡선(D)을 가진 국내시장의 두 지역의 공급을 가정하자. 여기에서 s_1은 지역(A)의 공급곡선이며, s_1+s_2는 기술변화 이전에 지역(A)의 공급곡선에 수평적으로 지역(B)의 공급곡선을 더한 것인데 이 경우 지역(A)의 생산자잉여는 ABP이고 지역(B)의 생산자잉여는 ABCD이다.

지역(B)의 기술진보에 의해서 총공급곡선이 $s_1+s_2{'}$로 이동하면 지역(A)의 생산양은 Q_1으로 부터 $Q_1{'}$로 감소되고 생산자잉여는 $AB{'}P{'}$로 감소된다. 그러므로 지역(A)는 지역(B)의 기술변화로부터 손실을 보게 된다. 농산물수요가 비탄력적 임에도 불구하고 총생산량은 $(Q_1{'}+Q_2{'})-(Q_1+Q_2)$만큼 증가하고, 지역(B)의 생산자잉여는 $AB{'}C{'}D{'}$로 증가한다. 이 경우 지역(A)의 생산요소의 공급이 비탄력적이면 손실이 매우 크다. 예를 들면 지역(A)의 지가하락은 임금하락보다 크게 나타난다. 왜냐하면 노동은 지역(B)로 이동할 수 있으나 토지는 이동이 안 되기 때문이다.

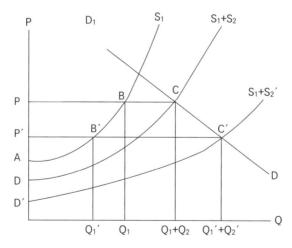

[그림 8-6] 기술변화의 효과에 대한 지역 간 불균형

(3) 임대인과 임차인

기술의 진보, 즉 녹색혁명의 결과가 지주와 소작인 중 누구에게 혜택이 있는가를 알아보고자 한다. Hanumantha Rao(1975)[39]와 Deepak Lal(1976)의 연구에 의하면 녹색혁명으로 인한 지대의 상승이 임금상승보다 빠르다고 했다. 또한 기술변화로 인하여 단위생산당 필요한 투입량은 감소하지만 생산의 확장으로 생산요소의 수요곡선은 우측으로 이동한다.

[그림 8-7]은 기술진보에 의한 요소시장(factor markets)의 변화를 설명함에 있어서 생산요소 간의 대체는 없다고 가정한다. 중립적 기술진보(neutral technical change)는 두 생산요소의 수요량을 동일하게 증대시키는데 토지의 공급비탄력성(inelastic supply) 때문에 지대는 크게 증가한다. 그리고 노동의 이동이 자유로워 노동의 공급이 탄력적이면 임금인상은 적어질 것이다. 즉 생산요소의 가격은 기술변화뿐만 아니라 요소시장의 수요·공급에 의해서도 결정된다.

기술진보가 노동절약적(labor-saving)이면 토지의 수요곡선이 D″Z로 노동의 수요곡선이 D″L로 이동하는 것보다 상대적으로 크게 이동함으로서 임금의 상승은 지대(land rents) 상승보다 낮다. 수요가 비탄력적이고 기술진보가 요소절약적이 아니면 요소의 수요곡선은 원점으로 이동한다(D″Z). 녹색혁명의 효과는 노동자가 지주에 비하여 더욱 많은 혜택을 받는다(Mellor, 1976; Binswanger and Ruttan, 1978).

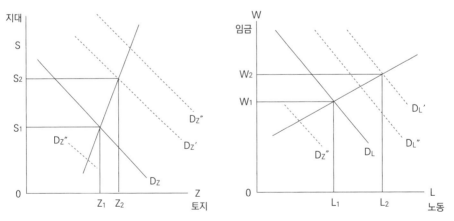

[그림 8-7] 기술변화가 임대인과 임차인에게 미치는 영향

---

39) Hanumantha Rao, C. H., Technological change and Distribution of Gaiss in Indian Agriculture (New Delhi: Macmillan of India, Ltd., 1975).

농업회계

1 회계의 기본 개념

1) 회계와 부기

부기(bookkeeping)란 장부기입의 준말로 회계의 최종목표가 되는 재무제표를 작성하는 과정에서 회계기록의 대상이 되는 거래를 식별하고 분류·요약하는 일련의 기술적인 절차이며, 회계(accounting)란 정보의 이용자가 정보에 입각한 판단이나 의사결정을 할 수 있도록, 경제적 정보를 식별·측정하고 이를 전달하는 과정이라고 볼 수 있다.

2) 농업부기와 농업회계

부기와 회계는 회계라는 학문영역에 속하는데 구분해보자면, 부기는 농업경영에 관한 재무상태와 그 변동에 따른 손익발생의 과정을 기록, 계산, 정리하고 이를 표시하는 계산기법이며, 회계는 부기의 계산 기술과 기록이 되는 대상의 본질과 그 내용에 관한 본질적인 면을 연구하는 것이라 할 수 있다.

3) 회계원칙

회계원칙(accounting principle)은 한나라의 회계이론을 종합적으로 집약하여 체계화한 것으로 기업이 회계행위를 할 때 준수해야 하는 행위의 지침으로 7가지로 요약해 볼 수 있다.

  (1) 원가주의 원칙(cost principle): 시가주의와 반대되는 개념으로 취득당시의 가격에 의하는 것을 말한다.

  (2) 수익의 원칙(revenue principle): 수익의 인식기준은 재화의 소유권이 판매자로부터 구매자에게 법률적 소유권이 이전되는 시기가 판매기준이다.

  (3) 대응의 원칙(matching principle): 일정기간에 실현된 수익과 이 수익을 획득하기 위해 발생한 비용을 결정하여 당기순손익으로 보고하는 것이다.

(4) 객관성의 원칙(objectivity principle): 회계상의 측정이 검증 가능한 증거에 따라 이루어져야 한다.

(5) 계속성의 원칙(consistency principle): 회계의 처리기간이나 방법이 회계기간에 따라 변경되어서는 안 된다는 것이다.

(6) 완전공개의 원칙(full-disclosure principle): 회계실체의 경제적 문제와 관련이 있는 중요한 모든 정보를 재무제표상에 완전히 이해할 수 있도록 보고하여야 한다.

(7) 예외의 원칙(exception principle): 회계원칙은 다양한 사건과 조건에도 적용되기 때문에 경우에 따라서는 예외를 불가피하게 인정할 수밖에 없다. 예외성은 중요성, 보수주의, 산업별 특수성에 따라 예외적으로 적용할 수 있다.

4) 거래의 8요소

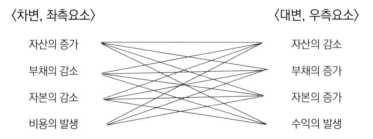

부기상의 거래는 반드시 자산, 부채, 자본의 증가·감소와 수익·비용의 발생이라는 대립관계로 상호 원인이 되고 결과가 되므로 거래의 결합관계 또는 거래의 이중성, 거래의 8요소라 한다.

② 농업경영부기

농업경영자가 소유하고 있는 재산과 자본의 가치상에 있어서의 증감 변화를 일정한 원칙에 입각하여 측정, 기록, 계산, 보고하는 방법이다. 부기정보는 정보이용자에게 경영상의 합리적인 판단이나 경제적 의사결정을 할 수 있도록 유용한 정보를 제공하는 것이라 할 수 있다.

1) 목적

농업부기의 목적은 농업경영체와 이해관계에 있는 자들에게 회계정보를 전달하는 데 있다. 이를 요약하여 보면 다음과 같다.

① 기록에 의해 사실을 기억하는 수단
② 기록의 결과를 이해관계자들에게 증거자료로 제시하고 유지하는 수단
③ 후일의 증거서류 보존으로 분쟁해결의 수단
④ 경영성과의 평가분석과 미래의 경영설계에 필요한 자료를 제공

2) 종류

기록되는 사업대상 또는 부기주체에 따라 농업경영부기, 부문경영부기, 생산비부기 등으로 구분할 수 있다.

① **농업경영부기**: 농가의 경영전반에 관한 기록
② **부문경영부기**: 한 농장 안에 여러 부문이 복합되어 있을 경우 어느 특정 부문에 관해 기록하는 것으로 예를 들어 시설채소, 벼농사, 비육우 경영부기 등이다.
③ **생산비부기**: 어느 경영부문 또는 작목의 생산비를 계산하기 위한 부기이다.

3) 단식부기와 복식부기

① **단식부기(Single Entry Book-keeping)**: 일정한 기장원칙이 없이 타인과의 사이에서 발생하는 일정한 채권과 채무, 금전의 출납, 상품의 매매 등 재산의 증감만을 기록하는 일기장 형식의 간단한 기장법으로 거래가 한 계정에만 기입되는 것을 말한다. 기장이 간편하므로 농업인들이 쉽게 채용할 수 있다.
② **복식부기(Double Entry Book-keeping)**: 재산과 자본의 증감 변동에 관한 거래요소를 대차평균의 원리에 입각하여 기록하는 조직적이고 체계적인 기록방법을 말한다. 즉, 부기주체의 자산, 자본 및 부채의 경제적 가치의 증감 또는 형태 변화를 가져오는 모든 거래는 이로 인해 영향 받는 두 계정(또는 두 계정 이상)에 조직적으로 기입된다.

4) 기장 단계

① **대차대조표**: 자산, 부채 및 자본의 구성구조를 매년 일정시점에서 작성한

것으로 농가의 재무구조와 각종 자산, 부채 및 자본의 상대적 중요성을 파악할 수 있다.

② 손익계산서: 농가의 순 재산을 증가시키는 수익의 발생과 그를 감소시키는 비용의 발생을 기록하고, 이로부터 손익을 계산한 것으로, 이를 통하여 1년 동안의 순수익 또는 순손실의 발생액을 계산할 수 있다.

③ 생산기장: 보조기장으로서 사료기장, 노동기장, 작물수량기장, 축산물 기장 등이 있다.

5) 계산의 특징

① 가치계산: 부기의 기록대상은 가치척도로서의 화폐단위이다. 수량계산은 가치계산의 필요상 보조역할이다. 그러므로 화폐가치로 환산할 수 없는 것은 부기의 대상이 되지 않는다.

② 기간계산: 부기는 재산과 자본의 증감변화를 일정기간을 정하여 계산하며, 부기기간, 회계기간이라고 한다.

③ 계정계산: 부기에서는 재산과 자본의 증감변화를 기록, 계산할 때 계정이라는 특수한 계산형식을 사용한다. 부기계산은 계정형식에 의해서 기록·계산되어야 그 결과를 명확하게 파악할 수 있다. 회계기간에 발생하는 대차대조표 항목 및 손익계산서 항목들의 증감을 기록·계산하기 위한 회계수단을 계정이라 한다.

④ 역사적 기록: 부기는 설립, 경영, 해산에 이르기 가지 계속적인 역사적인 기록이다.

6) 재고자산의 평가방법

① 취득원가에 의한 평가방법: 재고자산을 취득할 때 실제로 투자한 비용으로 평가하는 방법이다.

② 순판매가격에 의한 평가: 자산을 처분했을 때 받을 것으로 기대되는 가격에서 판매비용을 공제한 금액으로 재고자산을 평가하는 방법이다.

③ 수익의 자본화에 의한 평가: 토지 및 증권 등은 장래의 예상수익을 자본화하여 평가할 수 있다.

$$V = \langle R_1 / (1+r_1) + R_2 / (1+r_2)^2 + R_n / (1+r_n)^n \rangle$$

V : 장래수익의 현재가치의 합계 즉, 자본화 가치

R_n : n년도의 예상수익

r_n : n년도의 이자율 또는 할인율

③ 회계의 요소

1) 재무상태와 농업재산

재무상태(Financial condition)란 일정시점 농업경영체의 재정상태, 즉 경제적 상태를 말한다. 농장의 재무상태는 자산·부채·자본으로 구성되고, 이들 요소들의 구성추이에 의하여 농장 재무상태의 건전성 여부를 파악할 수 있다.

사회에서 일반적으로 말하는 재산은 동산, 부동산, 채권 등이며 차입금 등의 부채는 포함되지 않지만 농업회계의 재산은 토지, 건물, 대동물, 대농기구, 소식물, 소동물, 현물, 현금 등 형태가 있는 것, 대부금. 차입금 등 형태 없는 것 즉, 자산과 부채를 합한 것을 말한다.

재무상태 측정과 대차대조표를 요약하여 설명하면 다음과 같다.

    ① 회계의 요소   →   측정   →   보고

    ② 자산·부채·자본 → 재무상태 → 대차대조표

    ③ 수익·비용   →   경영성과 → 손익계산서

2) 자산(assets): 농장이 보유하고 있는 여러 가지 재화와 채권을 말한다.

(1) **유동자산**: 1년 이내 현금화 가능하거나 소비될 것으로 예상되는 자산

   ① **당좌자산**: 현금화하기 쉬운 현금 및 현금등가물(당좌예금 등), 단기금융상품(정기예금, 정기적금), 단기매매증권, 매출채권(외상매출금, 받을 어음 등), 단기대여금, 미수금, 미수수익, 선급금, 선급비용 등

   ② **재고자산**: 판매과정을 거쳐 현금화되는 자산으로 상품, 제품, 반제품, 재공품, 원재료, 저장품 등

(2) **고정자산**: 1년 이후 현금화하거나 소비될 것으로 예상되는 자산

   ① **투자자산**: 투자를 목적으로 취득한 장기금융상품, 매도가능 증권, 만기보유증권, 장기대여금, 장기성 매출채권, 투자부동산, 보증금 등

② 유형자산: 형태가 보이는 토지, 건물, 비품, 구축물, 대농기구, 기계장치, 선박, 차량운반구, 건설 중인 자산, 성숙·생물자산(가축·식물) 등

③ 무형자산: 재화의 생산이나 용역의 제공, 임대 또는 관리의 목적으로 농장이 보유하고 있으며, 물리적 형체가 없지만 식별 가능하고, 농장이 통제하고 있으며, 미래에 경제적 효력이 있는 자산으로 브랜드명, 특허권, 영업권, 산업재산권, 광업권, 어업권, 개발비 등

3) **부채(liability):** 경영자가 타인에게 반환해야 할 채무 즉, 경제적 의무를 말한다.

① 유동부채: 사업연도 종료일(대차대조표작성 기준일)로 부터 1년 이내에 상환기일 도래한 부채
  - 매입채무(외상매입금, 지급어음 등), 단기차입금, 미지급금, 선수금, 예수금, 상품권선수금, 미지급비용, 선수수익 등

② 고정부채: 사채, 장기차입금, 장기성매입채무 등 지급기한이 1년 이상인 부채

③ 농협차입

④ 정부지원
  - 상환의무 있으면 부채
  - 상환의무 없으면 정부보조금을 구입가격에서 차감한 금액을 해당자산의 가격으로 장부에 기장

4) **자본(capital):** 농업경영자가 자신이 투자한 출자금으로서 소유주지분을 말한다. 그리고 자본은 법정자본금과 자본거래에서 발생한 자본잉여금, 영업거래에서 발생한 이익잉여금으로 분류한다.

① 자산 – 부채 = 순재산 = 자본 = 자기자본 = 순자산
  - 자산에 대한 소유권이 채권자이면 부채, 출자자에게 있으면 자본
  - 법인을 그만 둘 경우에 출자자나 주주들에게 돌아가는 몫을 말함.

② 자본등식: 자본 = 자산 – 부채

5) **자산과 자본(광의)의 관계**

① 자산: 농업경영체 소유자본의 구체적 형태

② 자본: 경영자본의 조달원천
  예) 김씨가 1억 원을 가지고 목장을 경영

③ 조달원천면(자본): 본인소유 쌀 500가마를 팔아서 6천만 원을 마련하고 축협에서 4천만 원을 차입하여 1억 원을 조달

④ 운용형태측면(자산): 1억 원의 경영자본이 현금 1천만 원, 사료 1천만 원, 대농기구 5백만 원, 대동물 3천만 원, 축사 2천만 원, 토지 2천 5백만 원으로 운용되고 있음.

〈표 9-1〉 경영자본(1억 원)의 조달과 운용

운용형태(자산: 차변)		조달원천(자본: 대변)	
현　　　금	10,000,000	부　　　채	40,000,000
사　　　료	10,000,000		
대 농 기 구	5,000,000	자 기 자 본	60,000,000
대 동 물	30,000,000		
축　　　사	20,000,000		
토　　　지	25,000,000		
합　　　계	100,000,000	합　　　계	100,000,000
구체적 존재 형태 (자산 총계)		지분(출자자, 채권자) (자본 총계)	

* 지분: 출자자 또는 채권자의 자산에 대한 청구권임.

4 대차대조표(Balance Sheet, B/S)

1) 대차대조표란?

① 일정시점에 있어서 농업경영체의 재무상태에 대한 회계정보를 나타내는 보고서로서 재무상태표라고도 한다. 즉, 경영자본이 어떻게 조달되고 운용되는가를 나타내는 것이다.

② 대차대조표 등식: 총자산 = 총자본

　　　　　　　　 총자산 = 타인자본 + 자기자본

　　　　　　　　 자산(차변) = 부채 + 자본(대변)

③ 거래: 대차대조표를 구성하는 자산·부채 및 자본의 증감 변화를 가져오는 모든 제 현상을 거래라 한다.

④ 계정에서의 대차 기입법: 어떤 거래를 분석하면 두 가지 이상의 요소로 대립 분석되는 것을 거래의 이중성이라 하고, 어떤 계정의 차변에 기입되는 금액과 다른 계정의 대변에 기입되는 계정은 반드시 일치되는 것을 대차평균의 원리라 한다.

2) 대차대조표의 종류

대차대조표의 종류에는 계정식과 보고식이 있다. 일반적으로 계정식 대차대조표를 많이 사용한다. 보고식 대차대조표는 자산, 부채, 자본의 순으로 기입 즉, 순재산을 명확하게 함과 아울러 이해하기 편리하다.

(1) 계정식 대차대조표 예)

● 자산 = 부채 + 자본을 기본으로 하여 차변의 자산합계액과 대변의 부채 및 자본의 합계액을 각각 좌우로 대립시켜 표시한 대차대조표이다.

〈표 9-2〉 계정식 대차대조표 예) 2021년 12월 31일 현재

은하수농원

단위: 원

자산	금액	부채 및 자본	금액
축　　　사	80,000,000	차　입　금	80,000,000
대　동　물	30,000,000	자　본　금	120,000,000
대 농 기 구	40,000,000		
(고 정 자 산)	(150,000,000)		
사　　　료	30,000,000		
현　　　금	20,000,000		
(유 동 자 산)	(50,000,000)		
자 산 합 계	200,000,000	부채와 자본 합계	200,000,000

(2) 보고식 대차대조표

● 자산 – 부채 = 자본(자본방정식)을 기본으로 좌측에 과목 란을, 우측에 금액란을 놓고 자산, 부채, 자본의 순으로 기입하는 것으로 순재산을 명확하게 하고 이해하기 편리하다.

〈표 9-3〉 보고식 대차대조표 예) 2021년 12월 31일 현재

은하수농원

단위: 원

계정과목	금액	
1) 자산		
• 고정자산		150,000,000
– 축 사	80,000,000	
– 대 동 물	30,000,000	
– 대농기구	40,000,000	
• 유동자산		30,000,000
– 사 료	30,000,000	
• 유통자산		20,000,000
– 현 금	20,000,000	
자산 합계		200,000,000
2) 부채		80,000,000
• 고정부채	80,000,000	
– 차 입 금		
부채 합계		80,000,000
3) 자본		
• 자 본 금		120,000,000
• 당기순이익		0
자본 합계		120,000,000
부채와 자본 합계		200,000,000

5 손익계산서(Profit and Loss Statement, Income Statement, P/L)

1) 손익계산서란?

손익계산서는 일정기간 경영성과에 대한 정보를 제공하는 재무보고로서 회계기간의 경영성과뿐만 아니라 농장의 미래 현금의 흐름과 수익 창출능력 등의 예측에 유용한 정보를 제공한다. 다시 말해서 일정기간 동안 당기순이익을 표시하는 결산보고서이며 자산변동의 원인정보를 제공한다.

회계연도말 대차대조표를 작성하면 그 회계기간의 순손익은 다음의 등식으로 파악할 수도 있다.

- 기말자산 – 기말부채 = 기말자기자본
- 기말자기자본 – 기초자기자본 = 순이익

그러나 대차대조표에 의한 순이익과 순손실은 내용과 유래된 원인 및 결과를 설명하지 못하므로 농업경영체의 경영내용진단과 성과를 분석할 수 없으므로 장래의 경영방침 수립이 곤란하다. 이의 결함을 보완하기 위하여 손익계산서 작성이 필요하다.

2) 수익

수익은 일정기간 농장의 주된 영농활동인 재화의 판매나 용역제공 등의 대가로 발생한 경제적 이익의 증가분이다. 수익은 자산의 증가나 부채의 감소를 수반하게 되고, 궁극적으로는 자본을 증가시킨다.

① **농업수익**: 농산물판매, 이월농산물, 부산물 수익, 고정자산처분익(과일나무, 번식우), 임대료, 노임 등

② **농업 외 수익**: 이자수익, 보조 장려금, 임대료, 배당금(농협출자배당금 등) 수익, 공제차익, 보험차익, 단기매매증권처분이익, 단기매매 증권평가이익, 투자자산처분이익, 유형자산처분이익, 잡이익 등

③ **특별이익**: 정부보조금, 재해보상금, 자산순증이익, 채무면제이익, 보험차익 등

3) 비용

비용은 수익을 얻기 위하여 소비된 재화나 용역으로 소멸된 원가로 경제적 효익의 유출이라고 할 수 있다. 소멸된 원가가 당기의 영농활동과 관련되어 수익에 공헌하지 못한 손실과 구분된다. 비용은 현금 지출 유·무와 관계없이 발생주의 원칙에 따라 비용으로 인식된다. 농업에서 농산물원가를 계산하는 경우에는 비용 중 농산물생산관련비용을 구분하여 회계처리 한다. 비용은 자산의 감소 또는 부채의 증가를 수반하여 자본의 감소를 가져온다. 수익·비용과 수입·지출은 현금의 유입과 지출을 의미하나, 수익과 비용은 반드시 현금의 유입과 유출을 당장 수반하는 것은 아니기 때문에 반드시 일치하지 않는다. 비용은 크게 생산원가, 판매 및 관리비, 농업외비용, 특별손실로 구분된다.

〈표 9-4〉 손익계산서 예) 2021년 1월 1일~12월 31일

은하수 농원

단위: 천 원

계정과목	금액	
1. 농업수익	43,000	53,000
• 농작물 판매수익	9,000	
• 이월농산물 판매수익	1,000	
• 부산물 판매수익		
2. 매출원가		25,000
• 기초 농산물 재고	8,000	
• 생산원가		22,000
− 종묘비	1,000	
− 비료·농약비	1,000	
− 농구·연료비·수리비	5,000	
− 노임(가족, 고용)	10,000	
− 감가상각비 등	5,000	
• 기말농산물 재고	5,000	
매출총이익		28,000
3. 판매관리비		
• 판매비	2,000	
• 일반관리비	1,000	
• 영업이익		25,000
4. 영업외수익		7,000
• 수입이자	4,000	
• 배당금	1,000	
• 보조금	2,000	
• 당기총이익		32,000
5. 영업외비용		1,000
• 지급이자	1,000	
6. 당기순이익		31,000

생산원가는 농산물 생산과정에 투입된 모든 제반비용을 의미하며, 가공을 포함하는 경우 매출원가 또는 제조원가로 표현한다. 가족농업의 경우 자기소유의 토지·노동·자본의 기회비용이 생산원가 산출시 포함되어 농업생산비로 처리하나 법인인 경우에는 비용에 포함되지 않는다. 판매비와 관리비는 생산물의 판매활동과 농장의 관리 및 유지 활동에 발생하는 비용으로서 생산원가에 속하지 않는 모든 영업비용을 포함한다.

① 생산원가: 종묘비, 농자재비, 노력비, 감가상각비, 조세공과금, 임차료 등

② 판매비와 관리비: 급여, 퇴직급여, 복리후생비, 여비교통비, 통신비, 수도광열 비, 세금과 공과, 임차료, 감가상각비, 수선비, 보험료, 접대비, 광고선전비, 보관료, 견본비, 포장비, 연구비, 운반비, 판매수수료, 대손상각비, 접대비, 창업비, 잡비 등

③ 영업외비용: 이자비용, 단기매매증권처분손실, 단기매매증권평가손실, 재고자산평가손실, 유형자산처분손실, 잡손실 등

④ 특별손실: 재해손실 등

⑤ 법인세 비용: 법인세 등

4) 대차대조표와 손익계산서의 상호관계

대차대조표는 순손익을 총괄적으로 표시하는데 비해, 손익계산서는 순손익의 내용을 구체적으로 표시하며, 대차대조표와 손익계산서의 당기 순손익은 동일한 금액으로 일치함으로써 "자기검증의 기능"이 수행된다.

손익계산서는 회계기간의 경영성과를 명백히 하기 위하여 발생한 총수익과 총비용의 변화를 파악하여 순손익을 계산하고 순손익의 발생유래를 표시하는 회계보고서이다.

① 손익계산서 등식

총비용 + 순이익 = 총수익

총비용 = 총수익 + 순손실

② 대차대조표와 손익계산서의 관계

기말자본 = 기말자산 − 기말부채

기말자본 − 기초자본 = 당기순이익

기말자산 = 기말자본 + 기말부채

기말자산 = 기말부채 + 기초자본 + 당기순이익

대차대조표 분석

1) 대차대조표 분석의 목적과 방법

(1) 목적

대차대조표를 구성하는 자산, 부채, 자본의 각종 수치를 상호 비교하여 농업경영의 재정상태를 파악한다. 안정성분석으로서 경영재무의 건전성과 지불능력을 판단하게 된다.

① 자금지불능력 판단: 총자산이 총부채 보다 큰지 여부 측정

② 유동성 판단: 현금조달능력 측정, 즉 생산 활동에 지장 없이 현금채무 이행 가능 여부

③ 자기자본의 순가치 크기: 모든 부채를 갚고 현재 보유자산을 판매하여 현금 청산 후 농업경영자에게 남는 화폐 가치액

(2) 분석방법

비율분석법이 많이 사용되는데 이는 구성비율법, 관계비율법, 추세법, 표준비율법 그리고 지수법으로 구분되나 주로 구성비율법과 관계비율법이 가장 많이 이용되고 있다.

① 구성비율법

대차대조표의 차변인 자산합계와 대변인 부채와 자본합계를 각각 100%로 하여 각 항목의 구성비율을 대차대조표의 형식으로 표시하고, 항목별 구성비의 차이에 의하여 문제 항목을 발견하며, 전기와 당기의 손익계산서까지 작성하면 대차대조표의 자산, 부채 및 자본의 구성비와 비교하여 손익의 움직임을 쉽게 파악할 수 있다.

② 관계비율법

대차과목을 상대적 관계비율로 계측하여 비교함으로써 자산, 부채 및 자본의 균형 정도를 파악할 수 있다. 관계비율법은 유동비율, 당좌비율, 고정비율, 부채비율 등이 있다.

관계비율분석의 결과가 일종의 표준 측정치이기 때문에 여러 회계연도 간 시계열적 재무상태를 비교하기에 편리하고, 경영규모가 각기 다른 농가들 간의 비교 또한 가능하다는 장점이 있다. 경영규모가 큰 농가와 작은 농가 간의 대차대조표상에 표시된 화폐액은 상당한 차이가 있어 단수비교가 불가능하지만, 이를 비율로 환산하면

각각의 상대적 재무상태를 비교할 수 있다. 그리고 비율은 화폐액보다도 경영목표나 표준치를 설정하는데 유리한 점이 있다. 즉, 표준치나 목표치를 비율로 설정하여 실제 실적비율과 비교하면, 목표달성 정도에 대한 편차를 쉽게 계산할 수 있어 경영통제가 용이하다.

2) 대차대조표 분석지표

(1) 자산·부채·자본의 구성비: 구성비율 분석법

재무관리 측면에서 건전하다고 보는 경우는, 고정자산〈유동자산, 유동부채〈고정부채, 타인자본〈자기자본 일 경우이다. 구성비분석에 이용될 수 있는 지표는 다음과 같다.

① 유동자산 구성비(%): 〈유동자산 / 자산총액〉·100
- 유동자산: 당좌자산과 재고자산으로 단기간 내에 현금화가능성이 있는 항목으로 이 비율이 높으면 재무상태가 건전하다고 본다. 재고농산물, 비육가축, 금융자산의 보유정도에 의해 경영의 단기적 유동성 파악에 유용한 지표이다. 경영의 장기적 유동성을 파악하기 위하여 자기자본에 대한 총부채의 구성비(총부채/자기자본)를 보기도 한다.

② 고정자산 구성비(%) = 100 - 유동자산구성비
유동자산구성비와는 반대로 고정자산구성비를 살펴볼 필요가 있다. 기업경영의 경우 대규모화로 인한 시설·기계 등의 투자액의 증대 정도를 측정해 볼 수 있는 지표로 사용할 수 있다.

③ 유동부채 구성비(%): 〈유동부채 / 자본총액〉·100
- 총자본: 부채(타인자본)와 자기자본으로 구성
- 부채는 유동부채와 고정부채로 구성
- 농업용 생산자재(사료비, 비료비, 물재비 등)에 대한 외상매입금은 단기간 상환해야 하므로 이들 유동부채 구성비가 높으면 경영은 불안전하다고 볼 수 있다.
- 고정부채구성비: 〈고정부채 / 자본총액〉·100
- 자본총액에 대한 채무상태를 파악

④ 자기자본구성비(%): 〈자기자본 / 자본총액〉·100
- 유동부채구성비와 고정부채구성비 지표는 실제로 자기자본의 크기에 의

해 좌우되므로 이로서 지불능력을 평가할 수는 없다. 기업적 경영은 막대한 차입금을 안고 있는 경우가 많고, 이 가운데에는 자본금을 상회하는 결손금(자본의 감소액)이 존재하기도 한다. 이 경우 자기자본이 삭감되고 차입금에 대한 지불이자가 증가하여 경영의 수익성에 막대한 지장을 초래하기도 한다.

- 부채(타인자본)가 자기자본을 넘지 않는 것이 바람직하므로 자기자본구성비가 50% 이상이 바람직하다.

(2) 자산과 자본의 관계비율분석법: 자산과 자본의 균형상태 파악

① 유동비율(%): 〈유동자산 / 유동부채〉·100
- 경영의 지불능력 즉, 유동성 판정지표로서 농업은 재고자산의 회전이 비교적 높아 150% 이상이면 일반적으로 바람직하다고 봄.

② 당좌비율(%): 〈당좌자산 / 유동부채〉·100
- 유동자산 중에서 현금화에 시간이 소요되는 재고자산을 제외한 직접 지불가능한 자산인 현금과 예금 등에 의한 지불능력을 판정하는 지표로서 일반적으로 농업은 50% 이상이면 바람직하다고 봄.

③ 고정비율(%): 〈자기자본 / 고정자산〉·100
- 유동비율과 고정비율이 지불능력을 판정하는 지표인데 반하여 고정비율은 현재의 고정자산이 얼마나 자기자본으로 조달되었는가를 판정한다.
- 자본의 고정화 판단지표로 100%이면 고정자산 전액이 자기자본에 의해 공급되어 있음을 나타낸다.

④ 단위 규모당 고정자본 및 부채
- 농업경영의 기본수단인 토지 및 가축규모와 대차대조표의 수치와 관련된 분석지표를 설정할 수 있다. 경종농업의 경우 시설 및 농기계에 대한 고정자본 투자액이 적정수준인가를 검토하는 지표로서 단위 경지면적당 고정자본을 측정한다.
  - 단위 경지면적당 고정자본 = 총고정자본 / 총경지면적
- 축산경영의 경우 대개 차입금이 증대되어 부채가 많은 것이 특징이다. 따라서 비육 중에 있는 가축 단위당 부채를 계산함으로써 부채의 과다 여부를 분석한다.
  - 비육가축 1두당 부채 = 총부채 / 비육가축사육두수

지금까지 논의한 지표들은 기업적 경영의 분석에는 적합하지만 일부 지표들은 가족경영분석에는 적합하지 않은 지표도 있다. 가족경영의 자산구성은 토지와 생산설비 등 주로 고정자산의 비중이 높고, 이에 비해 유동자산의 비중이 상대적으로 낮은 것이 특징이다. 따라서 이들 고정자산에 대한 평가와 그 이용효율을 객관적으로 계측하기 위한 분석이 필요하다. 이를 위해 대차대조표 자료만으로 부족하고 물적·기술적 자료가 필요하게 된다.

7 손익계산서 분석

1) 손익계산서 분석방법

손익계산서는 일정기간의 비용과 수익을 계측한 경영성과 일람표이다. 손익계산서분석은 경영성과를 대상으로 한다는 점에서 수익성분석이며, 일정기간의 경영활동결과를 분석한다는 점에서 동태분석의 성격을 갖는다. 손익계산서를 이용한 일반적인 분석방법은 대차대조표 분석방법에서 설명한 구성비율법 및 관계비율법과 같다. 다만 분석의 대상이 손익계산서 자체에 그치지 않고 손익계산서와 대차대조표 항목간의 비율을 계측하여 분석하는 점이 약간 다르다.

특히 손익계산서의 수익과 대차대조표의 자산과 자본의 비율에서 자본의 회전속도를 검토하는 방법, 즉 회전율분석을 사용한다. 그리고 손익계산서 분석에 유용한 방법으로 손익분기점 분석이 있다.

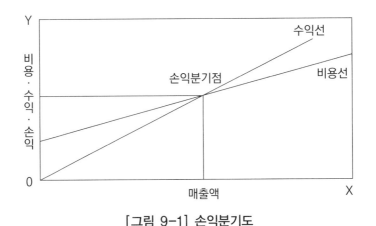

[그림 9-1] 손익분기도

손익분기점 분석을 위하여 먼저 손익계산서의 비용항목을 고정비와 변동비로 구분하고 고정비 f, 변동비 v, 매출액 s, 손익분기점 매출액은 미지수로 x라고 하면

① 비용선식: $y = f + (v/s)x$

② 손익분기 매출액 식: $y = x$

③ 손익분기점: $x = f + (v/s)x$, $x(1-v/s) = f$

④ 따라서 손익분기 매출액$(x) = f/(1-v/s)$으로 손익분기점 계산공식이다.

손익분기점 계산 공식 응용은 다음과 같다.

① 일정한 매출액을 올렸을 경우 예상이익 산출: $x = s(1-v/s) - f$

② 일정한 손익(g)을 올리는데 필요한 매출액(x) 산출공식

$x = (f+g) / (1-v/s)$

③ 판매가격이 r율(예를 들어 10%)만큼 변했을 경우 손익분기점 x 산출공식

$x = f / 《1 - v / 〈s(1\pm r)〉》$

④ 변동비율이 r 율만큼 변했을 경우의 손익분기점 x 산출공식

$x = f / 《1 - (v / s)(1 \pm r)》$

⑤ 고정비가 a 금액만큼 증감했을 경우의 손익분기점 x를 산출하는 공식

$x = (f \pm a) / (1-v/s)$

2) 가족경영과 기업적 경영의 손익계산서 구조

(1) 가족경영의 손익계산서 구조

● 수익 - 경영비 = 소득(자기소유 토지, 노동, 자본의 평가액, 이윤)

(2) 기업적 경영의 손익계산서

① 수익: 매출액, 영업외수익, 특별이익으로 구분

② 비용: 생산원가(재료비, 노동비, 경비), 판매비 및 일반관리비, 영업외비용, 특별손실, 그리고 당기순이익으로 구분 표시

③ 당기순이익: 매출총이익(총매출액-생산원가) - 판매 및 일반관리비
= 영업이익 + 영업외이익 - 영업외비용
= 경상이익 + 특별이익 - 특별손실 = 당기순이익

기업적 경영				
조수입				
생산비				기업적 이윤
경 영 비	자기자본이자	가족노동비		농기업 이윤
	자작지 지대	경영주 이외	경영주	
			경영자노동보수	
		가족노동보수		
	소득			
조수입				
가족경영				

[그림 9-2] 가족경영과 기업적경영의 회계처리방식

3) 손익계산서 분석지표

(1) **가족경영의 손익계산서 분석지표**: 중요지표는 소득과 가족노동 보수임.

① **소득률(%)**: 〈소득 / 총수익〉·100
  - 소득률이 높을수록 좋음: 적정수준은 없고 농가 간 비교 즉 상대적 평가

② **1인당 가족노동보수(%)**: 경영자노동보수 구분계산도 의미 있음.
  〈가족노동보수 / 농업종사자수〉·100
  - 지역의 평균적 임금수준과 비교

③ **단위경지면적당(사육 두수당) 소득**: 〈소득 / 총경지이용 면적〉·100
  - 사육두수당 소득 = 소득 / 총사육두수

④ **자본회전률**: 투하자본에 대한 총매출액의 비율. 투하자본이 1년간 몇 회 이용되었는가를 나타내는 것으로 자본의 회전속도 즉 자본의 이용효율을 나타냄. 자본회전율은 매출액의 증가와 총자본의 절약이 이 비율의 크기를 결정한다.
  - 총자본회전률(회) = 총매출액 / 총자본
  - 자기자본회전률(회) = 총매출액 / 자기자본
  - 자본회전율은 높은 것이 바람직하나 작목 혹은 축종에 따라 생육기간과 비육기간 등이 다르므로 생산기간이 긴 것은 회전율이 낮고, 생산기간이 짧은 것은 회전율이 높게 나타나는 경향이 있으므로 지표의 해석에 유의해야 한다.

⑤ 노동생산성 = 소득 / 노동투입량

　자본생산성 = 소득 / 총자본액

　토지생산성 = 소득 / 총경지면적 등

(2) 기업적경영의 손익계산서 분석지표

기업적경영의 손익계산서 분석은 재산관리와 자금관리부문 즉, 자본운영의 효율성을 측정할 수 있는 것으로 분석지표를 설정한다. 자본이용은 자산의 회전기간을 단축하여 자본회전율을 높이면 효율성은 제고된다. 분석지표의 주요내용은 자본의 회전을 계측할 수 있는 지표를 설정한다.

① **자본이익률**: 수익성의 평가에 가장 좋은 지표이다. 이는 총자본 및 자기자본의 투하가 순이익의 생성에 얼마나 공헌하는가를 파악하는 것으로 비율이 높으면 높을수록 좋다.

● **총자본이익률(%)**: 〈당기순이익 / 총자본〉·100

● **자기자본이익률(%)**: 〈당기순이익 / 자기자본〉·100

● 순이익을 투하자본에 대한 회수액이라고 본다면, 자본이익률의 계측치는 최소한 시중금리 또는 농협적금금리 등의 일반이자율을 상회해야 자본이용의 효율성이 있다고 판단할 수 있다.

② **매출액이익률과 자본회전률**: 자본이익률의 높고 낮음의 원인은 매출액의 크기에 달려있다. 자본이익률에는 매출액이 이익결정에 미치는 영향(매출액이익률)과 매출액이 자본이용효율에 미치는 영향(자본회전율)이 모두 포함되어 있는 것이다.

● 자본이익률 = (이익 / 자본) = (이익 / 매출액)·(매출액 / 자본)

　　　　　= 매출액이익률·자본회전율

자본이익률은 매출액에 의존하는데, 문제는 어떤 이익 즉 매출총이익, 영업이익, 당기순이익 중 어느 것을 기준으로 매출액이익률을 구할 것인가이다. 작물과 축종의 성격에 맞게 선택한다.

③ **생산원가구성비(%)**: 총매출액 중에서 차지하는 생산원가(혹은 판매 및 일반관리비를 포함 할 경우에는 판매원가)의 비중은 어느 정도인가를 판단하는 지표이다. 경영성적은 비용은 적게 소요되고 매출액이 많은 것이 효율적이라고 할 수 있다. 즉 이 수치가 낮으면 경영성적이 높다고 할 수 있다.

● 〈생산원가 / 매출액〉·100

어떤 지표가 적절한가는 분석자의 분석 목적에 부합하도록 설정한다. 기업적 경영에서는 특히 손익분기점 분석을 이용하여 판매가격의 결정, 생산원가의 예측, 고정비와 변동비의 관리, 이익률의 측정 그리고 자본적 지출의 결정 등을 파악함으로써 합리적인 경영관리를 수행할 수 있다.

8 기업회계 도입의 필요성

1) 회계학적 생산비와 경제학적 생산비

(1) 회계학적 생산비

- 기업생산제품 원가 종류: 직접원가, 제조원가, 총원가
- 직접원가(Direct cost) = 제1원가(First cost)
  제품을 만드는데 직접 투입된 생산요소에 대한 비용으로 직접재료비, 직접노력비, 직접경비(전기료, 수도료, 가스료 등)로 구성됨.
- 제조원가 = 공장원가(Factory cost) = 생산원가(Production cost)
  = 제2원가 = 직접원가 + 제조간접비(공통비용, 보조재료비, 공구비, 잡급직 봉급 등)
- 총원가 = 판매원가 = 회계학적 생산비
  = 제조원가 + 판매비 + 관리간접비(사무직봉급 등)
- 판매손익 = 총원가 − 판매가격

(2) 경제학적 생산비

- 제조업의 총원가에는 자기자본이자, 자기토지자본이자, 기업가보수, 조세공과금이 제외됨으로 농업부문의 경영비에 해당된다.
- 경제학적 생산비: 총원가(판매원가) + 자기자본이자 + 자기토지자본이자 + 기업가보수(자가노력비) + 조세공과금 + 정상이윤

2) 농업부문 기업회계 도입의 필요성

(1) 생산자조직의 대형화 및 법인화

호당경지면적 증대에 의한 규모화와 영농조합 및 농업회사법인(정부의 국고보조 및 융자지원) 등은 중소기업 수준의 투자를 하고 있으므로 전문경영인으로서 합리적

의사결정이 필수적이다.

(2) 농산물판매시장의 다변화

농산물은 도매시장 출하 중심에서 '90년도 대형할인 매장의 활성화, 인터넷판매 등 판매채널의 다양화뿐만 아니라 생산자의 직거래 선호로 대농 및 법인의 직매장개설, 인터넷판매, 대형유통점 납품이 활발하였다. 이에 따라 납품계약은 일정 기간 고정계약이므로 생산단가의 정확한 산출이 필요하다. 또한 대형유통점과 계약 재배 시 경영성과의 정확한 분석이 요구된다.

(3) 농업인의 사업자등록증 발급증대와 세무의무 이행

작물생산업은 지방세법상 농업소득세 납부의무는 있으나, 사업자 등록의무는 없지만 대형할인매장, 식자재회사 및 우체국 판매의 경우 대부분 사업자등록을 하고 있다. 한국산업표준분류의 농업은 작물생산업과 축산업으로 2001년부터 지방세법 상 농업소득세 납세의무가 있으며, 축산업(부업수준 제외)은 국세인 소득세 납세의무가 있다. 농업소득세와 소득세의 경우 장부기장에 의한 소득금액을 신고하고 기업양돈은 대부분 사업자등록을 하고 복식부기에 의하여 장부기장을 하고 있다. 즉, 농업소득세 및 소득세의 경우 기업회계 기준을 준용하여 손익계산서 및 소득금액을 산정한 후 세무의무를 이행해야 하므로 복식부기에 의한 장부기장 도입이 필수적이다.

3) 농업회계와 기업회계

농장부기는 대부분 기업회계기준을 준용하나 대차대조표의 배열방식, 손익계산서의 작성방법, 계정과목, 생산비 산정방법이 기업회계와 불일치하므로 일반인은 이해하기 어렵다. 그러므로 생산비 산정방법의 통일이 요구된다.

기업회계기준은 개별 경영체의 소득산정 관점에서 장부기장이 이루어지므로 기업회계 거래는 개별 경영체 재산의 변동을 가져오며 그 금액을 화폐단위로 측정한 경우에만 거래로 인식하고 장부에 기장하므로 자산의 변동이 있어도 화폐단위로 측정할 수 없는 것은 거래로 보지 않는다.

농업회계에서는 자가노력비, 고정자본이자, 유동자본이자, 토지자본이자를 산정하여 생산비에 포함하나 기업회계에서는 거래가 아니므로 생산비범주에 포함하지 않는다. 즉, 생산원가 산정 시 기회비용 산정이 정확하나, 개별 경영체의 소득을 구성하는 부문으로서 비용으로 인정하지 않는다. 현재 농업부기의 생산비는 정부의 농산물가격보상 및 농산물수매가격을 결정하기 위한 생산비결정방식이다.

기업회계기준 농산물보상기준을 산정하면, 생산원가(기회비용 불포함) + 제품단위당 판매비 + 일반관리비 + 금융비용 + 기업의 적정마진(소득) = 공장도 가격(생산자판매가격)이며, 적정마진 산정 시 자기소유의 토지·노동·자본의 기회비용을 포함한다.

재고자산 증감의 반영은 당기에 지출된 생산비 중 당기 재고자산을 증대 혹은 고정자산으로 대체된 금액은 당기의 매출원가에서 차감하여 산정한다.

농업부기의 조수익과 기업의 매출액의 차이점은 미판매재고와 자가소비분이라 할 수 있다. 미판매재고자산을 시가로 포함하는 것은 판매 추가비용이 적고, 가격이 안정적(쌀 등)일 경우 기업회계기준에서 인정 가능할 것이나 대부분의 농산물은 가격 변동이 심하고, 예상판매가격의 예측이 어려우므로 조수익 개념 대신에 당해 연도에 실현된 실현이익에 대하여서만 매출로 인식하여야 할 것이다.

당기 지출된 생산비 중 고정자산으로 대체된 금액(양돈: 모돈의 증가, 낙농: 경산우 대체 등)과 재고 증가에 대한 원가대체를 정확하게 하기 위해서는 표준원가계산 도입이 필수적이다. 생산기술 및 시장가격 등을 반영한 생산단계별 표준원가를 산정하여 고정자산 및 재고증감에 따른 금액을 산정하여야 개별 경영체의 비교가능성과 함께 경영성과의 정확한 분석이 가능할 것이다.

제10장 농업경영분석

1 농업경영성과 분석의 목적

　농업경영의 목적이 농업순수익 또는 소득의 최대화에 있으므로 좋은 경영성과를 얻기 위해서는 우선 농업경영의 실태를 정확하게 파악하는 것이 중요하다. 경영성과 분석이란 먼저 경영요소의 경영성과를 계산하고, 이를 경영목표와 비교·평가 분석하여 농업경영의 실태를 파악하는 분석방법이다. 경영성과 분석을 통해 얻어진 자료를 바탕으로 경영실태를 파악하고 비교대상 우수농업경영체의 경영실적과 동일한 시점에서 비교하거나 과거의 경영실적과 비교함으로써 경영상의 문제점을 찾아 개선할 수 있다. 경영분석은 경영목표와 경영성과를 점검하여 경영개선책을 모색하는 것, 즉 다음 회계연도의 경영지침을 세우고 경영계획을 확립하는데 기초가 되는 수치를 제공한다.

2 경영분석의 영역

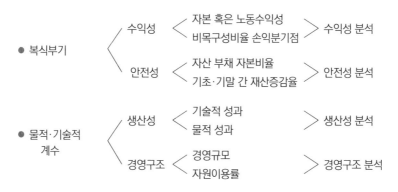

[그림 10-1] 경영분석의 대상영역

　농업경영분석에 사용되고 있는 자료는 부기와 재무제표상의 계수 이외에 경영규모 및 생산에 관한 물적·기술적 계수로서 경지면적, 노동일수, 단위종사자수, 작부면적 및 단위당 생산량, 사육두수, 사육단위, 두당 증체량 및 생산자재투입량 등이다. 경영분석은 재무분석의 의미로서 손익계산서로 부터는 수익성 분석 자료를 대차대조표로부터 안전성 분석 자료를 얻을 수 있다.

③ 경영분석의 방법

경영분석의 방법은 분석의 기준과 분석기법으로 구분해 볼 수 있다. 분석의 기준은 경영성과를 비교하는 대상을 무엇으로 하는가에 따라 방법이 달라지고, 분석기법은 정량적 분석기법을 사용하였는가 또는 정성적 분석기법을 사용하였는가에 따라 방법이 구분된다.

1) 비교대상 기준의 차이에 따른 분석방법의 구분

경영성과 분석의 절대적인 평가기준은 이른바 자기비교분석 지표를 산출하는 것이다. 그러나 경영진단을 좀 더 객관적으로 그리고 상대적으로 평가하기 위해서는 농가간의 비교분석할 필요가 있다.

① **직접비교법**: 경영규모와 경영형태가 유사한 지역 내의 여러 농가들의 평균치들을 비교 기준치로 정하고, 이를 자기 경영의 분석지표와 비교하는 방법이다.

② **표준비교법**: 가장 이상적이고 표준적인 경영모형이라고 할 수 있는 특정 농가의 경영지표를 비교 기준치로 설정하고, 이를 해당 농가의 경영지표와 비교하는 방법이다.

③ **시계열비교법**: 과거의 자기 경영성과를 연차적으로 비교함으로써 자신의 경영성과에 대한 동향을 평가하고 경영이 성장형인가 혹은 쇠퇴형인가를 판단하는 방법이다.

2) 분석기법의 차이에 의한 분석방법의 구분

농업경영분석에 사용된 분석기법은 정량적이고 계량적인 분석방법이 주종을 이루고 있다. 이는 주로 경제학이론, 계량경제학 또는 통계학 그리고 OR(operation research)이론 등의 기법들을 경영분석에 이용하는 방법이다.

4 농산물 생산비 계산

1) 농산물생산비의 개념

농산물생산비란 정상적 영농활동에서 일정량의 농산물(1단위)을 생산하기 위해 소요되었거나 농가가 부담한 경제 가치를 화폐액으로 표시한 것으로서 농산물 한 단위의 공급가격(공산품 판매가격)이라고 할 수 있다. 그러므로 정상적 영농활동이 아닌 취미농업은 생산비를 계산할 필요성이 없으며, 화재·지진·풍수해·도난 등 우발적인 사고로 인한 손실 등은 생산비에 계상 하지 않는다.

생산비는 작물별·단위당으로 계산하므로 해당 농산물과 관련하여 소요되었거나 농가가 부담한 것을 포함하므로 정치적·종교적 기부금 등은 계상하지 않으나 조세공과금은 포함한다. 기업농이 아닌 가족농(소농경영)의 경우 생산 활동에 투입되었으나 지급되지 않은 자가노동, 자기토지, 자기자본 등은 기회비용으로 계상하여 포함하여야 할 것이다. 그리고 효용가치만이 아닌 교환가치와 경제가치가 있는 것은 생산비에 계상하여야 한다. 즉, 공기 등은 포함 안 되나 자녀가 사준 농기계와 자급물은 계상하여야 한다.

2) 생산비 구성내용

생산비의 내용을 분류해보면 토지용역비, 노동비, 자본용역비, 물재비로 구분해 볼 수 있다.

(1) 토지

토지는 경제학상의 지대로서 토지를 임차하였을 경우에는 지대는 임차료가 되며 자기 소유 토지를 자신의 경영에 이용할 경우의 지대는 토지자본이자로 표시 된다. 토지의 경제적 성질의 하나로서 토지생산력의 불멸성으로 다른 고정자본재와 같이 감가상각을 하지 않고 토지자본이자 또는 임차료로 계상한다. 임차료는 실제 지불한 금액을 계산하면 되나 자기소유토지의 토지자본이자의 계산은 토지평가액 즉 시가에 은행이자율을 적용하자는 견해도 있으나 도시근교 등의 지가가 높아 적용에 문제가 있다. 그러므로 인근 유사농지의 추정임차료를 자기소유토지의 기회비용으로 계상하는 것이 타당성이 있을 것이다.

(2) 노동

농산물 생산을 위한 노동은 고용노동과 자가노동으로 구분된다. 고용노동의 계상은 식비 등을 포함한 실제로 지급한 노임으로 계상하면 된다. 가족경영에 있어서 가장 중요한 자가노력의 산정방법은 연간 고용노임, 일일 고용노임, 농가의 생계비에 의해서 산출하는 방법 등이 있다.

가족노동은 연간 계속해서 농업에 종사하므로 연간고용의 성격을 가지나 제도가 현실적으로 존재하지 않으므로 평가기준으로 하기에는 문제점이 있다. 생계비에 의해 자가 노력비를 계산하는 것도 이론적으로는 합리적이라고 볼 수도 있으나 1년 중 실제로 농업에 종사하는 일수가 품목 등에 따라 일정하지도 않고 일일 노동투입시간도 일정하지 않는 등 산출에 어려운 점이 있고 생계비 자체를 산출하는 것도 용이하지 않다. 그러므로 현실적으로 자가노동의 평가는 동일시점, 동일지역의 일고노임에 준하여 평가하고 있다. 그러나 이는 자가 노동과 고용노동의 질적 차이를 무시하는 면이 있으므로 고용노력비에 농업경영자의 기획관리 노력비를 반영하는 것도 합리적일 것이다.

(3) 고정자본재

자본은 고정자본재와 유동자본재로 구분된다. 고정자본재(대가축, 농기계, 영농시설 등)는 1년 이상 계속해서 사용할 수 있으므로 1회 혹은 1년의 사용에 경제가치가 생산물생산에 모두 투입된 것이 아니므로 감가상각비와 유지수선비 등이 포함되어야 한다.

토지, 건물, 기계 장치, 차량 등 기업이 사용하는 자산에서 장기간에 걸쳐 이용할 수 있는 것을 고정자산이라 부른다. 토지를 제외한 고정자산은 사용에 의한 손실로 그 경제적 가치는 매년 일정률 또는 일정액으로 감소하여 간다. 이 감소분을 비용으로 계산하여 투자한 자본을 회수하는 것이 감가상각(depreciation)이다.

고정자본재의 감가상각비 계산방법은 정액법, 정률법 및 연수합계법 등이 있다. 적용방법은 고정자본재의 성격에 따라 다르나 정액법을 주로 사용하며 세금과 무관하면 기초가격은 구입 당시의 가격이 아니라 재조달 가격을 사용하기도 한다. 유지수선비는 농기계 고장 시 수리비나 기계 사용기간을 늘리기 위해서는 유지관리비용이 소요된다. 수선비가 고정자본재 신조구입가격의 10%를 상회하는 수선비는 내용연수 연장의 목적으로 간주하여 고정자본용역비에 반영한다.

대농기계, 영농시설, 수리시설 등 농업생산에 투입된 고정자본에 대한 이자를 계산하는 고정자본용역비 〈부분현재가(고정자본재의 현재가격 − 연간감가상각비·사용연수)·해당 작물의 부담비율·연이자율〉도 생산비에 포함된다.

① 정액법(Straight line Method)

사용 연수의 전 기간을 통하여 매년 일정액을 상각하는 방법으로 계산식은 다음과 같다. 특정작목에 해당하는 감가상각비를 구하기 위해서는 감가상각비를 계산 후 해당 작목 부담비율을 곱한다.

$$d = \frac{V - V_s}{n}$$

d : 연간 감가상각비(₩/년)
V : 완전한 설치로 언제든지 사용 가능한 시점에서의 자산의 초기 가치
V_s : 내용연수가 끝났을 때의 잔존 가치(salvage value)
n : 내용연수

그래서 자산의 내용연수 동안 어느 해든지 자산의 장부 가치는 다음의 식으로 계산할 수 있다.

$$V_a = V - td$$

V_a : 자산의 장부 가치(asset value or book value)
t : 실질 사용 연수

이와 같이 정액법은 개념이 쉽고 계산이 간단하므로 감가상각비를 결정하는 데 널리 사용된다. 일반적으로 공정 설계자는 다른 방법을 이용하여야 할 특별한 이유가 없는 한, 정액 상각에 근거하여 경제성 평가를 한다.

자산의 사용 초기에 내용연수(n)와 내용연수가 끝난 후에 남는 잔존가치(V_s)를 정확하게 추정하는 것은 불가능하기 때문에 자산의 내용연수 기간 동안 시간대에 따라 이러한 값을 재추정하는 것이 때로는 바람직하다. 이러한 방법을 다수 정액법(multiple straight line method)이라 하여, 총사용 기간을 몇 개의 시간대로 나누어 각각의 기간에 정액 상각법을 적용하여 추정하는 방법이다.

② 정율법(Declining Balance Method)

연간 감가상각비는 특정 연도 초기의 자산 가치에 대한 고정비율로 감소한다. 다시 말해서 체감률은 자산의 내용연수 기간 동안 일정하지만 감가상각을 위한 연간

비용은 매년 다르다. 이를 식으로 표시하면 다음과 같다.

- 1차 연도: $V_a = V \cdot (1-f)$
- 2차 연도: $V_a = V \cdot (1-f)^2$
- n차 연도: $V_a = V \cdot (1-f)^n$

그러므로 내용연수가 끝난 n년도의 자산의 장부 가치는

$$V_a = V \cdot (1-f)^n = V_s$$

$$f = 1 - (V_s / V)^{1/n}$$

여기서 f 값은 고정 비율 지수(fixed percentage factor)를 나타내며, 이 값이 정액 상각비의 두 배일 때를 이중 체감 잔액법(double declining balance method)이라 한다. 이 방법은 내용연수가 끝난 후 잔존가치를 제로(zero)로 간주하는 경우에 자주 사용된다. 이중 체감 잔액법이 정액법에 비하여 자산의 사용 초기에 더 **빠르게** 투자된 자본을 회수한다.

③ 연수 합계법(Sum of years Digits Method)

감가상각을 계산하는 임의의 방법으로 체감 잔액법과 비슷한 결과를 얻는다. 이 방법은 자산의 내용연수 기간 중 후반기보다 전반기에 더 많은 감가상각비를 할당하는 것으로, 내용연수가 끝난 후 잔존가치는 제로(zero)나 주어진 가치까지 감소하는 이점이 있다. 이의 계산식은 다음과 같다.

$$d_t = \frac{(n - t - 1)}{\sum (1 + 2 + \dots + n)} \cdot (V - V_s)$$

d_t: t년도의 감가상각비

(4) 유동자본재

유동자본재는 1회 사용으로 원형상실과 경제가치가 모두 생산물에 투입되어 생산물의 가치를 조성하는 것으로 소비되는 금액이 생산비가 된다. 중요한 유동자본재는 비료비, 농약비, 종자, 종묘비 등이다. 구입한 유동자본재는 구입가격을 계상하면 되나 자급유동자본재는 평가를 한다. 평가방법은 시가가 있으면 그 지역의 실제 거래가격으로 평가하고, 시가가 없을 경우에는 해당 자급물의 생산에 소요된 재료, 자재 및 노동력 등의 비용가에 의해 평가한다.

비료, 농약, 사료, 자가노력비, 수리유지비 등 농업생산에 투입된 생산자재에 대한 이자를 계산하는 유동자본용역비 〈유동자본투입액(경영비 – 대농기구감가상각비- 영농시설감가상각비 + 자가노력비)·(재배기간/12)·산출계수(0.5)·연이자율〉도 생산비에 포함한다. 산출계수 0.5는 유동자본이 일시에 투입되지 않고 재배기간 중 여러 번 투입되므로 생산기간의 평균투자액을 계산하는 것이다.

3) 과일과 축산물 생산비의 특수성

과일과 축산은 다년생이므로 1년생 작물의 생산비계산과는 다르다. 과일 생산비는 성목연령도달연도(손익분기연도)부터 생산비를 계산하는데 당해 연도 투입된 생산비와 당해 연도에 배분된 육성비 또는 감가상각비를 합친 것이다. 성목연령연도는 농가의 경영주 능력이나 토질 등 여러 여건에 의하여 농가에 따라 다르며 성목연령 연도의 생산비는 육성비를 포함하지 않은 당해 연도 생산비만 계상한다. 육성비는 과수원 조성기간 즉, 묘목 심은 연도부터 성목 연령도달 전년도 까지 조세공과금, 정상이윤 및 개간비(임야를 과수원)를 제외(토지가치 증대)한 전비용을 성목 전년도를 기준연도로 하여 환산한 현재가치이다. 육성기간(성목연령 전) 수확한 과일은 부산물로 간주하여 당해 연도 육성비에서 차감한다. 육성비 계산방법은 감가상각 계산방법과 같으며 잔존가격은 없으므로 성목 전년도까지 육성비 합계는 농기계의 구입가격과 같다고 볼 수 있다.

- 육성비 계산의 간편법 = 〈(과수원 판매 시 가격 – 토지가격) / 내용연수〉
- n년째 육성비의 현재가치 계산식 = $S \cdot (1+r)^n$

  S: 당해연도 육성비, r: 예금이자율

비육우 생산비 계산단위는 두당, kg당으로 하며 kg당으로 계산하는 것이 타당성이 높다고 본다. 계산방법은 증체량과 투입비용으로 계산하며 개체별·생리적 주기에 의해 계산하는 분리계산방법보다, 1년간으로 통합계산방법이 통상적으로 이용되고 있다.

- kg당 생산비(원가) = 생산비 / 총증체량
- 총증체량 = (판매 시 총체중 + 기말 보유소 총체중)
  − (구입 시 총체중 + 기초 보유소 총체중)

〈계산 예〉
- 기초 1월 1일 250kg, 3월 300kg, 5월 250kg, 7월 250kg,
  11월 250kg 구입 : 총 1,300kg
- 4월 400kg, 6월 500kg, 8월 400kg, 10월 400kg 판매,
  12월 31일 300kg 보유 : 총 2,000kg
- 총생산비 7백만 원
- kg당 생산비 = 7백만 원 /〈(2,000kg − 1,300kg)〉= 10,000원

젖소는 경제적 기능·연령·사육목적에 따라 생산비 계산이 다르다. 즉, 동일 경영 내 경제적 기능이 다른 개체인 착유우(cows), 송아지(calves), 육성우(heifers), 노폐우(cull cows)가 함께 사육되고 있으며 원유 생산비 계산 대상은 착유우로 한정된다. 착유우의 특수한 성질을 보면 무성자본재(dead stock)인 기계·기구 및 건물은 처음부터 고정자본재이나 젖소는 유생자본재(live stock)로서 처음에는 노동대상으로 일정기간 육성해야 하므로 처음부터 고정자본 성격 아니고 착유시작 부터 고정자본재로 이행되므로 감가상각을 시작한다. 그리고 젖소의 비유기간(lactation period)은 고정되어 있지 않고 주기도 일정치 않아 정확한 생산비 계산 기간 선정이 중요하다.

젖소의 산유량은 단위당 생산비 결정에 매우 중요한데 품종, 사육조건, 연령, 산차 및 계절 등에 따라 산유능력에 차이가 있다. 뿐만 아니라 젖소는 우유 이외 송아지, 구비(외양간에서 쳐낸 두엄) 등 부산물을 결합적으로 생산하는데 부산물 평가방법에 따라 비용도 되고 자가 이용, 판매 경우에는 수입이 된다. 따라서 생산비 조사는 현실적·객관성·합리성 보장과 이해당사자(낙농가, 유업체, 정부 전문가) 간 공감대 형성에 의한 일정한 약속과 기준 설정과 낙농가의 정확한 경영일지 기록이 요구된다.

4) 주요 항목 계산 예

(1) 자기소유 토지용역비

단위: 천 원

	소유 면적	임차 면적	식부 계	추정 임차료	임차지 임차료	조사작물 부담비율	자기토지 용역비	임차토지 용역비
논	1,600	–	1,600	960	–	30%	288	–
밭	900	600	1,500	450	300	80%	360	240
계	2,500	600	3,100	–	–	–	648	240

- 자기토지용역비
  - 논: 추정임차료(1,600평·600(평당) = 960,000원)·조사작물 부담비율 (30%) = 288,000원
  - 밭: 450,000원(평당 500원·900평)·80% = 360,000원, 임차한 밭 = 300,000원·80% = 240,000원
    * 조사작물 부담비율 = 조사작물수입 / (조사작물수입 + 조사작물 이외 작물수입)

(2) 감가상각비 = 〈신조구입가격 − 잔존가격(신조구입가격의 10%)〉 / 내용 연수

- 감가상각비 및 수리비 계산 예

기종	구입 연도	신조 구입가	연간 수리유지비	연간 감가상각비	총이용 일수	작물이용 일수
관리기	2015	2,000,000	100,000	360,000	100	50

- 조사작물 감가상가비 = [신조구입가격(2,000,000) − 잔존가격(200,000)] / 내용연수(5년)·조사작물 해당 비용(50일/100일) = 180,000원
- 조사작물 수리유지비 = 100,000원·50/100 = 50,000원

(3) 고정자본 용역비

- 공식 = 부분현재가·조사작물의 이용비율·금리
  = [신조구입가격−(연감가상각비·경과연수)]·조사작물 이용비율 ·년 10%

예) 관리기

부분현재가 = 2,000,000원 − 360,000・3년 = 920,000원

고정자본 용역비 = 부분현재가(920,000원)・조사작물 이용비율(50/100)
・10% = 46,000원

5 경영성과 분석 항목

농업경영성과는 농업경영체의 합리적인 경영활동으로 생산된 농산물을 판매함으로서 얻은 결과물이다. 농업경영성과 지표는 농업생산성 지표와 농업경영 수익성 지표 등으로 구분할 수 있다.

1) 농업수익성지표

(1) **농업조수입(농업수익)**: 당해 연도의 해당 작목경영 결과로써 얻은 총수입

- 주산물 평가액(당해 연도 생산량 × 당해 연도 농가 평균 수취가격)
  + 부산물 평가액
- 주산물 평가기준: 생산량 × 농가수취가격으로 산출
- 부산물 평가기준: 판매자가 이용하였을 시만 평가

(2) **경영비**: 조수입 획득을 위해 외부에서 구입하여 투입한 일체 비용

- 비료비, 농약비, 제재료비, 수도광열비, 수리비, 수선비, 고용노력비, 고정자본용역비 또는 감가상각비 등으로 가족노동력에 대한 보수와 자기토지에 대한 용역비 자기자본에 대한 이자는 농업경영비에 포함하지 않으며 농업순수익을 구할 때 필요한 생산비에 포함한다.
- 가족 노동력과 자기토지 및 자본이용비율이 높을수록 농업수익에 대한 농업경영비의 상대적인 비중이 낮아진다.

(3) **부가가치 = 농업수익 − 중간재비(경영비 − 임차료 − 고용노임)**

(4) **소득**: 조수입에서 경영비를 차감한 잔액

- 당년도 당해 작물 생산활동의 성과임
- 부가가치 〉 소득

(5) **소득율**: 소득 / 조수입 × 100

(6) **생산비**: 경영비 + 자기소유 토지·노동·자본의 기회비용

(7) **농업순수익**: 조수입 − 생산비

(8) **매출원가(kg당)**: 생산비 / 생산량(kg)
- 기업회계 기준: 기회비용은 적정마진에 포함하여 매출원가 결정

2) 자기소유 토지·노동·자본 순수익지표

(1) **토지순수익 = 소득 − (가족노동력 평가액 + 자기자본이자)**
    = 순수익 + 자기토지지대

- 토지소유에 대한 수익성지표로서 농업경영에 투입된 자기소유토지에서 발생한 수익의 크기를 의미한다.
- 단위면적당(단보당) 토지순수익: 토지의 효율성 지표 = 토지순수익 / 토지면적
- 토지 수익가: 토지의 비농업부문 이용 증대로 지가상승시기에 토지 지가에 맞추어 수익성을 올리는지 여부를 평가하는 지표
    = 단위면적당 토지순수익 / 일반시장이자율

(2) **노동순수익(가족노동보수)**: 가족 노동력에 의해 농업경영이 운영될 때 가족 노동력 전체에 대한 수익의 크기를 의미한다.
- 가족노동보수 = 소득 − (자기토지지대 + 자기자본이자)
          = 순수익 + 가족노동평가액
- 1인당 가족노동보수: 농업경영체 간 비교나 농업경영 이외 고용부문과 비교가 가능하다.
    = 가족노동보수 / 가족노동력 단위 수
- 1일당 가족노동보수: 가족노동 1일에 대한 보수의 크기를 의미하며 노동의 효율성지표로 많이 사용한다.
    = (가족노동보수 / 가족노동시간) · 8시간

(3) **자본순수익 = 농업수익 − (경영비 + 가족노동평가액 + 자기토지지대)**
    = 농업소득 − (가족노동평가액 + 자기토지지대)
    = 농업순수익 + 자기자본이자

- 자본이익률 = (자본순수익 / 투하자본액)·100
- 자본투하의 최소조건은 자본이익률이 시장이자율(은행이자율)보다 높아야 한다.
- **자본순수익률**: 기업경영의 마진율과 비슷한 개념으로 총매출액이 차지하는 마진폭의 비율이다.
  = 자본이익률(자본순수익 / 투하자본액) / 자본회전율(농업수익 / 투하자본액)
  = 자본이익률(자본순수익 / 투하자본액)·자본회전기간(12개월/자본회전율) / 12개월

3) 농업생산성 지표

생산성은 생산요소(토지, 노동, 자본 등)가 생산 활동에 기여하는 정도를 나타낸다. 생산성지표는 다른 토지 혹은 다른 경영자, 타 작목과 비교하는 지표로 많이 사용한다.

(1) **노동생산성**: 투하된 노동력과 그 결과로서 얻은 생산량의 비율이다.
- 농업소득(농업부가가치) / 노동투입시간

(2) **토지생산성**: 토지면적 단위당 생산량(단보당, 평당 등)
- 농업소득(농업부가가치) / 경지면적

(3) **자본생산성**: 투입된 자본에 대한 생산량
- 농업소득(농업부가가치) / 농업자본액

(4) **노동집약도**: 단위 생산물에 대한 투하노동량의 비율임.
- 노동투입시간 / 경지면적

(5) **자본집약도**: 일정한 경지면적에 대한 투입된 자본액
- 농업자본액 / 경지면적

6 경영성과 분석 계산 예

① 조수익: 생산량(5,000kg)·단가(4,000원) = 20,000,000원
  ● 미판매재고가 없을 경우 기업의 매출액과 같음.
② 채소소득: 조수익(20,000,000) − 경영비(6,200,000) = 13,800,000원
③ 순수익: 조수익(20,000,000) − 생산비(12,545,000) = 7,455,000원
④ 자본 용역비
  ● 고정자본 용역비 = 부분현재가·조사작물의 이용비율·금리
    = [신조구입가격 − (연감가상각비·경과년수)]
    ·조사작물 이용비율·년 10%
  예 1) 대농구, 부분 현재가 = 10,000,000원 − (700,000·4년)
    = 7,200,000원
    고정자본용역비 = 7,200,000원·10% = 720,000원
  예 2) 영농시설, 부분 현재가 = 20,000,000원 − (1,00,000·10년)
    = 10,000,000원
    고정자본용역비 = 10,000,000원·10% = 1,000,000원
  ● 유동자본용역비 = 유동자본투입액·(재배기간/12)·0.5)·금리
    = (경영비 − 대농기구감가상각비 − 영농시설감가상각비
    + 자가노력비)·재배기간/12·0.5·10% = (6,200,000
    − 700,000 − 1,000,000 + 4,000,000)·0.5·10%
    = 425,000원
⑤ 토지임차료: 평당 1,000원, 100평·1,000원 = 100,000원
⑥ 부가가치 = 조수입 − 중간재비(경영비 − 임차료 − 고용노임)
    = 20,000,000 − (6,200,00 − 100,000 − 1,000,000)
    = 12,700,000원
⑦ kg당 총원가(회계학적 생산비): 경영비(6,200,000원) / 5,000kg = 1,240원
⑧ kg당 판매가격(경제학적 생산비): 생산비(12,545,000원) / 5,000kg = 2,509원
  ● 시장가격이 4,000원이므로 생산비 보장이 됨.
⑨ 자가노동부수: 채소소득(13,800,000원) − 자기토지 용역비(200,000원)
    − 자기자본용역비(2,145,000원) = 11,455,000원
⑩ 자기자본이자: 채소소득(13,800,000원) − 자기토지 용역비(200,000원)
    − 자기노력비(4,000,000원) = 9,600,000원

〈표 10-1〉 은하수 농장(2021년 12월 31일)

	비목별		수량	단가(원)	금액(원)	비고
조수입	주산물가액		5,000kg	4,000	20,000,000	
	부산물가액				0	
	계				20,000,000	
경영비	중간재비	종자	900kg	1,000	900,000	
		배지제조비 볏짚	2,000kg	100	200,000	
		농약비			50,000	
		광열·동력비			1,000,000	
		수리(水利)비			10,000	
		제재료비			1,000,000	
		소농구비			10,000	
		대농구상각비			700,000	
		영농시설상각비			1,000,000	
		수리(修理)비			100,000	
		기타 요금			30,000	
		계			5,000,000	
	임차료 기계·시설				100,000	
	토지임차료				100,000	
	고용노력비				1,000,000	
	계				6,200,000	
자가노력비					4,000,000	
토지용역비*					(200,000)	
자기자본용역비*					(2,145,000)	
생산비					(12,545,000)	
소득					13,800,000	
부가가치					12,700,000	
소득률(%)					69	

제11장 농업부문 투자 타당성 분석

1 투자의사결정 기준

1) 비용과 편익

투자로부터 기대되는 미래의 보수(return)를 편익이라고 하고, 이 편익을 얻기 위하여 미래 지출가치의 합계를 비용(cost)이라고 한다. 투자사업에서 고려해야 할 비용과 편익은 단순히 화폐액으로 만 계측하는 것은 아니다. 즉, 자금의 지출과 수입 뿐만 아니라, 투자로 인한 사업 및 기업에 대한 국민의 이미지, 종업원의 사기 또는 국가의 정책 및 지역균형개발정책 등에 미치는 영향 등 정치적, 사회적, 윤리적, 심리적 등 모든 차원에서의 비용 또는 편익을 포괄한다. 그러므로 투자사업 분석에서 회계적인 비용(expense)과 수익(revenue) 및 순손익(profit or loss)에 의존할 수도 있으나 예상손익계산에서 탈피 즉, 회계적인 계념에서 벗어나 경제적 개념을 도입할 필요가 있다.

2) 투자사업 분석

투자결정이란 투자사업의 비용과 편익을 파악·계측하고 대비하는 분석·검증의 과정에서 이루어지는 의사결정이다. 이와 같이 투자결정을 위하여 특정의 투자사업을 분석하는 일련의 절차를 "투자사업 분석(project analysis)" 또는 "투자사업의 타당성 분석"이라고 한다. 그러므로 투자결정(investment decision)은 투자사업의 개발, 평가, 선택, 집행의 각 단계에서 단계별 최종결정권자가 투자사업 분석을 보고 의사결정을 할 것이다.

투자사업 분석이란 투자결정을 위한 최고결정권자의 "결심의 도구"(a tool of decision making)와 자료를 제공하는 것이다. 그러므로 분석기술의 유용성은 결심에의 과정을 개선하는데 있는 것이지 판단의 대체 (substitute for judgement)를 위한 것은 아니라고 할 수 있다. 즉, 최종의 판단은 항상 성공과 실패에 대해 최종적인 책임을 지는 자만이 내릴 수 있다.

3) 시행가능성

투자사업은 불확실한 미래에 도전하여 현재에 마련된 미래의 설계도이다. 그러므로 미래의 각 시점이 현재로 되는 때에는 미리 설계된 바에 따라 구체적으로 실현될 것(to be realized)을 목표로 하고 있다. 따라서 투자사업은 시행(implementation)할 수 있는 것이어야 한다.

투자사업이 시행가능하기 위해서는 기술적으로 타당해야 한다. 다시 말해서 투자사업이 내포하고 있는 비용과 편익의 내용과 크기가 기술적으로 타당성이 없으면 이에 의해 선택된 투자사업의 실현 가능성은 낮아질 것이다.

4) 투자사업의 기초조건

투자사업의 기초조건이 되는 타당성을 구체적으로 기술적 타당성, 상업적 타당성, 관리적합성, 조직적합성으로 구분해 볼 수 있다.

(1) 기술적 타당성

투자사업의 기술적 분석은 물적 재화 및 용역의 투입(input)과 산출(output)에 관계된다. 투자사업의 틀은 완전하고 명백한 기술적 분석이 가능한 범위내로 엄격하게 제한되어야 한다.[40] 기술적으로 가능하더라도 산출에 비하여 불필요하게 많은 투입을 예정하고 있는 경우에도 적절한 투자사업이 되지 못할 것이다.

(2) 상업적 타당성

투자사업의 상업적 측면(Commercial aspects)은 투자사업에 의한 생산물의 판매와 운영에 필요한 물재 및 용역의 공급을 위한 모든 조치를 포함하는 것이다. 기술적으로 타당한 투입과 산출을 예정한다 하더라도 산출물이 공급 또는 판매될 수 없다면 투자사업은 타당성이 없을 것이다. 그리고 공급과 판매가 가능하더라도 구체적인 조건을 비현실적으로 예정하고 있다면 비용과 편익의 크기 판단에 오류가 있을 것이다. 투자사업의 산출물(제품)이 시장성과 경쟁에 미치는 영향을 검토하는 것은 자유경쟁의 경제 질서 하에 매우 중요한 일이다.

---

40) J. Price Gittinger, Economic Analysis of Agricultural Projects(Baltimore and London: The Johns Hopkins University Press, 1973), p. 13.

(3) 관리의 적합성

경영과 관리는 평가하기에 매우 어렵지만 투자사업의 성공과 실패를 좌우할 수 있다. 어떤 투자사업이 기술성과 상업성이 있다고 하더라도 실제로 운영할 사람이 없다면 시행이 불가능하다. 그리고 투자사업이 예정하고 있는 일정한 기술수준(기술적으로 가능하고 타당하다)에 도달할 수 있는 현실적인 조치가 불가능하거나 곤란하다면 이를 전제로 한 예정된 투입과 산출은 실현 불가능하다.

(4) 조직의 적합성

조직적 측면이 중요한 이유는 투자사업 관리부서와 타부서 간의 상호관계가 타당성여부에 크게 영향을 미치기 때문이다.

5) 수익성과 관련수익

수익성 분석은 투자사업 분석에서 핵심이 된다. 수익성이 없는 사업에 대해 시행가능성을 논의한다거나 시행가능성이 없는 사업에 대해 수익성을 따지는 것은 의미가 없다고 하겠다. 그러므로 투자사업 분석은 먼저 넓은 의미의 기술적 타당성에 기초하여 투자사업의 비용과 편익을 파악·계측한 후, 수익성이 있다고 판단되면 시행가능성을 따져서 투자결정을 한다고 볼 수 있다. 따라서 수익성의 분석은 기술적 타당성을 전제로 할 때 의미가 있다고 하겠다.

수익성 분석을 위해서는 투자사업에 내포된 비용과 편익이 모두 화폐액으로 계량(quantifiable in money terms)화 할 수 있어야 한다. 즉, 화폐액으로 계량화 한 비용과 편익을 대비하여 산출되는 투자사업의 수익은 그 투자사업이 가지는 경제적 또는 재무적 측면의 가치를 나타내는 것으로서 투자사업 가치(project worth)라 하며 이를 측정하는 방법을 "투자결정기법"이라고 한다.

투자결정의 최종판단에서는 고려되어야 할 많은 비계량적 또는 비경제적 가치들(nonquantifiable or noneconomic values)이 있다는 것을 염두에 두어야 한다. 투자사업의 비경제적가치를 관련수익(associate return)이라고 한다.

6) 재원조달의 적합성

투자사업에 예정되어 있는 소요자금이 예정된 시기에 예정된 조건으로 조달가능한가를 따져보아야 할 것이다. 자금조달의 가능성이 없거나 금리 등 조달조건이 수익성과 관련하여 적합한지를 수익성 분석의 일환으로 알아보아야 할 것이다. 이는 투자사업의 재무적 측면이다.

7) 투자사업의 효과분석

투자사업의 효과분석 유형으로 투자사업이 있을 때(with the project)와 없을 때 (without the project)의 대비와, 투자사업 이전(before the project)과 이후 (after the project)의 대비로 구분해 볼 수 있다. 이중 투자사업 전후의 대비는 투 자사업이 없을 때 생산량의 변화를 간과하므로 투자로 인한 순수익의 증가액(투자효 과)이 잘못 측정되어 진다. 그러므로 투자사업이 없을 때의 생산량의 변화 형태에 따른 투자사업의 효과를 예를 들어 설명하는 것이 이해하기 쉬울 것이다.

(1) 새로운 투자가 없어도 생산량이 증가하는 경우

새로운 투자가 없어도 기존사업이 생산을 하고 있고, 경영자의 경영 및 기술진보 로 인해 투자사업 기간 동안 생산량이 완만하게 계속 증가할 것으로 예상되는 경우 새로운 투자는 생산량의 증가율을 더욱 높이는 것이 될 것이다. 예를 들면 목장에 새로운 투자가 없어도 경영자의 경영능력 향상으로 연 1%씩 생산량의 증가가 계속 된다고 하자. 그런데 경영자가 증가율을 더욱 높이기 위해 새로운 투자(사료개량, 의료서어비스 강화)를 하면 연 3% 성장이 가능하다고 하자.

이 경우 투자사업의 효과를 투자사업이 있을 때와 없을 때를 대비하면 생산량의 증가가 2%이나, 투자사업 전후 대비를 하면 투자사업의 효과가 3%로서 효과측정에 오류가 발생한다.

(2) 새로운 투자가 없을 경우 생산량이 감소하는 경우

새로운 투자 즉, 제방사업 등은 손실방지가 목적이므로 투자사업 전후 비교에 의 한 투자사업의 효과를 측정하는 것이 불가능하다. 즉, 제방사업을 하지 않으면 침수 가 일어나 생산량이 2% 감소한다고 하자. 이 경우 투자사업의 효과를 투자사업이 있을 때와 없을 때를 대비하면 생산량의 증가가 2%이나, 투자사업 전후 대비를 하면 투자사업의 효과가 0%로서 효과측정에 오류가 발생한다.

(3) 손실회피를 위한 투자사업(제방사업 등)이 생산량의 증가를 가져오는 경우

투자사업의 효과는 손실방지와 생산량 증가를 합한 것이 될 것이다. 즉, 투자가 없으면 침수에 의해 생산량이 2% 감소가 예상되는데, 투자를 하면 손실방지뿐만 아 니라 1% 생산량의 증가를 가져온다고 하자. 이 경우 투자사업의 효과를 투자사업이 있을 때와 없을 때를 대비하면 생산량의 증가가 3%이나, 투자사업 전후 대비를 하면 투자사업의 효과가 1%로서 효과측정에 오류가 발생한다. 다시 말해서 투자사업 전후대비 효과분석을 하면 손실방지에 의한 투자사업의 효과를 간과하게 된다.

(4) 새로운 투자가 없을 경우 생산량의 변화가 없을 것으로 예상되는 경우

새로운 투자를 하지 않으면 생산량의 증가가 없이 현상을 유지한다고 하자. 새로운 투자를 하면 생산량이 2% 증가된다고 하자. 이 경우는 투자사업 전후대비의 효과가 2%이며, 투자사업이 있을 때와 없을 때의 대비효과도 2%로서 같아지게 된다.

② 투자 타당성 분석 단계

투자의 타당성을 판정하는 지표로 내부투자수익률(Internal Rate of Return, IRR)이 많이 이용되고 있는데 이를 얻기 위해서는 8단계의 분석과정을 거쳐야 한다. 단계별 관계를 보면 시장수요와 원료공급분석은 생산계획을 위한 자료를 제공하고, 원료공급분석과 주요투입분석 및 자본비용추정은 운영비 추정에 필요한 자료를 제공하며, 시장수요와 생산계획 및 운영비용은 사업순수익추정에 필요한 자료를 제공하고, 자본비용과 순수익은 사업의 타당성 분석에 필요한 자료를 제공한다.

1) 시장수요(1단계)

(1) **해당시장의 총수요 예측**: 시장은 국내시장, 수출시장, 특정 지방시장이 있다. 농산물 수요결정요인은 인구수, 소득, 수요의 소득 탄력성, 가격수준과 이의 변동 등이다.

(2) **해당시장의 경쟁적 공급**: 과거 수년간의 생산과 수입실적을 기초로 단순 추세치에 의한 공급을 예측한다.

(3) **판매 가능양의 예측**: 총시장 수요와 기존 공급량을 기준으로 순시장 수요를 예측하고 판매 가능량에 의거 시장점유율을 예측한다.

(4) **가격변동예측**: 과거 변동가격을 기초로 연중 가격변동을 예측한다.

(5) 유통시설, 수송, 가공, 저장, 판매장 등에 의한 단위당 유통비용을 추정한다.

2) 원료공급(2단계)

(1) 1단계 시장수요예측과 같은 방법으로 총시장공급을 예측한다.

(2) 원료수요에 대한 지역별, 산업별 등 수요추정으로 원료수요의 경쟁관계를 파악한다.

(3) 원료의 공급량과 경쟁적 수요에 의하여 순구입 가능량을 추정한다.

(4) 원료구입가격과 원료구입부대비용을 합산하여 계산한다.

3) 기타 투입재의 공급(3단계)

(1) **노동력공급과 임금의 예측**: 인구센서스, 산업별 고용조사자료, 외국인 노동자수 등의 자료를 이용한다.

(2) 원료와 노동을 제외한 기타 투입재의 공급과 단가를 추정한다.

4) 자본비용(4단계)

(1) **주요시설물의 비용추정**: 투자비용의 자본 구분과 비용투입연도 명기 및 연간투입투자를 배분한다.

(2) **총투자계획**: 유통시설투자, 원료개발투자, 투입재개발투자, 생산시설투자, 운영자본의 총합계를 말한다.

5) 생산계획(5단계)

(1) **사업내구기간의 생산계획**: 유형별 면적, 작부체계 및 생산량을 연도별로 계획하여야 한다.

(2) **운영자금**: 원료재고, 제품재고, 구입자재의 재고, 외상매출금, 현금 등을 포함한다.

(3) **생산물의 생산계획**: 연도별 단위생산량을 면적에 곱하여 생산물별로 생산계획을 수립한다. 사업기간까지의 수량증가 예상율도 고려한다.

(4) **종류별 노동 투하량**: 자가노동과 고용노동을 구분하여 연도별로 노동투입량을 결정한다.

6) 운영비 추정(6단계)

(1) **원료비 소요계획**: 원료량에 원료단가를 곱하여 추정한다.

(2) **노임**: 숙련자, 미숙련자, 자가노동, 고용노동을 구분하여 추정임금을 적용한다.

(3) **연간 총생산비**: 원료비, 기타 투입자재비, 노동비, 관리비, 수리보조비를 합하여 추정한다.

(4) **연간 종합운영비**: 총생산비, 연구개발 및 간접비, 교육훈련비, 투입개발비

의 총합계이다.

7) 순수익 추정(7단계)

(1) 생산물별 조수익: 계획생산량 · 단위당 예측가격

(2) 연간소득: 조수익 − 경영비

(3) 순수익: 조수익 − 생산비

8) 사업타당성의 경제적 분석(8단계)

(1) B/C 분석

(2) IRR 분석 등

〈표 11-1〉 타당성 분석 단계

단계별	내용	목적
① 시장수요 ② 원료 ③ 주요 투입재 ④ 자본비용 ⑤ 생산계획 ⑥ 운영비용 ⑦ 순수익 ⑧ 타당성분석	• 시장수요분석 • 공급분석, 경쟁수요 • 공급분석, 경쟁수요 • 사업설계, 물량단가 • 기술적 투입, 산출계수 • 투입계획 및 단가 • 산출계획 및 단가 • 투자 및 수익표	• 판매 가능량과 판매가격 • 판매 가능량과 구입가격 • 가능공급량과 단가 • 투자계획 수립 • 투입 산출계획 • 종합운영비 지출계획 • 사업 순수익표 • IRR와 타당성

9) 소요자금 추정

소요자금은 시설소요자금과 운전소요자금으로 구분하여 제조공정별로 추정한다.

(1) 시설소요자금

시설소요자금은 착공이전비용, 토지비용, 건설비용으로 구분하여 추정하는데 착공이전비용은 공장건설을 위하여 착공이전에 소요되는 제비용으로 설계비(토목설계비, 건축설계비, 구조물설계비)와 창업비 등이 있다. 그리고 토지비용에는 정지비를 포함한 토지구입비, 상하수도급배수 설치비, 도로건설비, 녹지조성비 및 교량건설비 및 기타 폐수, 용수 및 전기시설을 위한 토목공사비 등을 포함한다.

건설비용은 주 건물과 부속건물을 위한 건물비, 주 기계시설 및 설치비, 부속기계설비 및 설치비, 전기시설비, 폐수처리시설비, 건설기간 중 이자 및 예비비 등으로

구분한다.

기계설비는 도입기계일 경우 연평균 환율을 적용하거나 현재의 환율을 적용하기도 한다. 그리고 보험료, 운반비, 하역비, 국내운반비, 통관비 등 기계부대비용을 고려하여야 하며 부속기계 설비를 포함한 기계 설치비도 포함하여야 한다. 그러나 국내에서 기계를 구입할 경우에는 구입하려는 기계 생산업자나 판매를 대행하는 업자로부터 견적서를 받아 전체적인 기계구입비를 계산할 수도 있다.

(2) 운영자금 추정

운영비(operating cost)의 추정과 제조원가의 계산은 프로젝트의 실행 가능성과 적용 가능한 공정설계를 선택하여야 할 때 필요하다. 이러한 비용은 원·부재료, 자본금 추정 등을 제공하는 공정 흐름도로부터 산출할 수 있다.

가공 및 제조에 드는 비용은 생산제품의 수량에 따라 변동하는 유동비용(variable cost)과 생산량에 관계없이 지불되어야 하는 고정비용으로 구분된다. 그리고 운영자금 추정은 1년 단위로 산출하는 것이 편리하다.

〈표 11-2〉 운영비의 구성 요소

유동비용	고정비용
1. 원재료비	1. 감가상각비
2. 포장 재료비	2. 세금 및 보험료
3. 노무비……작업 반장, 제조/포장 기계 운전자, 품질 관리자, 포장 및 창고 근무자, 원동기 요원 등 작업을 지원하는 근무자들	3. 관리 유지비(인건비와 물품비)
4. 유틸리티 비용……전기, 중기, 연료용 기름, 천연가스, 제조수, 냉각수, 가스(탄산, 질소 등), 폐기물 처리	4. 경영 관리직 사원 및 경비……공장장과 관리직 사원, 행정 및 비서, 간호원·경비원·식당 근무자 등, 사무용품·전화비 등 기타 제경비
	5. 로얄티, 허가 비용 등
5. 작업 용품……윤활유, 여유교체 부품, 청소 용품	6. 융자에 대한 이자 지급비

① 재료비

제품을 생산하는데 소요되는 비용을 직접재료비와 간접재료비로 구분된다. 즉 사과주스를 만들 경우 사과나 첨가제(vitamin C) 등의 구입비가 직접재료비로서 물가정보지를 이용할 수 있다. 그리고 사과음료의 용기, 즉 유리병, 캔, 팩 등과 포장비 등을 간접재료비라 한다.

운송비나 수송비도 재료비에 포함시켜야만 하며, 이러한 비용은 공장에 입고된 재료 형태에 바탕을 두어야 한다. 대량 선적은 소규모 컨테이너 선적에 비해 운송비가 저렴하지만 대량 구입은 더 많은 저장 시설과 재고를 감당할 수 있어야 한다.

운영비에 대한 재료비(material cost)의 비율은 확실히 산업에 따라 다르지만, 식품가공의 경우 총재료비는 총제조경비 중 30~50% 범위이나, 제품에 따라 60% 까지 차지하는 경우도 있다.

② 노무비

일반적으로 근로직 종업원은 숙련공과 비숙련공으로 나뉘며, 이들의 급료는 시간 단위를 기준으로 산출하나 업종별 또는 지역별로 차이가 있다. 노무비(labor costs) 는 제조에 투입된 종업원의 급료뿐만 아니라 종업원에게 지급된 유급 휴가, 유급 병가, 의료 혜택 등 복리 후생비도 포함시켜야 한다. 복리 후생비는 회사의 크기나 정책에 따라 차이가 있지만 직접 노무비 지출의 10~60% 범위에서 산출하며, 대기업 형의 식품 회사들은 일반적으로 35~50% 정도의 높은 비율로 책정한다. 식품공장에서 일반적으로 노무비는 총생산 원가의 10~15% 정도를 차지한다.

③ 유틸리티

전기, 중기(중량이 큰 기계), 제조 및 냉각수, 압축 공기, 천연 가스와 연료용 기름 등 유틸리티(utilities)에 드는 비용은 소모량, 공장 위치 및 공급원에 따라 상당히 달라질 수 있다. 필요한 유틸리티는 유사한 조작에 관한 자료를 가지고 산출할 수 있다. 만약 이러한 자료도 입수할 수 없을 때는 유틸리티는 예비 설계로부터 추정하여야만 한다. 유틸리티는 외부 공급자로부터 구입하거나 공장 내에서 자급할 수 있다. 공장 내에서 자체 공급되고 단지 한 공정에만 사용되어졌다면 전체 비용은 생산 원가에 포함된다. 만약 여러 제품의 생산에 사용되어졌다면 그 비용은 제품별로 소모한 양에 비례하여 분배시켜야 한다.

전력은 전등, 모터와 여러 공정 기계를 가동시키기 위해 공급되며, 이때 전력 요구량은 전선에서의 손실과 우발적인 사고까지 감안하여 필요량의 1.2~1.25배까지 증가된다. 대부분의 식품 공장에서 대략적인 유틸리티 비용은 총생산비의 10~20% 정도이다.

3 새로운 투자사업의 분석 절차(재무분석)

투자계획(기술적, 제도적, 조직적, 관리적, 사회적, 상업적 측면)

↓

비용·수익의 검증(투자사업에 필요한 비용항목과 수익항목을 파악, 물량조사)

↓

적정가격 선택(합리적 가격으로 경제적 가치로 전환)

↓

수익 흐름 − 비용 흐름(현금 유출) = 순수익 흐름(순현금 유통)
　　　　(항목별 물량 · 적정가격)

↓

현금유통표 작성(cash flow table)

↓

수익성 측정 ↔ 감응도 분석
　　　　(불확실성에 대한 위험을 줄임)

↓

투자결정

1) 비용·수익의 검증

(1) 비용의 검증

① **물질적 재화와 용역**: 투자사업에 사용되는 재화(goods)와 용역(service) 을 파악하는 것은 쉬우나 재화가 언제, 얼마나 필요 한지를 알기 위해서는 기술성의 검토가 필요하다.

② **노동**: 노동역시 파악하기 쉬우나 기술성의 검토가 요구된다. 노동의 소요 량과 소요시간을 정확하게 판단하고 숙련노동과 비숙련노동, 자가노동과 고용노동 등을 구분하여야 한다.

③ **토지**: 토지는 농업경영에서 불가결한 생산요소일 뿐만 아니라 중요한 생산 수단으로 비용에 포함된다. 토지비용의 산정방법에는 토지의 구입비, 차지 료(임차료), 유실생산의 순가치, 무가치 등이 있다.

- **토지구입비**: 농경지가 아닌 토지를 구입하여 농장을 조성하거나 농용건물 을 건립하는 경우의 구입비용으로서 구입연도의 비용으로 계상해준다.
- **차지료**: 토지를 임차 혹은 임대의 경우 임차료 또는 임대료로서 사업기간 동안 매년도의 비용으로 계상해준다.

- 유실생산의 순가치(net value of production foregone): 기존 농지에 투자사업을 함으로써 희생된 생산물의 가치로서 매년도의 비용으로 계상해준다.
- 무가치: 투자사업에 소요되는 토지가 경제적으로 값을 가지지 않는 경우이다. 즉, 만일 투자사업에 토지를 이용하지 않으면 다른 어떤 용도에서도 아무런 수익을 얻을 수 없는 경우를 말한다. 실제로 어떤 경우이던 토지비용을 계상하지 않아도 좋은 경우란 없다고 할 것이다.

④ 예비비: 비용의 추정은 가격과 소요물량이 투자기간 중 변동이 없을 것이라는 가정 하에서 이루어진다. 실제로는 원자재의 국내·국제가격 변동, 우발사태 즉, 홍수, 산사태, 악천후 등으로 인한 사전 추정비용으로 사업추진이 어려운 경우가 발생한다. 그러므로 가격·물량 면에서 불리한 변화에 미리 대비하여 예비비를 투자비용 예측 시 비용의 일부로 계상한다.
예비비는 가격예비비(price contingency)와 물량적 예비비(physical contingency)가 있는데 가격예비비는 물가의 전반적 상승은 수익과 비용에 공통적으로 영향을 미치므로 계상할 필요가 없으나 특정 물자나 노임의 상대가격 상승에 대비하는 것이다.

⑤ 조세, 이자, 부채의 상환: 재무분석상 모두 해당지출연도의 비용으로 계상된다. 물품세와 같이 투입재의 가격에 포함된 조세는 적용가격을 통하여 자동적으로 비용에 계상된다. 그러나 농지세, 소득세와 같이 투자사업의 수익에 대하여 과세되는 조세는 별도로 파악해야 된다.

⑥ 매몰비용(sunk cost): 과거에 착공되었다가 도중에 중단되어 현재 미완공 상태의 사업에 기 투입된 비용으로서 미 완공사업이 다른 신규 사업과 함께 투자대상으로 고려되어 우선순위를 결정할 경우 투입된 매몰비용은 무시하고 신규투자만 고려하여 우선순위를 결정한다.

(2) 수익(편익)의 검증

① 생산량의 증가: 투자사업의 편익은 생산량의 증가로서 명확하게 파악된다. 그리고 자가소비분도 수익에 포함된다.

② 품질개선: 투자 후 품질이 개선되어 가격이 상승할 경우 수익에 포함된다. 그러나 과대평가가 없도록 유의하여야 한다.

③ 비용절감: 비용의 절약도 투자사업의 편익으로 본다. 즉, 농업기계화로 노

임을 절약하면 생산자체는 변화가 없어도 비용이 감소하므로 감소분만큼 순수익이 된다.

④ 손실방지: 생산이 증가하지 않아도 투자사업으로 인하여 손실을 회피하게 된다면 역시 편익이 된다. 즉, 토양보존사업에 의한 토양산화 방지, 태풍피해방지를 위한 과수원 지주설치 등이다.

2) 적정가격의 선택

(1) 가격선택의 일반원칙

수익항목은 농가수취가격(prices received by farmers), 비용항목은 농가지불가격(prices paid by farmers)을 적용한다. 이때의 가격은 농가정전가격(farm-gate price)으로 한다. 또한 인플레이션을 감안하여 장래가격을 예측한다. 가격의 선택 시기는 현재가격을 불변가격으로 사업기간 중 계속적용하고 수익·비용 전 항목의 가격은 동일시점의 가격을 적용원칙으로 한다.

(2) 수익성 분석에 적용할 적정상품가격

판매가 연중 계속되는 경우에는 연평균가격을 적용하는데 연중 판매가격과 판매량이 다르므로 반드시 월별 판매량을 가중한 평균가격을 써야 한다. 그리고 연간 가격진폭이 큰 분야의 투자사업에서는 과거 수년간의 가격변동을 분석해서 연평균가격을 적용한다. 또한 시기별 가격의 적용이나 연간 평균가격의 적용에 있어서는 가격의 추정을 해야 한다. 이 경우 인플레이션의 영향을 배제한 실질가격의 수준을 정하고 그 후에 인플레를 감안하여 현재의 불변가격을 결정해야 한다. 가격의 추정을 위해서는 최소자승법(Ordinary Least Squares, OLS)에 의한 추세치 산출 적용방법 등이 있다.

4 투자 타당성 분석기법과 분석 예

투자사업은 여러 측면에서 다양하게 검토 분석한 후 투자결정을 해야 하는데 이중 수익성 측정이 중요하다. 수익성 분석은 투자사업에 내포된 편익과 비용을 모두 화폐액으로 나타낼 수 있어야 한다. 수익성 측정기법도 여러 가지가 있으나 어느 것이 우수하다고 단정 짓기는 어렵고 상호보완적 관계에 있다고 할 수 있다.

1) 수익성 측정기법의 종류

수익성 측정기법은 여러 가지가 있으나 크게 할인에 의하지 않는 비할인법(undiscounted measures)과 할인에 의한(discounted measures) 할인법이 있다. 이의 차이점은 투자사업의 순수익 즉, 투자사업 가치(project worth)를 현재가치로 환산해서 수익성을 분석하는가의 여부에 있다.

할인이라는 방법을 사용하지 않고 투자사업의 수익성을 측정하는 비할인법으로는 계관법(관찰), 회수기간법(자본회수기간), 비용원당 수익법(지출금액단위당 순수익), 비용원당 연평균 수익법(지출금액당 연평균순수익) 등이 있다.

〈표 11-3〉 수익측정기법별 장단점 비교

구분	비할인법		할인법	
	회수기간법 (PBP)	비용원당 연평균 수익률	순현재가치법 (NPW)	내부수익률 (IRR)
의미	초기 투자액을 그 후 연차현금 흐름으로 회수할 경우 소요기간	단위 투하자본에 대한 예상 이익금액의 비율	투자사업의 순가치를 현시점의 화폐로 표시한 금액	투하된 자금의 이익률
장점	계산 간편 알기 쉽다	쉽게 알 수 있다.	알기 쉽고 계산 쉽다	이익률이므로 친숙함
단점	유리, 불리판정 불가능하므로 타당성의 결여	화폐 시간적 가치 불고려로 타당성 결여	사업 간 우선순위 결정에 부적합	사업 간 우선순위 결정에 부적합

화폐의 시간적 가치개념을 도입하여 미래에 발생하게 될 현금수지의 흐름을 현재가치로 할인하여 투자사업의 수익성을 측정하는 할인법으로는 순현재가치법(NPW), 내부수익률법(IRR), 수익비용율법(B/C), 순수익투자율법(N/K) 등이 있다.

2) 비할인법 분석 예

(1) 계관법(Ranking by Inspection Method)

선택 가능한 투자사업에 대해서 투자비용과 순수익흐름의 양상을 개괄적으로 살펴 상대적으로 유리한 사업을 선택하는 것이다. 동일한 투자액으로서 일정기간 동안 동일한 순수익을 산출하는 두 개의 투자사업이 있을 경우 그 중 한 사업이 다른 사업보다 더 긴 기간 동안 추가수익을 올릴 경우 전자의 투자사업을 선택한다.

단위: 천 원

사업별	사업연도	투하자본	비용	조수익	순수익
사업 I	1	30,000	30,000	--	--
	2	--	5,000	20,000	15,000
	3	--	5,000	20,000	15,000
	4	--	--	--	--
	합계	30,000	40,000	40,000	30,000
사업 II	1	30,000	30,000	--	--
	2	--	5,000	20,000	15,000
	3	--	5,000	20,000	15,000
	4	--	5,000	9,100	4,100
	합계	30,000	45,000	49,100	34,100
사업 III	1	30,000	30,000	--	--
	2	--	5,000	7,000	2,000
	3	--	5,000	19,000	14,000
	4	--	5,000	31,000	26,000
	합계	30,000	45,000	57,000	42,000
사업 IV	1	30,000	30,000	--	--
	2	--	5,000	7,000	2,000
	3	--	5,000	31,000	26,000
	4	--	5,000	19,000	14,000
	합계	30,000	45,000	57,000	42,000

〈표 11-4〉에서 투자사업 1과 2를 보면 3차 년도까지 3천만 원의 순수익은 같으나 사업 2가 4차 년도에도 순수익이 발생하므로 사업 2를 선택한다. 같은 투자액으로서 산출되는 순수익의 합계가 같을 경우 순수익의 흐름이 빨리 나타나는 것을 선택한다. 투자사업 3과 4의 순수익합계는 4천 2백만 원으로 같으나 투자사업 4가 더욱 빨리 나타나므로 사업 4를 선택한다. 그러나 계관법으로서는 투자사업 4가 2보다 좋다고 할 수 없다.

(2) 회수기간법(Payback Period Method)

당초 투자에 투입된 현금지출액과 같은 액의 현금수익액(순수익)을 올리는 연수가 회수기간이다. 즉, 순수익의 누계가 투하 자본 총액에 이를 때까지의 기간이다. 〈표 11-5〉에서 투자사업 1과 2는 회수기간 3년으로 사업의 우선순위가 같다.

〈표 11-5〉 투자사업별 회수기간

사업별	회수 기간	사업우선순위
투자사업 1	3	1
투자사업 2	3	1
투자사업 3	3년 6월	4
투자사업 4	3년 1월	3

회수기간법의 장점은 방법이 간단하여 이해하기 쉬우며(대자본을 투자하는 경우 사용하기 곤란함), 투자위험도에 대한 정보를 제공하고 유동성을 나타내주므로 유동성관리에 유용할 뿐만 아니라 시설 및 생산품의 진부화 위험을 감소시켜준다. 반면에 단점으로는 회수기간 이후의 수익 즉 사업의 전 기간을 고려하지 못한다. 즉, 투자사업 1과 2의 회수기간은 3년으로 같으나 투자사업 2는 4차 년도에도 수익이 발생한다. 또한 수익실현시기의 완급을 간과함으로써 시간적 가치를 무시하게 된다. 예를 들면 투자사업 3과 4의 투자자본을 42백만 원으로 정정한다면 회수기간은 4년으로 같으나 투자사업 4가 3보다 수익이 더욱 빨리 실현된다.

(3) 비용원당 수익법(Proceeds Per Unit of Outlay Method)

비용원당 수익은 순수익의 합계액을 총투자자본으로 나눈 것으로서 투하자본 1원이 산출하는 순수익을 의미한다. 가상적인 예에서 보면 투자사업 3, 4가 우선순위가 있는 것으로 나타났다.

(4) 비용원당 연평균 수익법
(Average Annual Proceeds Per Unit of Outlay Method)

비용원당 연평균 수익법은 순수익의 합계액을 실현연수로 나눈 후 이를 당초 총투자자본으로 나누어서 계산한다. 이는 수익 발생기간을 고려하지 못함으로써 단기간 높은 수익이 나는 투자사업이 우선적으로 선택되는 결함이 있다.

〈표 11-6〉 비용원당수익 계산

사업별	투하자본(A)	순수익계(B)	비용원당수익(B/A)	우선순위
투자사업 1	30,000	30,000	1.00	4
투자사업 2	30,000	34,100	1.14	3
투자사업 3	30,000	42,000	1.40	1
투자사업 4	30,000	42,000	1.40	1

〈표 11-7〉 비용원당 연평균 수익법 계산 예

사업별	투하자본 (A)	순수익 계 (B)	연평균 순수익 (B/A)	비용원당연평균 수익(B/A)	우선순위
투자사업 1	30,000	30,000	1.00	0.50	1
투자사업 2	30,000	34,100	1.14	0.38	4
투자사업 3	30,000	42,000	1.40	0.47	2
투자사업 4	30,000	42,000	1.40	0.47	2

3) 할인법

할인법이란 화폐의 시간적 가치(time value of money) 개념을 도입하여 투자수익과 투자비용 또는 투자순수익의 현재가치를 비교하는 것이다.

(1) 추가 순수익의 현재가치(Net Present Worth, NPW)

NPW란 현금유통의 현재가치의 합계로서 현재가치로 파악한 투사업가치(present worth)이다. NPW의 계산방법은 투자수익의 흐름(benefits stream)인 현금유입과 투자비용의 흐름(costs stream)인 현금유출을 현재가치로 환산한 후 그 차를 구하면 현금유통의 현재가치가 될 것이다. 다른 방법은 현금유입(투자수익의 현재가치 합계)과 현금유출(투자비용의 현재가치 합계)의 차이 즉, 현금유통을 구한 후 이를 할인하여 그 합계를 구하는 방법이다.

$$\text{NPW} = B - C = \sum_{i=0}^{n} \frac{Bi}{(1+r)i} - \sum_{i=0}^{n} \frac{Ci}{(1+r)i}$$

여기서 B: t시점에서 발생한 비용의 원화가치
　　　 C: t시점에서 발생한 수익의 원화가치
　　　 r: 할인율(Discount rate)
　　　 n: 사업의 경제적 내용연수

NPW의 의사결정기준의 기능을 보면 계산결과 정(+)이면 적용된 사회적 기회비용 또는 할인율 하에서 투자할 가치가 있는 사업이고 부(-)이면 투자가치가 없는 사업이 된다. 그러므로 적용한 할인율의 선택에 따라 투자의 타당성 여부가 결정된다. 그리고 상호배타적인 사업 간의 선택에서는 최적의 지표가 될 수 있으나 상호배타적이 아닌 투자사업 간의 우선순위 결정기능에 적용하는 데에는 한계가 있다. 이는 NPW가 절대적이지 상대적인 비교측정치가 아니기 때문이다. 즉, 사업규모의 크기에 따라 NPW의 크기가 좌우되기 때문이다. 그러므로 NPW가 정(+)인 모든 사업을 추진할 여력이 있다면 문제가 없으나 일부사업만 선택하게 되면 정확한 지표가 될 수 없다. 또한 할인율이 투자결정에 전적으로 영향을 미치므로 할인율의 선택이 중요한데 이론상이나 실제상으로나 쉬운 일이 아니다.

NPW의 문제점을 보면 첫째, 할인율 r의 크기를 결정하는 문제이다. 자본의 기회비용은 기간에 따라 변동되기 때문에 사업기간 중에 일정한 할인율을 적용시키는 것은 문제가 된다. 둘째, NPW의 값이 크면 클수록 좋은 사업이라 판단하기 때문에 사업의 규모가 클수록 좋은 사업으로 평가된다. 따라서 투입비용에 대한 효율성은 완전하게 무시되는 단점이 있다.

〈표 11-8〉 투자사업의 현금유통 예

단위: 천 원

구분	사업년도					
	개시	1년	2년	3년	4년	5년
수익(B) 비용(C)	12,000	12,000 8,400	14,000 9,860	15,000 10,680	16,000 11,590	18,200 12,320
순수익(B-C)	△12,000	3,600	4,140	4,320	4,410	5,880

〈표 11-9〉 할인율 12%서 순현재가치

단위: 천 원

사업 년도	순수익	할인계수	순수익 현재가치
개시 년도	△ 12,000	1.000	△12,000
1년	3,600	0.893	3,215
2년	4,140	0.797	3,300
3년	4,320	0.712	3,075
4년	4,410	0.636	2,805
5년	5,880	0.567	3,334
순현재가치(계)			3,729

〈표 11-9〉의 예시를 할인율 12%에서 NPW를 계산한 결과 3,729천 원으로 정의 수치를 나타내므로 투자의 타당성이 있다고 할 수 있다.

(2) 편익·비용 분석(Benefit Cost Ratio, B/C)

B/C는 투자수익의 현재가치 합계를 투자비용의 현재가치 합계로 나누어서 계산하며 투자수익의 현재가치 합계가 투자비용의 현재가치합계 보다 크면 즉 B/C 〉1이면 투자가치가 있고 비율이 높으면 높을수록 투자의 우선순위가 높다고 볼 수 있다.

$$B/C = \sum_{i=0}^{n} Bi/(1+r)^i / \sum_{i=0}^{n} Ci/(1+r)^i$$

여기서, B: 편익의 현재가치의 합계
Bi: i년도의 편익
C: 비용의 현재가치의 합계
Ci: i년도의 비용
r: 할인율(또는 자본의 기회비용)
n: 사업내용연수

〈표 11-10〉 수익과 비용흐름의 현재가치

단위: 천 원

사업 년도	수익	할인율 (12%)	순수익 현재가치	비용	할인율 (12%)	비용 현재가치
개시 년도	0	1.000	0	12,000	1.000	12,000
1년	12,000	0.893	10,714	8,400	0.892	7,500
2년	14,000	0.797	11,161	9,860	0.797	7,860
3년	15,000	0.712	10,677	10,680	0.712	7,602
4년	16,000	0.636	10,168	11,590	0.636	7,366
5년	18,200	0.567	10,327	12,320	0.567	6,991
계			53,047			49,318

〈표 11-10〉에서 B/C(53,047/49,318)를 계산해 보면 1.075로서 1보다 크므로 투자할 가치가 있다고 하겠다.

(3) 내부투자수익률(Internal Rate of Return, IRR)

IRR이란 투자사업 기간[41] 동안 수익의 현재가치 합계와 비용의 현재가치 합계를

---

41) 사업기간은 투자사업의 경제적 수명으로 실제분석에서는 투자사업에 포함된 주된 투자항목의 수명으로 한다.

같게 만드는 할인율(이자율)이다. 즉, NPW가 "0"이 되는 할인율을 의미한다. 그러 므로 투하된 자본을 사업내용기간 내에 회수하면서 동시에 수익을 창출하는 자본의 가득력(earning power of capital)을 알 수 있으며 IRR이 사회의 평균기회비용보다 높으면 투자가치가 있다고 할 수 있다.

$$B = \sum_{i=0}^{n} B\,i/(1+r)^i = b_0 + b_1/(1+r) + b_2/(1+r)^2 + \cdots\cdots b_n/(1+r)^n$$

$$C = \sum_{i=0}^{n} C i/(1+r)^i = c_0 + c_1/(1+r) + c_2/(1+r)^2 + \cdots\cdots c_n/(1+r)^n$$

여기서, B_n : 연도별 수익의 흐름
C_i : 연도별 비용의 흐름
r : 할인율(또는 자본의 기회비용)
n : 사업내용연수

IRR도 상호배타적인 사업에서는 유용한 지표라고 볼 수 없다. IRR은 NPW와는 반대로 투자규모가 비교적 작고 사업기간이 짧은 투자사업에서 높게 나타나는 경향 이 있다. 그러므로 투자사업이 상호배타적인 경우 IRR은 높으나 NPW가 적은 투자 사업을 선택하거나 IRR은 낮으나 NPW는 큰 투자사업을 선택하게 되는 경우는 대규 모사업의 현금유통과 소규모사업의 현금유통의 차이를 구하고 이 차이의 현금유통 의 IRR을 구해서 기회비용보다 높으면 대규모사업을 선택한다.

이 IRR의 계산에서 경제주체(기업, 정부)의 관점에서 계산하는 재무적 수익률 (Financial Internal Rate of Return)과 국민경제의 관점에서 산출된 경제적 수 익률(Economic Internal Rate of Return)로 나눌 수 있다.

문제점으로는 사업기간동안 단일할인율 즉, 자본의 기회비용을 고려하기 때문에 사업의 내용연수가 장기일 때는 문제점을 가져온다. 다음으로 IRR과 NPW 기준 간 에 사업의 우선순위가 바뀔 수 있다.

(4) 감응도 분석(Sensitivity Analysis)

투자사업의 효율 계측방법은 사업계획에 적용된 비용 및 가격은 다른 모든 조건이 현재와 같다고 가정하는데 현실적으로 투자사업의 추진에는 계획대로 된다고 보기 어렵다. 어떤 여건변화가 사업에 불리할 경우 경제적 수익 또는 재무적 수익에 나타나는 반응을 감응도 분석이라고 한다. 즉 감응도 분석은 투자사업이 포함한 여러 가지 불확실성(uncertainty)을 분석하는 것이다.

일반적으로 가격의 불리한 변화, 사업착수의 지연, 투자비용의 증대, 생산액의 부족 등이 수익성에 미치는 영향이 검토된다. 실제 투자분석에서 감응도 분석은 단순하게 투자비용이나 생산액을 투자사업에 계상된 숫자보다 10%, 20% 다르게 가상해서 내부수익률을 계산한다. 계산결과 수익률의 변동이 심하게 나타나면 투자사업의 위험은 크다고 수 있다.

사업의 수익성에 대한 예측은 사업계측에 적용된 비용, 가격 및 다른 모든 조건이 현재와 같다고 가정한 것이므로 기대판매가격이나 사업기간 등이 변할 것이므로 감응도 분석이 필요하다. 이에는 할인된 현금의 추이 즉, 할인율의 변동에 따른 사업별 NPV(net present value)의 변동을 알아보는 방법이 있다.

또한 손익 분기점 분석을 이용하여 비용, 생산량 그리고 가격이 수익성에 어떻게 영향을 미치는가를 알아보는 것이다. 손익 분기점이란 총수입에 대해 유동 비용에다 고정 비용을 합한 총비용이 같아지는 점으로 그 점을 계산하는 식은 다음과 같다.

$$P \cdot X = F + V \cdot X$$

P: 단위당 가격, X: 생산량
F: 고정 비용,   V: 단위당 유동 비용

그러므로 손익 분기점의 생산량은 다음과 같다.

$$X = \frac{F}{P - V}$$

(5) 경제수익률 추정(Economic Internal Rate of Return)

사경제적 관점에서 투자사업의 효과분석을 할 경우 자본의 소유관계와 소득분배를 중요시하므로 재무분석을 한다. 재무분석의 주요평가 지표는 재무수익률로서 농민, 기업체 또는 공공단체가 사업에 참여한 개별 경제주체의 재무분석 결과는 투자주체의 재력, 사업수지 및 부채의 상환능력이 판단자료가 된다. 그러나 사업의 시행을 누가하였으며 혜택을 누가 받았느냐에 관계없이 해당사업이 전체 국민경제에 얼마나 기여했는가를 판단할 때는 경영분석에 의한 경제적 수익률이 사용된다.

경제수익률은 투자분석에 있어서 국민경제적 차원에서 자원이용의 효율성을 분석하는 것으로 투자자원의 효율성 분석에 중요한 자료가 된다. 재무분석과 경제분석의 차이는 현행시장가격, 조세와 보조금, 자본이자와 감가상각, 기업이윤의 처리방법에 따라 다른데 일반적으로 조세와 자본이자를 재무수익률에서 비용에 포함하며, 수매가격과 시장가격의 차이 등은 경제수익률에서 수익으로 계산한다.

예를 들면 가공용 사과의 수매에 따른 생과의 가격 상승효과가 크므로 생과가격의 안정에 기여하는 바가 클 것이다. 농협이 사과주스공장을 건설한 후 사과주스를 생산하기 위하여 사과수매가격을 시가 100원/kg보다 높은 250원/kg으로 수매함으로써 농민에게 직접소득보상효과를 가져왔으므로 kg당 150원의 직접소득보상액만큼 경제수익률 추정에 적용할 수 있다. 따라서 재무수익률을 보면 사업의 타당성이 없으나 경제수익률을 보면 타당성이 있는 경우가 있다.

5 투자효율 계측 연습

농업부문 투자효율의 추정 예를 3가지 사업의 공정의 경우를 가정하여 계산한 결과는 〈표 11-11〉과 같다.

〈표 11-11〉 투자별 현금 흐름의 예

처음 투자비	0차년도	제품 A	제품 B	제품 C
		₩20,000,000	₩20,000,000	₩20,000,000
연도별 순현금 흐름	1차년도	5,000,000	2,000,000	
	2차년도	5,000,000	4,000,000	
	3차년도	5,000,000	6,000,000	
	4차년도	5,000,000	8,000,000	20,000,000
	5차년도		10,000,000	11,000,000
	6차년도		6,000,000	3,000,000
	7차년도		3,000,000	3,000,000
	8차년도		1,000,000	3,000,000
전체 순현금 흐름		₩0	₩20,000,000	₩20,000,000

위의 예를 공식에 의하여 자본 회수 기간과 투자 수익률/(ROI)을 구하면 〈표 11-12〉에서와 같다.

〈표 11-12〉 투자별 수익성 분석 결과

	제품 A	제품 B	제품 C
자본 회수 기간	4년	4년	4년
투자 수익률	0	12.5%	12.5%
순현가(할인율 10%일 때)	₩-4,155,000	₩6,692,000	₩5,123,000
내부 수익률	-	18.2%	15.4%

제품 B에 대한 순현가를 계산하여 보면 0차 년도에는 ₩20,000,000이 투자되므로 이를 현가로 계산하면 $-20,000,000 \times 1.000 = $ ₩-20,000,000이 된다. 1차 년도에는 ₩2,000,000의 현금 유입이 있으므로 이를 현가로 할인하면 $2,000,000 \times [1/(1+0.1)] = $ ₩1,818,000이 된다. 2차 년도의 ₩4,000,000 현금 흐름도 할인하여 계산하면 $4,000,000 \times [1/(1+0.1)^2] = $ ₩3,304,000이 된다. 이러한 방법에 의하여 8차 년도까지의 현금 흐름을 할인하여 현가로 계산하면 〈표 11-13〉과 같다.

제품 C에 대해서도 같은 방법으로 계산하면 순현가 ₩5,123,000이 얻어진다. 제품 A에 대한 순현가는 할인율 10%에서 부(-)일뿐만 아니라 어떠한 정(+)의 할인율에서도 정(+)의 순현가를 보여주지 못한다. 따라서 NPV가 0인 정(+)의 할인율을 갖지 못하므로 정(+)의 내부 수익률을 얻을 수 없다.

〈표 11-13〉 현금흐름의 현재가치 예

연도	연도별 현금 흐름	할인 계수	할인된 현금 흐름
0차	-20,000,000	1.000	-20,000,000
1차	2,000,000	0.909	1,818,000
2차	4,000,000	0.826	3,304,000
3차	6,000,000	0.751	4,506,000
4차	8,000,000	0.683	5,464,000
5차	10,000,000	0.621	6,210,000
6차	6,000,000	0.564	3,384,000
7차	3,000,000	0.513	1,539,000
8차	1,000,000	0.467	467,000
		전체 순현가(NPV)	6,692,000

반면에 제품 B의 투자계획에 대해서는 10%에서부터 할인율을 상승시켜가면서 NPV를 계산하여 NPV가 0에 이르는 할인율을 계산할 수 있는 데 이를 시행착오적인 방법에 의하여 계산하면 내부수익률은 18.2%를 얻게 되고, 제품 C의 투자 계획에 대해서는 15.4%의 내부 수익률을 얻게 된다. 따라서 위의 3가지 투자 대안 중에서 화폐의 시간 가치를 고려하지 않은 자본 회수 기간에는 모두 동일하게 나타나고 투자 수익률에서도 제품 B와 제품 C에 대해서 같은 것으로 나타나지만 돈의 시간 가치를 고려한 순현가나 내부수익률을 비교하면 제품 B에 대한 투자대안이 가장 타당한 것으로 평가된다.

투자효율 계측방법별 장점과 단점을 보면 NFV(net future value)는 계산이 간단하며 투자와 수입의 발생시점을 현금흐름도로서 알 수 있으나 화폐의 시간적 가치를 고려하지 않는 방법이며 PBP(pay-back period)는 투자액의 회수기간을 알 수 있으나 회수이후에 대해서 정보가 없다.

NPV(net present value)는 현금흐름의 시간적 가치를 고려하는 장점이 있으나 할인율에 의존하는 단점이 있다. ROI(rate of return)는 자본 및 자산의 실행을 측정할 수 있으나 현금흐름의 시기를 고려하지 않으며 IRR(internal rate of return)은 현금흐름의 시간적 가치를 고려한 자본의 실행을 측정할 수 있으나 필요한 재원의 제시가 없다. 그러므로 투자효율 계측방법에 따라 장·단점이 있으므로 어느 하나의 계측방법에 의하여 판단하기 어려우므로 여러 가지 계측방법에 의하여 투자효율을 계측하고 종합적으로 판단하여야 한다.

제12장 스마트농업과 농업경영

1 스마트농업

1) 스마트농업의 등장 배경

국내외 농업환경을 살펴보면, 농가 인구의 감소와 고령화로 인한 노동력 부족, 기후 변화의 심화와 이로 인한 위험 증가, 관행농으로 인한 과대한 농약과 화학비료의 사용에 따른 토양과 수질 오염 문제가 주목받고 있다. 최근에는 코로나19, 러시아-우크라이나 전쟁 등 재해와 분쟁에 따른 식량 공급망 불안을 해소하기 위한 농업 생산과 전후방 산업의 혁신도 필요한 상황이다.

세계적으로는 인구 증가에 따른 식량 부족이 초래될 수 있다는 우려가 증폭되고 있다. 유엔 경제사회국(DESA)은 "세계인구전망" 보고서에서 2019년의 77억 1,300만 명이었던 세계인구가 2050년에는 97억 명까지 증가할 것으로 전망하고 있다. 유엔 식량농업기구는 2050년 세계 인구가 90억 명을 넘어설 경우에는 개발도상국가를 중심으로 식량 부족이 초래될 수 있다고 경고해 왔다. 이에 세계자원연구소(WRI)는 2050년까지 식량 생산량을 2006년 대비 69% 이상 증가시켜야 할 것으로 추산하고 있다. 미래 식량 부족을 대비하여 농업 생산성을 향상시키는 것은 전 세계 농업의 중요한 이슈로 부각되고 있다.

우리나라의 경우에는 인구 증가에 따른 식량부족 문제와는 달리, 농산물 수급 불균형이 문제이다. 소득수준이 높은 다수의 선진국에서는 전반적인 농산물 과잉공급에 따른 가격 불안정성이 부각되고 있다. 또한 소비자의 소득수준 향상으로 농산물 선호가 다변화되고, 이에 따라서 고부가가치 농산물의 생산을 통한 문제 해결도 중시되고 있다.

다만, 세계적으로 농업 인구의 고령화와 노동력 부족이 가속화되고 있어서 기존의 농업 방식만으로는 농업이 처한 위기를 극복하는데 한계를 나타내고 있다. 이에 각국은 바이오디지털 기술을 농업 전 부문에 활용하여 생산성 향상, 노동력 절감, 생산 조정, 시장 가격 예측 등이 가능한 농업인 '스마트농업'으로의 발전을 모색하고 있다. 기존의 농업이 관행적이고 경험적인 방식으로 이루어졌다면, 스마트농업은 바이오디지털을 활용한 과학적이고 분석적인 농업이다.

2) 스마트농업의 정의

(1) 스마트농업과 스마트팜의 차이

스마트농업은 농업 가치사슬 전반에 걸쳐 ICT(정보통신), BT(생명공학), GT(유전공학), ET(환경공학) 기술이 융합된 자동화·지능화 농업을 말한다. 반면, 스마트팜은 ICT기술을 접목하여 원격·자동으로 생육환경을 유지·관리하는 농장으로 정의된다. 즉 스마트농업은 광의의 개념으로 생산을 중심으로 전후방 산업을 모두 아우르는 것으로 바이오디지털 기술을 육종, 채종, 육묘, 생육, 수확, 유통, 소비 전반에 적용하는 것이라면, 스마트팜은 협의의 개념으로 전체 가치사슬에서 생산 단계에만 적용된 스마트농업으로 볼 수 있다.

(2) 전통농업과 스마트농업의 비교

전통농업은 관행적으로 내려온 경험과 지식에 의존하여 데이터의 수집과 분석이 제한적이다. 또한 수작업 또는 사람이 현장에서 직접 작동시켜야 하는 기계설비에 의존하기 때문에 시간과 장소에 구속될 수밖에 없다.

반면 스마트농업은 농장 곳곳에 설치된 각종 센서와 IoT(사물인터넷)네트워크를 통해서 수집된 대량의 데이터에 대한 과학적 분석을 통해서 농작물 관리가 가능하다. 따라서 농작물 생산에 필요한 자원을 가장 효율적으로 활용하여, 높은 생산성과 수익성을 달성할 수 있다. 또한 원격에서 농장 모니터링과 제어가 가능하기 때문에 농업인은 시간과 장소에 구속되지 않고 언제 어디서나 농장 관리가 가능하다. 그리고 농약과 화학비료 등의 사용량을 최소화할 수 있어서 환경 친화적 생산에도 유리하다.

〈표 12-1〉 전통농업과 스마트농업의 차이

특징	전통농업	스마트농업
농작물 관리	경험에 의존, 시각적 파악	ICT 기반으로 대량의 데이터 수집·분석 활용
자원 효율성	상대적으로 비효율적	물, 비료, 노동력 등을 최적양만 효율적으로 사용
생산	제한된 생산성과 수익성	정확한 데이터에 기반한 경영으로 높은 생산성과 수익성 추구
편의성	시간과 장소에 구속	언제 어디서나 모니터링 및 제어 가능
환경 친화성	환경 제어 어려울 수 있음	지능형 농업으로 환경 친화적 생산 지향

3) 농업 밸류체인의 스마트화

농업 밸류체인은 농작물 생산을 중심으로 생산 전 단계부터 유통·소비 단계까지의 모든 활동을 말한다. 보다 세분하면 생산 전 단계, 생산·재배·관리 단계, 수확·선별 단계, 출하·유통 단계, 소비 단계로 나눌 수 있다. 스마트농업은 농업 밸류체인 전 단계에서 효율적이고 효과적인 농작업을 위하여 스마트·디지털 기술을 접목하는 농업이다.

농업 밸류체인 각 단계에서 적용되는 대표적 기술에는 IoT, 빅데이터, 인공지능, 로봇 등이 있다. 예를 들어서 생산 전 단계에 해당하는 육종에 있어서는 BT(생명공학)와 ICT(정보통신)를 융합하여 기존의 육종 기술에서는 구현이 어려운 품종을 보다 효율적이고 효과적으로 개발할 수 있게 된다. 생산·재배·관리 단계에서는 원격·자동화 기술을 활용하여 생육, 병해충, 관수·관비 등을 관리하는 스마트팜이 대표적이다.

스마트농업에서는 기존 농업의 밸류체인에서는 없었던 데이터의 수집, 분석, 활용의 단계가 추가된다. 각종 센스에서 측정된 데이터는 사물인터넷(IoT) 기기를 통해서 수집되고 분석되어서 농업인을 위한 각종 서비스로 활용된다.

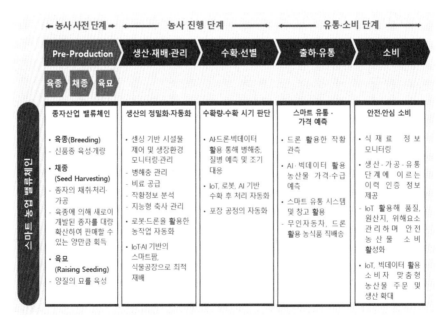

[그림 12-1] 스마트농업 밸류체인

(출처: 삼정 KPMG 경제연구원, 이슈모니터 125호)

4) 글로벌 스마트농업 시장 현황

세계 스마트농업 시장은 지속적 성장이 예상되어서 2020년 137.52억 달러의 규모가 2025년까지 연평균 9.8% 성장하여 219.62억 달러에 이를 것으로 예측된다. 2020년 기준으로 스마트농업 시장의 규모가 가장 큰 지역은 46.17억 달러인 북미 지역으로 2025년까지 연평균 6.5% 증가하여 63.11억 달러에 이르고, 유럽 지역은 42.29억 달러로서 2020년 2위 규모이지만 2025년에는 70.28억 달러로서 시장규모가 가장 커질 것으로 예상된다. 다만 성장률은 아시아-태평양 지역이 가장 높아서 2020년 아태 지역의 시장 규모는 30.86억 달러에서 2025년 54.54억 달러로 연평균 12.1% 증가에 이를 전망이다.

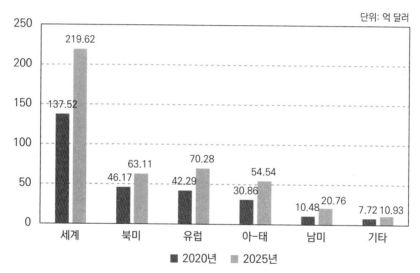

[그림 12-2] 세계 스마트농업의 시장규모

(자료: Smart Agriculture Market, Markets and Markets, 2020)

2015년 이후 국내 스마트농업 시장은 크게 성장하여 총시장 규모는 2015년의 36,051억 원에서 2020년에는 54,048억 원으로 49.9% 증가했다. 세부내역을 살펴보면, 같은 기간 동안 지능형 농작업기는 18,000억 원에서 27,997억 원으로 55.5% 증가하였다. 이는 농업 작업의 지능화와 협업 기술의 적용에 따라서 효율성이 높아졌음을 나타낸다. 스마트팜은 16,251억 원에서 22,475억 원으로 38.3% 성장했는데, 이는 농업 생산 및 관리의 디지털화와 자동화가 진행되고 있음을 시사한다. 식물공장은 1,800억 원이 3,576억 원으로 98.7% 증가하여, 식물의 인공적인 환경에서 효율적으로 재배하는 기술의 급부상을 나타낸다.

유형별 비중추이를 살펴보면, 2015년에는 지능형 농작업기, 스마트팜, 식물공장의 비중이 각각 49.9%, 45.1%, 5%였다. 그러나 2020년에는 지능형 농작업기가 51.8%, 스마트팜이 41.6%, 식물공장이 6.6%로 변화하여 비중 변화를 나타냈다. 이러한 변화는 스마트농업 기술 중에서도 특히 지능형 농작업과 식물공장이 시장에서 주목받고 있다는 것을 시사한다.

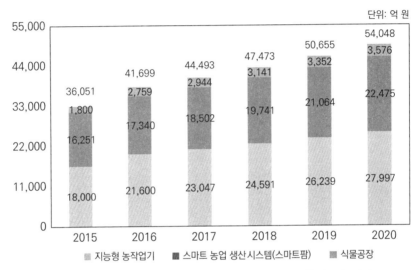

[그림 12-3] 국내 스마트농업 관련 시장 규모 추이 및 전망

(자료: 중소기업청)

5) 주요 농업 선진국과 우리나라의 스마트농업 사업 추진 현황

(1) 주요 농업 선진국의 스마트농업 사업 추진 현황

미국은 대규모 경작지에 대한 효율적인 관리와 생산성 극대화에 집중하면서 1990년부터 데이터를 활용한 정밀농업에 대한 연구를 선도하여 노지 분야의 스마트농업을 선도하고 있다. 미국의 스마트농업 산업은 민간 기업을 중심으로 성장하고 있으며, 미국 농무부는 기초 연구분야에 대한 R&D 투자와 제도적 지원에 초점을 맞추고 있다.

EU는 환경에 대한 높은 관심과 함께 높은 인건비, 농장 감소, 좁은 농지 등의 문제에 대응하여 지속가능성에 초점을 두면서도 단위면적당 생산성 극대화를 위하여 시설원예 분야 스마트농업이 발달했다. 특히 EU는 정부-기업-연구소-농업협동조합 간의 협력 관계가 잘 구축되어 있다. 대표적으로 네덜란드는 와게닝겐 지역을 중심으로 기업과 대학이 주도하고 정부가 지원하는 산업 클러스터를 구축하고 첨단 스마트농업 기술 R&D와 상용화를 촉진하고, 대규모 시설원예 단지를 조성하여 수출을 견인하는 방법으로 세계 시설원예 스마트팜 분야에서 독보적 입지를 확보했다.

일본은 농촌인구 고령화, 농업인구 감소 등으로 노동력이 부족하고, 경작 가능한 농지의 감소로 대부분의 지역에서 대규모 농업이 어려운 상황이다. 더불어 잦은 태풍과 지진 등 기후변화도 심하여 적은 노동력으로 분산된 농장을 통합 관리할 수 있는 ICT기반의 스마트팜 시스템과 로봇농업에 대한 개발을 추진하고 있다. 그리고 거대한 내수 시장을 가진 중국은 정부의 농업 현대화에 대한 강력한 의지를 기반으로 스마트농업 기술의 개발과 보급에 대한 대규모 정책 지원을 추진하여 드론농업 등의 분야에서 독보적 우위를 점하고 있다.

〈표 12-2〉 각국의 스마트농업 추진 현황

	배경	발전분야
미국	넓은 토지, 다양한 생산물	정밀농업, 자율주행 트랙터 등 노지 스마트농업
EU	환경에 대한 관심 고조, 높은 인건비, 농장 감소, 좁은 농지	환경제어시스템 등 시설원예 스마트농업
일본	농촌인구 고령화, 농업인구 감소	생력화 기술, 로봇농업
중국	농촌 현대화 의지, 정부의 강력한 지원	드론농업

자료: 스마트농업 해외기술동향, KREI, 2016.

(2) 우리나라의 스마트농업 사업 추진 현황

정부는 스마트농업의 구현을 위하여 보급·확산과 기술개발을 위한 정책을 추진하고 있다. 정부는 2013년 '농식품 ICT 융복합 확산 대책'을 발표하고 시설원예와 축산 분야를 중심으로 ICT를 접목한 스마트팜 보급 사업을 추진했다. 2018년에는 '스마트팜 확산 방안'을 수립하고 스마트팜 혁신밸리 4개소 구축을 포함한 스마트팜 보급 확산 및 고도화를 추진했다. 스마트팜 중심의 정책이 스마트농업으로 확대된 것은 2021년 '빅데이터·인공지능 기반 스마트농업 확산 종합대책'을 통해서 본격화되었다고 볼 수 있다. 종합대책에서는 2025년까지 시설원예 스마트팜에 8,000ha 보급하고, 선진국과의 기술격차는 2020년 4년으로 평가되고 있는데 이를 2025년까지 3년으로 줄이며, 스마트농업 전문인력 1만 명을 양성하는 것을 목표로 설정했다. 2022년 10월에는 2027년까지 전체 생산의 30%를 스마트화 한다는 '스마트농업 확산을 통한 농업혁신 방안'을 발표하고, 전 품목에 걸쳐 다수 농업인이 스마트농업을 도입할 수 있도록 농업인·기업·중계자 등 스마트농업 혁신 민간 주체를 육성하고, 품목별 스마트농업 도입 확산, 그리고 스마트농업 성장기반 강화를 위한 클라우드 기반 데이터·인공지능 플랫폼 구축과 R&D를 추진하고 있다.

국내 노지 스마트농업은 시작 단계로서 2018년부터 '노지 스마트농업 모델개발사업'을 추진했다. 노지 스마트농업 모델개발사업은 노지 농업에서 적용 가능한 스마트기술과 고려사항을 확인하기 위한 실증사업으로 추진됐으며, 농식품부는 2020년부터 노지 스마트농업 시범사업을 추진했다. 노지 스마트농업 시범사업에서는 노지에서의 스마트농업 확산을 위하여 현장에서 즉시 사용할 수 있는 스마트농기계를 도입하고 있다. 궁극적으로는 현장에서 농업 빅데이터를 수집하여 수집하고 활용하는 노지 영농의 스마트화 기반 마련을 목표로 한다. 이를 위하여 시범사업은 주산지 중심으로 경작지를 50ha 이상으로 규모화하고 단지를 집적화한 지역 공동경영체 단위에서 선정된 특화 품종을 중심으로 추진되고 있다.

현재 국내 스마트농업 정책은 스마트팜의 개발과 보급을 넘어서 농업 전체 가치사슬에서 빅데이터와 인공지능을 활용하는 스마트농업 정책으로 변화되고 있다. 이를 위하여 2023년에는 스마트농업 육성과 지원을 위한 기본법인 '스마트농업 육성 및 지원에 관한 법률'이 국회를 통과하여 2024년부터 시행될 예정이다. 해당 법률에서는 스마트농업의 육성과 지원체계가 명문화하였고, 향후 5년 단위의 기본계획과 연도별 시행계획이 수립된다.

2 스마트팜(smart farm) 기술 동향

1) 개요

스마트팜은 농업부문에 정보통신기술(ICT)을 접목한 농장이다. 즉, 각종 센서와 사물인터넷(IoT) 기술을 이용하여 논·밭·재배시설에서 온도·습도·햇볕량·이산화탄소·토양 등의 생육 데이터를 수집하여 분석하고, 이를 인공지능, 로봇 등 지능화·자동화 기술을 이용하여 관리하는 첨단 농장을 스마트팜이라고 할 수 있다. 이를 통해서 농업의 생산·유통·소비과정에 걸쳐 생산성과 효율성 및 품질향상 등과 같은 고부가가치를 창출할 수 있다.

스마트팜에는 센서 기술, 사물인터넷 기술, 빅데이터와 인공지능 기술, 지능형 로봇 기술 등이 적용된다. 센스기술은 각종 데이터의 수집을 위하여 측정 대상물에서 온도, 습도, 생체신호 등의 각종 데이터를 감지하여 전기신호로 변환하는 기술이다. 사물인터넷(IoT) 기술은 사물과 사물·사람과 사람·사물과 사람을 인터넷으로는 연결하는 기술이다. 빅데이터와 인공지능 기술은 대량의 실시간 데이터를 수집·분석·활용하는 기술로서, 특히 인공지능은 자율적으로 인간의 의사결정을 지원해 주는 기술이다. 지능형 로봇 기술은 자율적인 판단으로 인간의 물리적 작업을 대신해 주는 기술을 의미하며, 특히 인공지능은 자동·자율적으로 사람의 의사결정을 지원해 주는 기술을 의미한다.

2) 스마트팜 기술 수준

(1) 스마트팜의 발전 수준

국내에서는 스마트팜 모델을 기술 수준에 따라 1세대부터 3세대로 구분하고 있다.

1세대(1단계) 모델은 모바일과 IT 기술을 활용하여 시설의 환경정보를 모니터링하고 스마트폰으로 원격 제어하는 수준을 말한다. 이 세대의 모델에서는 환경 모니터링 장비를 사용하여 농장의 온습도 및 기타 환경 요소를 원격으로 모니터링하고 제어할 수 있다. CCTV를 통해 농장을 감시하고, 실시간으로 농장 온도를 확인하여 시설의 개폐를 스마트폰이나 PC로 할 수 있기 때문에 노동력이 절감된다. 다만, 대부분의 의사 결정은 여전히 농업인이 직접해야 한다.

2세대(2단계) 모델은 사물인터넷(IoT), 빅데이터, 인공지능 등을 기반으로 정밀한 생육관리가 가능한 모델이다. 이 모델은 농작물의 생육 상태를 측정하고 빅데이터를 분석을 통한 의사결정으로 생산성이 크게 향상될 수 있다. 인공지능이 도입된 경우에는 맞춤형 생산이 가능해지고, 데이터를 기반으로 한 자율적인 의사결정도 가능해진다. 1세대의 기술을 기반으로 하여 빅 데이터 분석과 처리를 이용한 자동화가 강조되며, 생산자의 제어가 최소화된다.

3세대(3단계) 모델은 지능화 로봇 등 첨단 기술이 모두 융합된 무인자동화 모델을 의미한다. 이 모델에는 신재생 에너지를 활용한 에너지 관리의 최적화와 로봇과 지능형 농기계 시스템이 구축된다. 2세대의 기술을 기반으로 하여 로봇을 이용한 완전한 무인자동화가 이루어지는 단계이다.

국내 스마트팜은 현재 1.5세대 수준으로 일본이나 미국, 네덜란드 등과 비교했을 때 기술적으로 뒤져있다고 평가된다. 2022년 기준으로 국내에 보급된 스마트팜 중

84.2%가 1세대로 분류된다. 이는 모바일과 IT를 활용하여 환경 정보를 모니터링하고 제어하는 수준을 의미한다. 반면에 각종 농업 데이터를 실시간으로 수집하고 분석하여 정밀 생육관리를 가능케 하는 2세대 모델은 전체의 15.8%만이 보급되어 있는 상황이다. 빅데이터, 인공지능, 사물인터넷(IoT) 등을 활용하여 생산성을 향상시키는 첨단 기술은 아직 제한적으로 도입되었다. 특히 무인자동화 기술이 적용된 3세대 모델은 현재 개발 단계에 머물러 있다.

〈표 12-3〉 국내 시설원예 스마트팜 세대 구분

구분	1세대	2세대	3세대
주요기능	원격 시설제어	정밀 생육관리	전주기 지능·자동관리
핵심정보	환경정보	(환경+생육)정보	(환경+생육+생산)정보
핵심기술	통신	통신+빅데이터/AI	통신+빅데이터/AI+로봇
의사결정/제어	사람/사람	사람/컴퓨터	컴퓨터/로봇
대표 예시	스마트팜 온실 제어시스템	데이터 기반 생육관리 S/W	지능형 로봇농장
보급률 ('20년 기준)	84.2%	15.8%	–

자료: 농림축산식품부, 정책홍보.

(2) 스마트팜 기자재 표준화

기술표준화는 다양한 제조업체의 일관성 있고, 효과적인 기술의 개발과 제조에 의한 품질 향상과 비용절감을 가능하게 하여 국내 스마트팜 산업의 발전을 위한 필수적인 부분이다. 주요 기자재의 규격이 통일되면 스마트팜 장비를 생산하는 기업의 제품 설계·개발 비용이 감소하고, 예전보다 부품 공급처를 자유롭게 선택할 수 있어 완제품의 생산비용이 낮아지는 효과가 있다. 또한 스마트팜을 구축하는 농장에서도 사후관리(A/S)나 유지보수에 필요한 비용이 절감된다. 정부는 2018년 스마트팜 확산 방안을 통해서 ICT 기자재 및 통신 표준화를 추진과제로 선정했다. 기술표준은 고도화 수준에 따라서 단체표준, 국가표준, 국제표준으로 구분되는데, 정부는 스마트팜 ICT 기자재 등의 표준화 수준을 2020년부터 ITU-T(국제전기통신연합-전기통신표준화부문) 등의 승인에 의한 국제표준 수준으로 고도화하기 위한 지원을 추진하고 있다.

농업기계에 대한 국가표준은 국가기술표준원의 TC23(농림업용 트랙터 및 기계류)전문위원회에서 관리하고 있으나, 스마트팜 표준에 있어서는 농촌진흥청에 업무를 위탁하여 관리하는 상황이다. 국가기술표준원은 국가표준산업표준화법에 의거 산업표준심의회의 심의를 거쳐 국가기준표준원장의 고시로 국가표준을 확정한다. 노지 스마트팜과 관련하여 2018년부터는 농업용·전자통신(TC23/SC19) 분야 중에서 자율주행 트랙터 관련 표준과 데이터 통신 관련 표준을 국가표준으로 설정하여 관리하고 있다. 2021년에는 스마트팜 표준화의 경쟁력 향상을 통한 산업 활성화 촉진을 목적으로 산업표준화법 시행령을 개정하여 농촌진흥청 TC23/SC19 전문위원회에서 업무를 이관 받았다.

2020년 현재 스마트팜 ICT 기자재의 표준화는 단체표준 69종, 국가표준 41종, 국제표준 6종에 이른다. 이중 시설원예 스마트팜의 경우에는 단체표준 25종, 국가표준 22종, 국제표준 6종이다. 국가표준의 경우에는 농진청에서 한국산업표준(KS)을 제정해 국가표준서비스(www.standard.go.kr)에 등록하며, 시설원예 스마트팜 관련 22종 가운데 냉난방기·관수모터·환풍기 등 시설원예 구동기가 9종이고, 온습도·이산화탄소 등을 감지하는 센서는 13종이다.

(3) 스마트팜 부문별 기술진화(딸기 재배 스마트팜)

딸기 재배를 예시로 스마트팜 부문별 기술진화를 설명하면 다음과 같다.

① 환경정보와 생육정보 결합
- 설치된 센서: 온실 외부에는 기상센서(기온, 풍향 측정)가, 온실 내부에는 온습도, 이산화탄소, 일사계, 토양 환경 변화 측정 장치가 설치되어 있다.
- 자동제어시스템: 측정된 환경값이 생육모델에 제시한 기준에 미달할 경우, 냉난방기, 천측창, 환기팬, 보온 다겹커튼 등이 자동으로 작동하여 온실 환경을 최적화한다.

② 작물의 생육정보
- 카메라 시스템: 고정식 및 이동식 카메라로 작물을 주기적으로 촬영하여 생육 상태를 분석한다.
- 다양한 카메라 구성: 열화상 카메라, Depth(깊이 인식) 카메라, RGB(색상정보)카메라 등을 활용하여 잎 크기, 폭, 화방수, 화방당 꽃의 수 등을 분석하고 이를 이용해 생육부진을 판단하며 배양액 조절 등의 처리를 한다.

③ 냉난방
- 계절 간 축열온실 냉난방시스템: 여름 더위를 겨울 난방에, 겨울 추위는

여름 냉방에 이용하여 에너지 비용을 절감한다.

- **축열 시스템 도입**: 계절에 따라 냉난방을 저장하고 필요할 때 이를 이용하는 시스템을 도입하여 효율적인 온실 운영을 실현한다.

④ 병해충 구별 및 판독
- **스마트 트랩**: 사각형 모양의 스마트 트랩에 해충 유인 성페르몬이 담겨 있으며, 카메라를 통해 개체수와 종을 분석한다.
- **자동판독시스템**: 트랩에서 찍힌 사진을 분석하여 왕담배나방, 담배거세미나방, 파밤나방, 흰뒷날개나방 등의 해충을 판독하고 적절한 대응을 취한다.

(4) 노지 스마트팜

노지 농업은 인공적인 시설을 활용하여 가온 또는 보온을 하지 않고, 자연조건 그대로 작물을 재배하는 농업이다. 대부분의 국가에서 전체 농업 중 노지 농업이 차지하는 비중이 높고, 주요 식량작물은 노지에서 생산된다. 이에 농업 선진국에서는 노지 농업에 대한 스마트팜 도입에 높은 관심을 보이고 있다.

외부환경에 완전하게 노출되는 노지 농업에서 생육환경을 완전히 통제하는 시설원예와는 달리 농경지를 세밀하게 모니터링하고 적재적소에 물과 양분 등을 투입하는 정밀농업이 발달해 왔다. 과거에는 노지 농업에서는 스마트팜의 구현이 어렵다는 인식이 강했다. 하지만 최근 인공지능 기술의 발달과 함께 정밀농업 기술의 비약적인 발전으로 노지 농업에서도 무인자동화 농장 구현이 가능해지고 있다. 특히 자율주행 트랙터 등 스마트농기계는 노지 스마트팜을 구성하는 주요 요소이다.

노지 스마트팜은 관찰, 처방, 농작업, 결과분석의 4단계에 걸쳐 농작업이 이루어진다. 첫째, 관찰 단계는 토양, 생육, 수확량 등의 데이터를 통해서 경작지와 농작물의 상태를 파악하고 기초정보를 구축하는 단계이다. 둘째, 처방 단계는 수집된 데이터를 기반으로 파종, 재배, 수확 등 단계별로 관수, 시비, 방재 등의 작업 시기와 농자재 투입량을 결정하는 단계이다. 셋째, 농작업 단계는 데이터 기반의 처방에 따라서 적재적소에 필요한 만큼의 농자재를 투입하는 단계이다. 마지막, 결과분석 단계는 수행한 농작업을 새로운 데이터로 축적하고 다시 활용하는 단계이다.

우리 정부는 노지 스마트팜 모델개발사업 대상작물을 무, 배추, 마늘, 양파, 고추로 시작하여 모든 노지작물로 확대할 계획이다. 노지 스마트팜은 스마트팜 온실처럼 외부환경을 완전 통제하는 것은 불가능하므로 외부기상에 최대한 적정하게 대응하는 것이 목표이다. 노지 스마트팜은 자동관수 시스템, 병해충 방제 시스템이 대표적이다.

① 자동관수시스템

현재 노지 스마트팜 기술은 농작업자동화를 통한 노동력절감이 목표로 밭작물 과수에 적용된 자동관수 시스템이 대표적이다. 즉, 농장에 설치된 토양수분 센스와 온·습도·풍향·풍속 등을 감지하는 기상센스의 측정값에 따라 스프링클러나 점적관수시설을 자동으로 가동하고 있다.

② 병해충방제시스템

끈끈이 트랩으로 유인한 해충을 적외선 센서로 감지해 종과 개체 수 파악 후 해충이 일정 수를 초과 시 등록약제가 자동 살포된다. 예찰과 방제를 위한 노동력이 감소된다.

3) 스마트팜 보급 정책

농림축산식품부는 2018년 시설원예 스마트팜 7,000ha 보급을 목표로 하는 '스마트팜 확산 방안'을 발표했다. 국내 시설원예 스마트팜 보급률은 2020년 5,985ha로 2022년 보급목표 7,000ha의 85.5% 수준에 이른다. 2021년 잠정보급면적은 6,485ha으로 예상된다. 이는 국내 전체 시설원예 면적 대비 11%이고 농가당 평균 보급면적은 0.51ha인 약 1,543평에 불과하여, 농가당 평균 보급면적이 4ha인 네덜란드에 비하면 매우 낮은 수준이다.

〈표 12-4〉 국내 시설원예 스마트팜 보급 동향

구분	2017	2018	2019	2020
보급 면적(ha)	4,010	4,900	5,383	5,985
전체 시설원예 면적(ha)	54,632	53,274	54,118	54,526
스마트팜 보급률(%)	7.3	9.2	9.9	11.0
보급 농가수(호)	5,585	7,653	9,254	11,633
농가당 보급면적(ha)	0.72	0.64	0.58	0.51

축산분야는 2019년부터 '스마트축산 ICT 조성 사업'이 추진 중으로 2019년에는 강원 강릉, 충남 당진, 경북 울진 3곳에 시범단지를 조성하고, 2020년에는 추가로 경남 고성, 강원 평창을 사업 대상지로 선정하여 사업을 추진했다. 2024년부터는 조성 규모를 15ha 내외에서 3ha~30ha 내외로 확대 추진한다.

노지의 스마트화는 2018년부터 시작되어 2020년 노지 스마트농업 시범사업의 대상지역으로 충북 괴산(콩)과 경북 안동(사과)이 선정됐다. 각 시범단지는 지역 특성과 참여 생산자 농업인의 요구에 맞춰 3년간 사업을 추진하여 1차 연도에는 도로·전기·통신 등 기초기반 정비와 ICT관수·관비장비 등을 구축하고, 2~3차 연도에는 스마트농기계 도입과 기존시설의 스마트화를 진행했다. 2024년부터는 시범단지를 노지작물 주산지 9곳으로 확대하여 인공지능·빅데이터·로봇 등을 적용한다. 농진청은 경기 연천(콩), 강원 평창(배추·무), 충북 옥천(복숭아), 충남 당진(벼), 전북 김제(밀·콩), 전남 신안(대파), 경북 상주(포도), 경남 함양(양파), 경남 거창(사과) 등과 노지 스마트농업 시범지구 조성·운영 업무협약을 체결했다.

〈표 12-5〉 스마트팜 확산 정부 지원 예산

단위: 백만 원

구분	2017	2018	2019	2020	2021년 이후
스마트팜 ICT 융복합 확산 (시설보급)	21,000	21,000	21,000	10,500	-
과수분야 스마트팜 확산	-	3,640	2,000	1,000	7,500
스마트원예단지 기반 조성	5,000	5,000	10,000	4,000	-
스마트팜 확산지원 (권역별현장지원센터)	900	1,200	1,200	1,200	-
축산분야 ICT 융복합	-	48,000	64,000	60,000	60,000
스마트 축산 ICT 시범단지 조성	-	-	11,250	33,000	-
합계	26,900	78,840	109,450	109,700	67,500

농식품부는 2021년부터 스마트팜 확산사업 비중을 줄이는 대신 전문인력을 양성하고 관련 기술을 개발해 지속가능한 농업의 스마트화를 목표로 '스마트팜 생태계 조성'에 집중하고 있다. 이에 스마트팜 관련 전문인력 양성을 위하여 2018년부터 '스마트팜 청년창업보육센터'를 운영하고 있으며, 또한 '임대형 스마트팜'을 조성해 초기자본과 영농경험이 부족한 청년들의 스마트팜을 통한 창업을 지원하고 있다. 그리고 전북 김제, 전남 고흥, 경북 상주, 경남 밀양 등 전국 4개 지역에 '스마트팜 혁신밸리'를 조성하여 ICT 기자재, 신품목 등을 연구하는 실증단지와 청년농 대상의 임대형 스마트팜을 설치하였다.

<표 12-6> 스마트팜 혁신밸리의 특징

선정지	주요 특징	주요 참여기관
전북 김제	• 농생명 인프라 활용, 연구–실증–검인증을 잇는 기술혁신체계 구축 • 기존 농가 노후시설 스마트화	전북대, 실용화재단, 종자산업진흥센터, 국가식품클러스터, 전자부품연구원, 바이오기업, 농협 등
경북 상주	• 청년 유입–성장–정착 원스톱 지원 • 선도농가 멘토링, 판로·수출 지원 • 농업+문화를 통한 6차 산업화	경북대, 한국전자통신연구원, 다수 지역 농업법인, 유통기업, 통신기업 등
전남 고흥	• 기후변화 대비 아열대작물 육성 및 양액, 시설 등 수입 대체화 • 육묘장, 지역주민 참여단지 등 조성으로 지역농업인과 청년농 상생	순천대, 전남대, 목포대, 한국생산기술연구원, 전남테크노파크, 전남농업기술원 등
경남 밀양	• 지역육성 품목 등 품목다변화 실증 • ATEC 활용 및 해외 농업기술 교육 적용한 교육 커리큘럼 운영	농업기술원, 경남무역, 부산대학교, 경상대학교

4) 도시농업과 도시형 스마트팜

(1) 도시농업인구 육성계획

도시농업은 도농상생의 육성으로 건강, 치유, 환경, 문화, 교육 그리고 공동체 회복 등 다양한 가치를 지닌다. 이를 육성하기 위하여 정부는 제1차 도시농업육성 5개년 계획(2013~2017)으로 도시농업생태계를 조성하였으며, 제2차 도시농업육성 5개년 계획(2018~2022)은 도시농업 대상 확대를 위해 도시농업을 통해 환경, 문화, 복지 서비스를 창출하고 도시농업 상담센터를 설치하는 것이었다. 도시농업인구는 2010년 15만 3천 명, 2016년 159만 9천 명, 2017년 189만 4천 명, 2018년 200만 명을 상회하였으며, 2022년도에는 400만 명으로 확대할 계획이다. 도시텃밭 면적은 2010년 104ha에서 2017년에는 1,106ha로 여의도(290ha) 면적의 4배에 달하였으며, 2022년까지 2천 ha로 확장할 계획이다. 도시농업 관련 조례를 만든 지자체는 2010년 9곳, 2017년 기준 98곳(광역 10곳, 기초 88곳)이며, 도시농업공동체 246곳, 도시농업 관련 연구단체 37곳이다.

(2) 도시농업 5개 유형

도시농업의 유형을 보면 첫째, 학교교육형으로 참여자 수가 가장 많고, 학교에 조성한 텃밭을 이용하는 것으로 2017년 73만 7천 명(38.9%)이 참여하고 있다. 둘째, 근린생활권형(도시텃밭)으로 주거지 근처 토지의 개인 또는 공동 활용으로 45만 1천 명(23.8%)이 참여하고 있다. 셋째, 주택활용형으로 베란다 난간이나 옥상이용으로 28만 9천 명(15.3%)이 참여하고 있다. 넷째, 농장형·공원형으로 법률에 따라 등록된 공영·민영농장과 도시공원을 활용한 도시농업으로 0.15ha(4,500평) 이상 규모를 조건으로 하고 있는데 참여자는 27만 6천 명(14.6%)이다. 끝으로 도심형(빌딩텃밭) 즉, 고층빌딩 옥상활용에 의한 참여는 4만5천 명(2.4%)이다.

도시농업은 지역공동체 회복, 농업의 가치 확산 등의 긍정적 측면도 있으나 부정적 측면도 있다. 부정적 측면은 주 소비층인 도시민이 직접 농산물을 생산함으로써 농민의 판로가 감소되어 농가소득이 감소하므로 농업인 생존권을 침범한다고 보는 측면이다. 일부에서는 도시농업의 판매행위 금지주장도 있다(자급자족 원칙).

(3) 생산·유통·소비 전 분야 최첨단 도시형 스마트팜

지하철역 '메트로팜(Metro Farm)'은 인공지능(AI)·빅데이터 등 정보통신기술(ICT)을 접목해 원격·자동으로 작물을 재배하는 스마트팜으로, 흙이 없고 햇빛이 들지 않는 지하에서도 연중 농산물을 생산할 수 있다. 상도역 메트로팜을 보면 231㎡(약 70평) 규모의 메트로팜에는 햇빛 대신 발광다이오드(LED) 조명이 24시간 켜져 있다. 외부환경과 차단된 밀폐된 공간에서는 6단으로 설치된 베드에서 수경재배를 하며 온도·습도·양분 등 생육환경을 원격으로 조절한다. '수직농장', '식물공장'으로 불리는 이 같은 시스템은 스마트팜 중에서도 가장 고도화된 단계로 꼽힌다. 재배품목은 버터헤드레터스·카이피라·이자벨 등 샐러드 채소로, 생산량은 월 1t 정도다. 6단의 베드에서 연중 생산이 가능하기 때문에 단위면적당 수확량은 노지에서 일정기간만 재배할 때보다 40배가량 많다. 생산한 채소는 '팜 카페'에서 샐러드·주스 등으로 판매하고 원물로도 판다. 또 채소를 수확해 샐러드를 만드는 등 체험을 할 수 있는 '팜 아카데미'도 있으며, 웹툰·동영상에 스마트팜 정보를 담은 '팜 갤러리'도 조성돼 있다.

메트로팜은 경기 평택에서 스마트팜으로 샐러드 채소 등을 생산하는 팜에이트㈜가 서울시·서울교통공사와 함께 운영한다. 지난해 9월 상도역을 시작으로 답십리역·충정로역·을지로3가역·천왕역 등 5곳에 메트로팜이 설치되었다.

이처럼 스마트팜은 이제 농촌을 넘어 도시로까지 파고들면서 다양한 모습으로 진화하고 있다. 스마트팜뿐만이 아니라 4차 산업혁명 시대를 맞아 생산부터 유통·소비까지 다양한 분야에 ICT의 접목으로 농업의 새로운 미래를 열고 있다. 드론·로봇·자율주행농기계를 이용한 스마트농업이 확산하는가 하면 온라인경매·무인상점 등으로 농산물 유통에도 변화의 바람이 불고 있는 것이다.

5) 청년농 육성과 스마트팜

스마트팜의 주역은 미래세대인 청년농으로, 농업의 세대교체가 이뤄지면서 청년들이 미래형 농업을 주도하는 것이 자연스러운 흐름이다. 다만 스마트팜은 소규모로 해서는 수지타산이 안 맞으므로, 투자금을 회수하려면 기본적으로 규모의 경제가 작동해야 한다. 그리고 전문적인 훈련을 거쳐 스마트팜에 뛰어들 수 있도록 실무교육을 체계화하고, 현실성 있는 자금 지원이 뒷받침되어야 한다.

(1) 청년농 스마트팜 육성 정책

농식품부는 스마트팜 청년인력을 매년 200명을 선발하여 양성하고 있다. 혁신밸리 4개소에서는 전문교육과정을 신설하고 각 50명을 선발하여 교육하고 있으며, 우수자는 해외연수를 보내고, 자금부족문제해결을 위해 임대형 스마트팜 운영을 하는 등 대규모 스마트팜 단지조성을 하고 있다. 또한 농식품 벤처펀드를 결성하여 청년창업농을 지원하고 있다.

(2) 청년농업인 스마트팜 종합자금

재무·비재무 평가에서 기반이 부족한 청년농은 불리하였으므로 비재무평가(영농경력, 관련자격증 유무, 전문컨설턴트 평가 등)만으로 지원 가능하도록, 분야별 특화된 기준에 따라 사업의 지속·성공가능성과 사업계획 충실도 중심으로 심사를 하고 있다. 청년농업인 스마트팜 대출의 대상은 생애 최초로 스마트팜 설치를 희망하는

〈표 12-7〉 청년농 스마트팜 종합자금과 스마트팜 종합자금 비교

구분	청년농 스마트팜 종합자금	스마트팜 종합자금
지원 대상	만 40세 미만(일정조건 충족)	모든 농민
대출 금액	동일 인당 30억 원	동일 인당 50억 원
대출 금리	시설·개보수 자금 연 1%, 운전자금 연 1.5% 또는 변동금리	시설·개보수 자금 연 1%, 운전자금 연 1.5% 또는 변동금리
대출 심사	비재무평가 100%	재무평가 30% + 비재무평가 70%
농신보 보증	부분 보증 90%	부분 보증 85%

자료: 스마트팜코리아.

만 40세 미만의 청년농업인(개인)으로, 농업계 고등학교 또는 대학의 농업관련 학과를 졸업했거나, 정부가 지정한 '스마트팜 청년창업 보육센터' 교육 이수자이다. 대출금리는 시설자금은 고정금리 연 1.0%이고, 운전자금은 고정금리 연 1.5% 또는 변동금리 중 선택할 수 있다. 대출한도는 1인당 30억 원으로 시설·개보수자금은 사업비의 90% 이내이나 총사업비가 10억 원 이하인 경우에는 100%, 10억 원 초과 15억 원 이하인 경우에는 95% 이내까지 가능하다. 대출기간은 시설자금 15년(5년 거치 10년 분할 상환), 개보수자금은 5~10년, 운전자금은 2년(일시상환)이다.

6) 스마트팜의 효과

스마트팜의 1차적인 효과는 다양하다. 먼저, 생산 수량의 증대와 품질의 향상이 주목되며, 이는 안정적이고 균일한 생산으로 소비자 욕구를 충족시키고 수출 확대를 가능케 한다. 또한, 농작업의 편리화, 투입 자원(농약, 비료 등)의 최적화, 농기계 및 시설 관리의 효율화가 이루어진다. 농업 생산 이력 및 환경 데이터 수집 또한 스마트팜이 제공하는 주요 이점 중 하나이다.

이러한 1차적인 효과를 통해 농가는 생산량이 증가하고 생산품의 품질이 향상되면서 소득도 상당히 향상된다. 농림축산식품부의 조사에 따르면, 스마트팜 도입 1년 차에서는 단위면적당 생산량이 31.1% 증가하고 투입 노동 단위당 생산량은 21.1% 향상한 결과를 보였다. 또한 평균적으로 한 사람이 생산하는 농작물의 양도 상당히 증가하여 농가 소득의 증가 효과가 나타났다. 이로 인해 농가 소득은 기존에 비해 28.6% 높아졌다.

그 뿐만 아니라, 스마트팜의 도입으로 농업 노동력 문제가 해소되고, 농촌발전이 활성화되며, 농업인의 복지가 향상된다는 2차적인 효과도 나타난다. 한국농촌경제연구원(2016) 보고서에 따르면 토마토의 경우 재배면적 50a(1,512평) 이상의 농가에서 스마트팜 도입 후 생산량 9.1%, 상품화율 8.9%, 영농편의성이 27.3% 증가하고 생산비는 7.3% 감소했다. 50a 미만의 소규모 농가에서 생산량 4.8%, 상품화율 7.8%, 영농편의성이 21.4% 증가하고 생산비는 6.2% 줄었다. 양돈농가의 경우 사육규모 5,000마리 이상인 농장에선 스마트팜 도입으로 생산량은 20%, 영농편의성은 27.5% 증대됐다. 5,000마리 미만의 농장에선 생산량 16.8%, 영농편의성이 25.5% 향상됐다. 5,000마리 이상 농장은 투입노동시간을 2.5% 줄이는 데 그쳤지만 5,000마리 미만 농장은 17.7%나 줄일 수 있었다. 이러한 결과에서 보듯 스마트팜 도입을 통해서 농가 경영자 및 전문 재배사를 비롯한 생산 일자리 창출뿐만 아니라, 시스템 개발자와 컨설턴트 등의 관련 산업 직업 창출도 가능해진다.

종합적으로, 스마트팜은 농업 생산성과 효율성을 증대시키면서 동시에 농가 소득의 향상과 농촌 지역의 발전에 기여하는 혁신적인 기술이라 할 수 있다.

7) 스마트팜의 문제점

(1) 사후관리 문제

스마트팜을 설치하고 나서 사후관리가 제대로 안 된다는 게 문제다. 시공업체 대부분이 영세해서 체계적인 사후서비스(AS)가 이뤄지지 않아 장비가 고장 나면 그냥 방치하는 일들이 일어나고 있다.

(2) 전문인력 부족 문제

전문인력을 구할 수 없다는 하소연도 많다. 데이터를 수집하는 센스가 어떻게 구동되는지, 생육환경 제어시스템이 어떻게 움직이는지 이해하면서 해당 작목에 대한 지식도 갖춘 전문인력이 없다. 정보통신기술(ICT)과 농업 모두를 아우르는 지식을 갖춘 새로운 인재가 필요하다.

(3) 스마트팜 활성화로 특정 품목 생산 과잉과 가격 폭락 우려

스마트팜이 본격적으로 보급된다면 판로문제가 가장 중요할 것이다. 국내 수요는 대부분 한계에 와 있으므로 판로는 국내가 아니라 해외에서 찾아야 한다. 예를 들면 한국 소비자가 좋아하는 채소가 아니라 전 세계에서 가장 많이 소비되는 채소를 재배해야 한다. 해외시장을 개척하려면 우선 국가 간 협상을 통해 길을 열어야 하고, 그다음에는 현지인의 입맛을 사로잡아야 한다. 수출시장을 개척하는 과정에서 일부 품목이 과잉 생산됐다면 그 물량을 해외 판촉행사 시식용으로 빼는 것도 하나의 방법이다.

(4) 초기 도입 및 관리비용·설치비용 과다

스마트팜은 설치비용이 많이 드는데, 아무런 기반이 없는 청년들이 이런 비용을 감당하기란 역부족이다.

(5) 센서 등 핵심 장비의 표준화 작업 미흡

(6) 대규모 농가 적용 위주

(7) ICT 기술 사용의 어려움과 인터넷 등 기반시설의 부족

(8) 성과에 대한 불 확신

1) 농협의 스마트농업 추진 현황

농협은 디지털농협을 구현하여 지역 농·축협 사업과 농업 및 농촌 생활의 디지털화를 가속화하고 있다. 농산물 생산·유통·소비의 모든 단계에 4차 산업혁명 기술을 접목하여 농가소득을 높이기 위한 노력을 기울이며, 스마트팜을 농협의 중요 전략으로 채택하고 있다. 구체적으로 신농법·신농자재·신농기계의 보급과 범농협 사업 및 농촌생활의 디지털화를 선도하기 위해 로봇자동화(RPA)를 도입하고 이를 확산시키며, 디지털 강소농 모델을 개발하고 보급하고자 한다. 농민 대상의 디지털교육도 실시할 계획이며, 조직의 경영과 관련된 주요 의사결정에는 빅데이터를 기반으로 한 지원체계를 도입하여 빅데이터 플랫폼을 구축하고 분석 작업을 진행하고 있다. 또한 스마트농업 교육과 농협형 스마트팜 개발을 적극 추진하기 위해 기존의 다양한 스마트팜을 분석하고 중소농들이 적은 비용으로 활용할 수 있는 모델을 개발하고 있다. 노지 및 개방된 공간에서 활용 가능한 센서 기반의 자동화 농기계 시험과 보급에도 힘쓰고 있다.

이를 위하여 농협은 농협형 스마트팜「NH OCTO」전략을 수립하고 범농협 차원에서 스마트팜 보급·지원, 빅데이터 기반의 맞춤형 서비스 개발 등을 추진하고 있다. 농협형 스마트팜은 스마트팜 도입을 희망하는 중소·청년농업인을 위한 통합지원 플랫폼으로 농사 준비부터 사후 관리까지 농업 전생애주기를 지원하는 서비스이다. 이와 함께 스마트농업 기반 구축을 위한 빅데이터 플랫폼 N-Hub를 농업인들에게 데이터 기반 영농서비스를 제공하고 있다. 스마트농업지원센터를 통한 스마트농업 교육과 실습에도 적극 투자하고 있다.

농업 경제 부문에서는 전국의 농·축협을 대상으로 스마트 농기계를 지원하는 사업을 전개하고 있으며, 그룹별로 손익과 경제사업량, 조합원 수 등을 고려하여 드론 등의 스마트 농기계를 지원하고 있다. 전국 1,118개 모든 농·축협을 최근 3개년 손익과 경제사업량·조합원 수 등을 반영해 3개 그룹으로 나눠 드론 등 스마트 농기계를 지원하는데, 1그룹(448개 농·축협)이 2,000만 원, 2그룹(334개)이 3,000만 원, 3그룹(336개)이 4,000만 원의 지원 한도를 갖는다. 다만 농·축협이 '농업용 드론'을 선택하면 그룹에 상관없이 4,000만 원 한도로 지원받을 수 있다.

농협경제지주는 중소·청년농을 위한 보급형 스마트팜 모델을 개발하고 보급·지원하는 사업도 추진하고 있다. 농협의 보급형 스마트팜은 초기 시설비용에 어려움을 겪는 중소·청년농이 보다 손쉽게 스마트팜을 도입할 수 있도록 상대적으로 저렴하면서도 신뢰할 수 있는 모델로 개발되었다. 개발된 보급형 스마트팜은 준스마트팜(2종), 단동형(2종), 연동형(6종), 식물공장 형(1종) 등 총 11종으로 이 중 9종의 시설원예 스마트팜은 모두 내 재해형(원예형)[42] 규격시설로 인증 등록을 완료했다. 또한 준스마트팜형 모델은 기존 온실에 ICT 장비를 부수적으로 설치하는 방식으로 신축 스마트팜의 건설비용보다 매우 저렴한 예산으로 설치가 가능하다.

상호금융 부문에서는 이동형 및 태블릿 점포를 확대하고, 금융지주는 스마트팜 자금 지원과 스마트 금융 강화하여 스마트팜 보급에 앞장서고 있다.

2) 농협의 역할

정부정책이 시설농업과 대농중심으로 소농과 노지부문은 제외되고 있으므로 소외부문에서 농협의 역할을 모색해야 할 것이다. 즉, 소농중심 스마트팜 혹은 스마트농업의 구체화와 노지부문에 정밀·자동관수·농기계자동수확시스템·유통시스템 등의 스마트화를 구체화하는 것이 농협의 역할부문이다. 이를 구체적으로 보면 다음과 같다.

(1) 농협 구성원의 변화

스마트농업은 젊은 층 중심이므로 농협 조합원, 대의원, 임원구성에서 젊은 층의 진입 장벽을 해소해야 한다. 조합원은 농업생산부문 중심에서 농업관련 2차, 3차 산업 부문의 포함 가능성의 검토가 필요할 것이다.

(2) 소농 스마트농업 직접 수용한계

농작업 대행 및 농기계 임대사업을 스마트농업 대행사업으로 확대하여 생산뿐만 아니라 가공 유통부문도 대행해야 한다.

(3) 스마트팜 시공업체 영세성 보완

ICT 기술과 농업지식을 동시에 가진 인재가 부족하므로 이의 양성에 노력해야 한다.

(4) 소규모 스마트팜 경제성 문제

소농의 조직화에 의한 규모의 경제 실현이 중요하다.

---

42) 외부의 환경(태풍, 강풍, 적설 등)에 의한 재해를 버틸 수 있는 형태.

(5) 스마트팜 활성화 이후 과잉 생산 판로 문제

국내 소비 증대와 해외수출에 노력하고, 수입의존도 높은 채소, 과일 품목 중심 스마트팜 추진을 우선한다.

(6) 임대형 스마트팜 분양 시도

(7) 벼농사 스마트팜 도입을 위한 경지정리 시범사업

현제 논의 경지정리는 경운기 등의 이용 중심(900~1,200평)인데, 드론 및 자율주행농기계 이용을 위한 대규모 경지정리가 필요하다. 벼농사 중심지역을 시범적으로 경지정리 사업(경지면적 증대, 4차 산업 기술 수용 최적화)이 필요하다.

(8) 중소농과 청년농에게 보급할 수 있는 농협형 스마트팜 모델 개발

2020년 상반기 전국 농·축협에 농업용 드론 등 스마트 농기계 공급, 하반기 중소농을 위한 농협형 스마트팜 모델을 발굴하였다. 즉, 기존 스마트팜은 투자비용이 많아 기업농 등 대규모 농가 위주로 중소농의 접근이 어려우므로 농협형 스마트팜 시범농장 운영을 계획43)하고 있다.

---

43) 농협대학에 시설원예용 스마트팜부터 노지 스마트팜까지 유형별 시범농장을 조성·운영하고 있다.

제13장

산업 간 융복합과 농업경영

1 농업의 6차 산업화(산업 간 융복합)

농업의 6차 산업화는 1차 산업인 농림축산물생산, 농산물 제조가공 등 2차 산업, 그리고 도소매업, 요식업, 체험, 관광 등 3차 산업을 연계하여 새로운 부가가치를 창출하는 활동을 의미한다고 볼 수 있다. 농업의 6차 산업화의 필요성이 제기됨에 따라 여러 나라에서 농업의 6차 산업화 정책을 활발하게 추진하고 있다. 일본의 경우 6차 산업화의 개념을 가장 먼저 논의하여 농공상 융합을 위한 정책의 하나로 추진하였다. 즉, 일본은 2007년부터 농림수산성과 경제산업성이 공동으로 관련 사업들을 진행하였고, 2011년 3월에는 관련 법률을 제정하였으며, 6차 산업 인증제도와 지산지소운동 등을 적극적으로 추진하고 있다. 중국은 6차 산업화를 농업의 산업화 경영으로 정하고 농가조직화를 통해 생산·가공·판매 일체화와 농가경쟁력을 제고시키기 위한 정책사업을 시도하고 있다.

1) 6차 산업화의 개념

산업분류는 영국 경제학자 콜린 클라크(1905~1989)가 1차, 2차, 3차 산업으로 분류하였다. 이를 농업부문에서 보면 1차 산업은 자연에서 생산하는 농업, 2차 산업은 가공(식품 및 특산물 제조·가공)이며, 3차 산업은 유통, 판매, 문화·체험·관광 서비스 등이다. 이는 현재의 산업분류기준이며, 우리나라 통계청 광공업통계조사보고서(20여 개 산업분류)도 이에 따르고 있다.

6차 산업화란 농업을 중심으로 한 "산업 간의 융합"(농·공·상 융합)에 의한, 농업·농촌 활성화 방안을 의미하는 학술적 용어이다. 6차 산업화의 개념을 정리해보면 전통적 농업생산은 부가가치 향상과 소득 증대에 한계가 있으므로 1차 산업(농산물, 특산물 생산, 유무형자원)을 중심으로 2차 산업(식품·특산품·공산품제조 가공)과 3차 산업(유통, 판매, 체험, 관광, 축제)의 융복합으로 농가소득 향상, 일자리 창출, 생활편의 제공, 농업인·지역주민 삶의 질을 향상시키는 것이다.

2) 6차 산업화의 성공조건과 원칙

(1) 성공조건

① 지역농업에 기반을 둘 것
② 6차 산업화로 창출되는 1, 2차 산업의 일자리에 지역주민을 우선 고용할 것
③ 3차 산업 역시 지역 내 6차 산업경영체가 주도할 것
④ 6차 산업경영체의 지속가능한 자립능력을 부여할 것 등이다.

(2) 6차 산업화의 원칙

① 2차 가공산업의 원료를 6차 산업경영체가 위치한 지역(시, 군)에서 공급받고, ② 자가생산 또는 지역 내 농가와의 계약재배로 안정적인 원료공급시스템 구축, ③ 6차 산업화로 신규 진출하는 1, 2차 노동력의 50% 이상을 지역 내 주민을 고용, ④ 3차 산업인 유통, 홍보, 서비스 등의 산업도 6차 산업경영체가 직접관리 및 운영하며, 유통은 직매장, 온라인 판매, 체험 등과 연계된 직거래를 원칙으로 함. ⑤ 자체적인 경영역량을 증진하여 다양한 수익구조 창출을 모색함으로서 6차 경영체의 지속적인 발전을 도모하는 것이다.

농림축산식품부는 농업의 6차 산업화를 농촌주민이 주도하고, 지역 내 자원을 최대한으로 활용하며, 2차 또는 3차 산업과 연계하여 부가가치와 농가소득을 창출하여 농업·농촌으로 내부화하도록 규정하고 있다.

6차 산업화와 유사한 개념으로 농공상 연대 또는 상생협력이 있는데, 농공상연대는 직접 농업과 공업·상업을 연대시켜 유기적인 협력을 통한 가치창출과 각각의 경영자원을 활용하여 각 산업의 시너지를 높이는 활동으로 정의되며, 상생협력은 인력, 기술자금, 구매, 판로 등의 부문에서 서로 이익을 증진시키기 위하여 하는 공동활동으로 농업의 6차 산업화와는 개념적으로 다르다고 볼 수 있다.

3) 농촌융복합산업 현황

(1) 경영체 및 종사자 수

농림축산식품부 2021 농촌융복합산업 기초실태조사결과를 보면 2020년 농촌융복합산업 경영체수가 10만 4,067곳으로 이중 농가 89,525곳(86%), 법인 14,542곳(14%)인데 이중 농촌융복합산업 인증을 받은 경영체는 1.7%인 1,805곳인데 이중 법인은 69.4%인 1,252곳, 농가는 30.6%인 553곳이다. 대표자가 귀농귀촌인은 전

체의 17.2%로 나타났다.

종사자 수는 32만 7,645명으로 고용창출효과가 크며, 한 가구당 1명이 종사한다고 보면 4인 가구 기준 131만여 명의 생계가 연관되어 있다. 평균 고용인력은 3.1명인데 법인은 평균 7.8명, 농가는 2.4명, 그리고 미인증경영체 평균은 3.1명이다.

(2) 매출액과 업종별 현황

매출액은 23조2,564억 원이며 이중 1차 산업 매출액은 38.2%인 88,761억 원, 3차 산업은 31.4%인 73,106억 원, 2차 산업은 30.4%인 70,697억 원이다. 경영체 1곳당 평균매출액은 23,850만 원이며, 인증경영체는 145,540만 원으로 미인증경영체 21,560만 원의 약 7배에 달한다.

1차와 3차 산업 결합이 전체 경영체의 47.6%로 가장 많고 , 다음으로 1, 2, 3차 산업 결합이 29.8%, 1, 2차 산업 결합이 22.6%이다. 2차 산업은 식품가공업 위주이며, 3차 산업은 직매장(70.3%)이 주류이며 다음으로 체험관광 7.7%, 식음료점 3.3%이다.

(3) 제품 또는 서비스 이용자(소비자) 만족도

제품·서비스 이용 경험자가 52.2%, 상품 구매자 만족도 87.3%, 관광·체험 경험자 만족도가 82.3%이다.

(4) 상품구매정보접근과 농촌체험·관광정보획득 방법

상품구매정보 접근은 방문·구매 등 직접 경험이 46.8%, 인터넷 소통방, 사회관계망서비스(SNS) 블로그가 39.5%, 친구·동료·지인을 통해가 31%, 가족·친지가 17.8%이다. 농촌체험 및 관광정보획득은 인터넷 소통방·사회관계망서비스(SNS)·블로그가 60.5%, 친구·동료·지인을 통해 46.8%, 방문·구매 등 직접경험 30.9% 순이다.

4) 6차 산업의 유형과 사례

농림축산식품부에 의하면 농업의 6차 산업화는 중심사업유형에 따라 2차 산업(가공) 중심형과 3차 산업(외식, 관광) 중심형으로 나눌 수 있으며, 이를 다시 참여주체의 범위에 따라 농가, 법인이나 경영체, 마을공동체, 시군 및 광역지자체로 세분화할 수 있다. 즉, 6차 산업화는 다양한 형태로 진행되고 있다.

(1) 6차 산업 사업자 인증제 Beyond Farm

지역농산물을 사용한 6차 산업 사업자 중 성장성, 차별성, 사업가 마인드 등을 참고로 심사하여 인증제품으로 인증한 제품을 판매하는 매장으로 이천 돼지박물관, "돼지보러오면 돼지", 협동조합, "에버그린 에버블루" 등이 있다.

(2) 정책적 추진

① 지역의 다양성과 지역주체 간 상호 연계 관점에서 접근
② 규제완화와 소형가공시설 지원
③ 농지와 자연환경 등 다양한 어메니티 보전, 발전을 위한 정책적 지원
④ 지역단위 농·상·공 연대 + 도·농 교류 추진
⑤ 지역주민을 위한 사회복지서비스 제공, 법인화, 협동조합화 필요

(3) 농협의 역할

① 로컬푸드 직매장: 6차 산업화 상품과 서비스 판매 거점 센터로 지역 6차 상품코너 개설 및 체험농원 소개 등
② 6차 산업화 전용대출상품 개발로 자금지원 원활화
③ 지자체와 협력 6차 산업 상담창구 운영 등

(4) 나라별 사례

① 일본은 6차 산업 논의 선두로서 농공상 융합정책을 추진하였고, 관련 법률 제정으로 6차 산업 인증제도와 지산지소 운동을 추진하였다. 사례로 치바현 후도마을이 식당·농산물 판매·체험·숙박을 하고 있다.
② 중국은 6차 산업화를 농업의 산업화 경영으로 정하고 농가조직화에 의한 생산·가공·판매의 일체화로 농가경쟁력을 제고하고 있다.
③ 미국 Napa Valley(캘리포니아)의 포도주 만드는 양조장 와이너리는 유럽을 제치고 세계에 주목을 받고 있다.
④ 스위스는 모든 치즈 산지가 6차 산업화되어 있다.

⑤ 한국의 유형과 사례

구분	가공	음식	유통	관광
개별농가	제주 청정원, 양평 다물한과	안동 화련, 공주 미마지	봉화 파머스마켓, 남원 안터원목장	여주 은아목장, 횡성 에덴양봉원
법인 및 단체	평택 미듬 영농조합, 보령 돼지카패마블로즈	당진 신평양조장, 세종 뒤웅박고을	파주 장단콩연구회, 김포 엘리트 농부	예산 사과와인, 제주 귤림성
마을단위	양양 송천 떡마을, 서천 달고개 모시마을	남원 흥부밥상, 진도 울림예술촌	안동 삼배마을유통 파인토피아 봉화꾸러미	아산 외암민속마을, 창원 감미로운 마을, 단양 한드미 마을
시군 및 광역단위	김포 인삼 쌀맥주, 문경 오미자, 고창 복분자	제천 약채락, 문경 산채비빔밥	완주 로컬푸드조합 고창 황토배기유통	양평 농촌나드리, 화천산천어 축제, 고창청보리밭 축제

자료: www.hsg.go.kr

2 농업회사법인과 농업경영

1) 농업회사법인 설립

농업회사 법인은 농업경영, 농산물의 유통/가공/판매, 농어촌 관광 휴양사업을 하려는 목적으로 설립하는 법인으로 농업인 1인으로 설립이 가능하며, 농업인이 아닌 사람도 투자지분에 비례한 의결권을 가질 수 있으며, 주식회사(자산총액 70억 이상이면 외부감사 받아야 함) 형태로 하면 주식양도도 가능하다.

2) 농업회사법인 설립 조건

(1) 법인 구성

발기인(주주)은 모두 농업인으로 농업인확인서나 농업경영체등록증 확인서가 있어야 하며 법인이사의 1/3 이상이 농업인, 농업인이 10% 이상의 지분을 보유하여야 하며, 비농업인은 90%까지만 양도받을 수 있다.

(2) 사업목적

① 농업경영, 농산물의 유통/가공/판매
② 농작업 대행, 농어촌 관광 휴양사업
③ 영농에 필요한 자재 생산/공급

④ 영농에 필요한 종자 생산 및 종균배양사업

⑤ 농산물의 구매/비축사업

⑥ 농업기계 기타 장비 임대/수리/보관업

⑦ 소규모 관계시설 수탁/관리사업

(3) 자본금

100원부터 가능하나 국가보조금혜택을 받기 위해서는 자본금 1억 원 이상은 되어야 한다.

3) 농업회사법인의 혜택

(1) 법인세

농업소득세 전액면제, 농업 외 소득 감면(최초 소득 발생 연도와 이후 4년간 50% 감면 혜택)

(2) 부가가치세

농업경영 및 농작업 대행용역에 대한 부가가치세 면제, 농업용기자재 부가가치세 영세율 적용, 부가가치세 환급, 농업용 석유류 부가가치세 감면

(3) 취득세

영농에 사용하기 위해 취득한 부동산 취득세 면제(단 법인설립 후 2년 이내만 가능), 영농 유통/가공에 사용하기 위한 부동산 취득세 50% 감면(단 직접 사용해야 함)

(4) 등록면허세: 법인설립 등기 시 면제

(5) 재산세

과세 기준일 현재 해당 용도에 직접 사용하는 부동산 50% 감면

(6) 양도소득세

대통령령으로 정한 농업인이 법인에 농지/초지 출자 시에 양도소득세 면제, 대통령령으로 정한 농업인이 농작물재배업/축산업 및 임업에 직접 사용되는 부동산 현물 출자 시 이월과세(취득가액은 증여자의 취득 당시 기준) 적용

(7) 배당세

농업소득에서 발생한 배당소득 전액 소득세 면제, 농업 외 소득은 종합소득에 합산하지 않고 분리과세를 한다.

3 기업의 농업 진출과 농업경영

1) 산업 간 융합의 필요성

3차 산업혁명은 경쟁(분업)을 야기하였으나 4차 산업혁명은 서로 다른 것 즉, 이업종끼리 연결하는 능력, 즉 상생(협업)의 계기를 준다. 따라서 농업을 중심으로 타 산업을 융합함으로서 부가가치를 증대시킨다.

2) 농업분야 4차 산업 수용 기반 미비

4차 산업 기술인 로봇, 자율주행 농기계, 드론 등의 이용은 규모화·집단화가 필요한데 우리나라 농업현상은 경영규모가 작고 분산되어 있어 4차 산업 기술 수용에 한계가 있다. 그리고 아직 4차 산업에 대한 이해도가 부족할 뿐만 아니라 농가 데이터가 많이 부족하다. 그동안 정부정책의 대상이 농가단위 개별 위주였으므로 앞으로는 품목별, 축종별 대단위가 효율적일 것이다.

3) 기업의 농업참여 가이드라인

2013년 7월 농민단체, 소비자단체, 학계, 정부, 지자체 등이 참여한 국민공감농정위원회가 기업의 농업참여 목적을 살리고 기존농가와 상생할 수 있는 기업의 농업참여 가이드라인을 7개 조항으로 구성 제정하였다. 가이드라인의 기준은 농업계와 기업계의 상호존중협력과 기업의 생산참여시 생산자단체와 사전 협의 등이다.

기업의 생산 참여 시 우선 고려조항을 보면, 국내 생산이 없는 품종, 자급률이 낮고 수입에 의존하는 품목, 수출용 품목인데 농업부문에서는 3가지 조건 모두를 만족해야 한다고 주장하고, 기업 측에서는 한 가지조건의 만족을 주장한다. 시장교란 불공정행위 등 기업의 우월적 지위남용금지에 대해 남용의 범위에 대한 논란이 있고 구체적인 제재방법이 없다. 기업의 농업생산참여로 공급과잉 등 현안 발생 시 해당 기업이 문제해결에 적극 협조하는 등 농업계는 기업의 일정책임을 주장하는 반면 기업은 대책회의에 참석하지 않는 등 소극적이다.

4) 기업의 농업 진출 사례

(1) 농지제도

헌법 제121조, 1항 경자유전의 원칙 달성과 소작제도 금지와 2항 농업생산성의 제고와 농지의 합리적 이용을 위해 불가피한 사정으로 인한 농지의 임대차와 위탁경영은 법률에 정하는 바에 의하여 인정되고 있으나 현실은 임차농이 60%이다.

(2) 기업의 농업 진출 사례

① 진출기업 및 사업
- CJ(양돈, 양돈정액판매, 곡물 및 기타 식량재배)
- 하림(양돈, 양계, 젖소 사육업)
- 아모레 퍼시픽(음료용 및 향신용 작물재배)
- 카카오(채소작물)
- 화이트 진로(팜컬쳐, 과실재배업)
- 한화(시설작물)
- 현대차(현대서산농장) 등

② 진출 후 철회 및 추진 사례
- 동부그룹 동부팜한농 유리온실사업 진출(2012): 화성 화옹 간척지 4만 5천 평 규모 첨단유리온실 완공, 아시아 최대 규모 연간 100억 원 규모, 토마토 재배, 생산 후 일본 수출 계획 → 농민단체 불매운동 등 저지운동 → 2013년 철회
- 팜한농 LG 자회사로 편입, LG 그룹 계열사 LG CNS 새만금 스마트팜 단지 조성 추진 후 철회(2016)
- KT, 스마트팜 사업: 버섯농가 실증시험, 단열자재 재배사 건축 → ICT 적용 내부 환경최적화(온습도, 이산화탄소 농도) 설계 → CCTV 보안관리 등

③ 정부: 들녘(식량작물 공동)경영체 육성
- 전국 150개 선정, 전남 64개소 43%
- 내용: 벼 50ha 이상 들녘 단위 규모화, 조직화된 공동경영
- 대상: 농협, 농업법인으로 RPC, 도정공장(2천 톤 이상)과 계약재배 출하
- 사업: 공동 육묘장, 광역방제기, 시설장비 구입 등

④ 1차 산업중심 레저·힐링·자족 타운 건설, 산업 간 융복합에 의한 종합타운 건설
  - 이스라엘 키부츠: 공동 집단생활체제, 사유재산 불인정, 인구의 3%, 현재 산업과 관광업계로 전환
    - 모샤브(소규모 협동농장): 사유재산제 인정, 생산, 구매, 판매 협동
  - 한국 관광농원: 음식물수입 46%, 숙박 18% 기념품 13% 등
    - 농업적 환경은 유인요인이지 수익발생요소 아님, 성공적이라 보기 어려움.

⑤ 1차 산업중심 2차, 3차, 4차, 5차 산업 협업에 의한 종합타운(15차 산업)건설
  - 농산물생산: 스마트팜, 유기농업, 청년 창업농, 귀농자
  - 농산물 판매 및 가공: 자체 생산 농산물 이용 가공 및 식당 운영
  - 숙박: 에어비엔비(Airbnb) 이용
  - 관광 및 레저: 스토리텔링, 체험 등 1차 산업과 연계

4 식물공장과 농업경영

1) 식물공장이란?

식물공장은 빛, 이산화탄소, 공기, 이온의 농도, 영양분, 온도 등 식물이 성장하는 데 필요한 환경을 인공적으로 가장 적합하도록 제어하여 기후, 기상이변과 지리적 조건 등 외부환경의 제약 없이 안정적, 계획적으로 식물을 생산할 수 있는 시스템을 뜻한다.

한국, 일본, 미국 등 여러 나라에서 장소와 기후, 기상이변에 관계없이 신선한 작물을 안정적으로 공급할 수 있는 식물공장에 대한 연구가 진행되고 있으며, 부분적인 상용화가 이루어지는 단계에 이르렀으며 미래의 식량난을 해결 해줄 대안으로 주목되고 있다.

식물공장은 장소에 구애받지 않고, 자연광 대신 LED 등으로 작물의 광합성과 생육을 조절하며, 적합한 양분과 온도 조절로 안정적인 작물을 생산한다. 즉, 식물공장은 정보기술, 바이오기술, 건축기술, 농업기술 등 다양한 기술의 집약체로 제어할 수 있는 요소를 다섯 가지로 정리해 볼 수 있다〈표 13-1〉. 세부적으로 보면 태양광과 인공광을 병용하거나 통제되고 폐쇄된 시설 내에서 LED 등 인공조명만으로 작물을 재배하며 환경제어장치, 자동화 시스템 등 융합기술을 활용해 식물을 재배한다. 즉, 환경제어와 자동화 등 작물재배에 필요한 첨단기술을 이용해 공산품을 생산

하는 것과 같이 시설 내에서 농산물을 연중 생산하는 시스템으로 기후와 지역에 관계없이 농산물을 재배한다.

이러한 식물공장의 생산과정은 농산물의 안정적인 공급과 더불어 생산과정에서 이산화탄소 발생량을 30% 이상 감소시킬 수 있는 것으로 분석되고 있으며, 자동화 로봇, LED 인공광 등 다양한 기술이 적용되는 만큼 신성장 동력으로써 새로운 기술을 개발, 발전시키며 다른 산업에도 파급 효과를 줄 수 있을 것으로 기대되고 있다.

〈표 13-1〉 식물공장의 주요 내용

구분	주요 내용
Place(장소)	사막, 바다, 극지 등 환경에 구애받지 않고 어디에나 구축이 가능하여 한계 극복
Light(빛)	음극선관 형광등, 고압나트륨등, LED등의 다양한 광원을 이용하여 작물의 광합성과 생육을 조절
Auto(자동화)	로봇 및 원격제어 등을 이용해 파종부터 수확까지 자동화 적용
Nutrient(양분)	식물 생장에 적합한 양분을 공급하여 품질을 높임
Temperature(온도)	온도의 조절을 통해 열대에서 온대까지 다양한 식물을 재배하고 생육 속도와 수확기를 조절

2) 식물공장의 발전 단계

식물공장의 발전단계는 크게 4단계로 구분해 볼 수 있다. 제1기인 초기 식물공장(1957~1970년)은 시설원예가 발달한 유럽지역에서 주로 태양광을 이용하면서 광 부족을 고압나트륨등(High pressure sodium lamp)으로 보광하는 형식이다. 재배방식은 평면식이 대부분이고 재배상을 상하로 이동할 수 있는 형태를 만들기도 하였다. 이 방식은 태양광을 이용하는 부분 제어형 식물공장의 기본 형태로 현재까지 경제성 및 실용화 측면에서 가장 유리한 방법이라고 볼 수 있다. 제2기는 실용화 초기(1971~1990년)로서 태양광보다 고압나트륨등과 메탈 할라이드 등(Metal-halide lamp)의 인공광을 주로 사용하였고 마이크로컴퓨터를 이용한 자동화 장치가 개발되었다. 이 기간에는 V자형 재배상과 분무수경 형 2단재배가 시도되었고 각종 파종장치가 개발되는 등 재배시설에 대한 기술이 비약적으로 향상되었다.

3기는 실용화 진입기(1991~2007년)로 이전에 개발된 기초적인 식물공장의 지식을 바탕으로 일부 식물을 재배·판매하는 상업화가 이루어졌다. 전기가 적게 소모되고 열이 적게 나는 LED등(발광다이오드)이 인공광으로 도입되면서 식물공장이 다양한 형태로 발전하였다. 또한 컴퓨터를 이용한 자동조절 형 및 웹기반의 원격 조절 시스템에 의한 환경제어 기술이 정착되었다. 실용화 실현기(2008년 이후)는 제3기의 연장선에 있지만 기후변화에 대응하고 야채류에 농약잔류와 기생충 등 안전성 문제 증대, 글로벌 공장설비 수출, 물 절약, 에너지 고효율형 농업생산 등 다양한 효과가 부각되면서 식물공장에 대한 관심이 증대되고 있는 추세이다.

〈표 13-2〉 식물공장의 발전 단계 및 특징

구분	제1기 (도입기)	제2기 (실용화 초기)	제3기 (실용화 진입기)	제4기 (실용화 실현기)
연도	1957~1970	1971~1990	1991~2007	2008~현재
주요 광원	태양광, 고압나트륨등	태양광, 메탈 할라이드등, 형광등	LED등, LD등 도입	다양한 인공광원 이용
건물 형태	비닐 및 유리온실	벽과 천장은 단열재, 측면은 단열 투과성 재질	외부는 단열재, 내부는 광반사체	
주요 형태	부분 제어형 (태양광 병용)	부분 제어형 및 완전 제어형		첨단 개방형
재배 판넬	평면식, 고형배지 경의 양액재배	V자형 및 2단 분무수경	다단식, 담액수정	입체다단식 수직공장
자동화 장치	컨베이어벨트	노즐식 및 회전드럽식 파종장치	우레탄용, 파종장치, 컨베이어벨트, 이동식, 체인컨베이어식 이동장치	재배 식물의 특성에 따른 개방형 자동 조절 방식
환경 제어	이산화탄소 농도연구	컴퓨터를 이용한 고농도 CO_2 공급 및 온습도 조절장치 도입	컴퓨터를 이용한 자동조절형 및 웹기반의 원격조절 시스템	경제성과 실용성을 갖춘 복합 융합기술 도입

자료: KREI 연구보고 제61권, 2009.

3) 식물공장의 장단점

식물공장은 실내농업이기 때문에 연중 생산할 수 있으며, 날씨와 상관없이 농사를 지을 수 있는 등 계절, 기후, 풍토 등 자연조건과 지리적 조건의 제약에서 자유로울 수 있다는 것이 가장 큰 장점이다. 환경제어를 통해 단위당 생산성이 높고 기후 변화에 대응하여 안정적인 공급 확보가 가능하다. LED 식물공장은 대표적인 LED-농생명 융합제품으로, LED를 이용하여 색소제어, 항산화 물질 증가, 병해충 방제가 가능하다. 대부분 수경재배이기 때문에 연작을 통한 지력 약화의 문제점도 해결 가능하다. 노지 재배와 비교하면 상추의 경우 2~3배 빨리 생산이 가능하며, 전주생물소재연구소에서 4년근 인삼을 18개월 내에 재배한 사례도 있다.

식물공장은 친환경 농산물, 기능성 식품 생산 등 농업의 부가가치를 창출할 수 있고, 농산물의 고급화·규격화, 맞춤형 생산, 기능성 식품 생산 증대가 가능하고, 차세대 녹색산업으로 육성되어 새로운 영농기술을 확립하고, 관련 하이테크 기업의 기술발전을 유도한다. 친환경 농자재 개발을 통해 수입을 대체하고, LED를 활용한 분자 생물 산업을 개발하며, 빌딩농장의 기반 구축을 통해서도 부가가치를 높일 수 있다. 국내 딸기·잎 들깨·국화의 전조용 백열전구를 LED 조명으로 대체 시 LED 업체 매출액은 약 1,740억 원, 식물공장·살균용 LED 조명 매출은 약 2,500억 원 규모로 성장할 것으로 전망되고 있다. 식물공장 기술을 이용해 빌딩을 전원화·녹색화할 수 있기 때문에 도시 근교 또는 도심 속에서 농산물 생산이 가능하다는 장점이 있으며, 도시 소비자에게 도달하는 거리를 단축해 유통기간과 비용을 절약할 수 있다.

〈표 13-3〉 식물공장의 장점

구분	주요내용
계획생산, 주년생산	생산의 계획성, 시기나 장소에 관계없음
재배 환경의 최적제어	생육의 제어, 단기간 대량생산, 수확물의 균일성과 재현성, 수량품질 향상
작업의 자동화, 생력화	환경관리의 자동화, 재배관리과정(파종, 이식, 수확포장)의 자동화 및 생력화
수확물의 부가가치 제고	재배 불가능한 작물의 생산공급, 무농약 및 청정 재배 영양가 향상, 기능성 향상, 고기능성 바이오매스

자료: 국회입법조사처, 2020, 스마트팜 확산보급사업 현황과 과제.

온실가스 저감, 탄소량 감축, 수자원 확보 측면에서도 식물공장의 필요성이 증대된다. 온실가스 저감의 대표적인 기술인 LED를 활용해 에너지 저감이 가능하며, 외부에 있는 이산화탄소를 포집·재활용하여 식물공장에 공급할 경우 도시의 이산화탄소를 저감시킬 수 있는 효과가 발생한다. 농업분야의 탄소 배출량을 매년 1.5%씩 감소시킬 수 있으며, 식물공장에 사용되는 물을 도시 중수(상수와 하수의 중간정도의 오염정도)로 이용하고 식물공장에서 발생한 수증기는 포집하여 깨끗한 식수로 이용 가능하다.

구분	주요내용
Fresh	주문 생산 및 계획생산을 통해 신선한 농산물 획득
Agri-biz	IT, BT 산업과의 융·복합을 통하여 신시장 창출
Convenience	자동제어와 로봇개발 등으로 농작업의 편리성 증진
Teach	도시 속의 식물공장은 도시민들에게 식물 생장의 전 과정을 체험하고 학습할 기회를 제공
Oasis	도심 속 오아시스가 되어 삶의 질을 향상
Recycle	식물공장 내에서 자원의 재활용이 이루어져 환경오염을 방지

식물공장의 단점[44]으로는 모든 시설을 인공적으로 만들어야 하기 때문에 초기 투자비용이 높아 시장진입이 어렵고 유지비용이 많이 들어 경제성이 떨어진다. 식물공장 1,000평 규모의 설치비용은 같은 규모의 비닐하우스(7,000만 원)와 비교해 약 17배에 달한다. 인공광형 중 LED를 조명 설비로 할 경우 기존 조명 설비에 비해 전기요금이 최대 1/3 정도 감소하지만 LED 조명 설비가 투자비용의 절반을 차지한다. 식물공장은 내부 환경 관리 시스템에 의존하기 때문에 설비 오작동 등 시설관리 시스템에 문제가 발생할 경우 재배작물에 큰 영향을 미칠 수 있다.

4) 식물공장의 종류

식물공장은 광원, 재배 베드 배치방법, 형태(이동 여부)에 따라 분류할 수 있다.

(1) 광원에 의한 분류

① 개방형: 부분 제어형, 태양광 병용형(태양광 + 인공광)
온실 등에서 태양광의 이용을 기본으로 하고, 인공광에 의한 보충이나 여름의 고온을 억제하는 기술 등을 이용하여 재배하는데 특히 수평형과 수직형 재배 시스템에 적합하다.

② 밀폐형: 완전제어형, 완전인공광형
폐쇄된 공간에서 자동화 시스템으로 작물 재배환경을 인공적으로 제어하며, 다단식 재배에 적합하다.

---

44) 국회입법조사처 2020, 스마트팜 확산보급사업 현황과 과제.

(2) 재배 베드 배치방법에 따른 분류

① 수평형 식물공장: 단층으로 식물을 재배하는데 광원 등 재배관리는 편리하나 공간효율이 낮다.

② 다단식 식물공장: 재배베드를 여러 층으로 하여 재배하는데 관리 작업과 균일 조명장치가 필요하며, 공간이용 효율을 최대화 할 수 있다.

③ 수직형 식물공장: 파종에서 수확까지 연속적으로 재배하며, 재배장치의 상하 이동과 균일 조명장치가 필요하고 공간이용 효율이 높다.

〈표 13-5〉 개방형 식물공장과 밀폐 형 식물공장

구분	개방형(태양광 병용형)	밀폐형(완전제어형)
형태	벤로형(연동식) 온실이 주류	외관은 밀폐된 공장형태
광원	360W 이상의 고온 나트륨등이 주류, 태양광 병용	660W 이상의 고온나트륨등이 주류, 형광등 시설도 가능
공조	온수와 온풍난방	실내온도를 18~20℃ 유지하기 위한 특수공조시설 활용
환경제어	외부영향을 받기 때문에 환경제어가 다소 어려움	비교적 간단히 환경제어 가능
재배사	대체로 평면재배	입체재배가 일반적
생육관리	완전제어형에 비해 작물의 생육관리가 어려움	안정적 생육관리 가능
생산성	연중 생산이 가능하지만 계절적인 영향을 다소 받음	연중 생산이 가능하지만 계절적인 영향을 다소 받음
운영비	여름철 냉방비용, 겨울철 난방비용 소요	인공광원의 전기료 소요 (광원 2 : 공조 1)

자료: 인공광형 식물공장 모델 및 매뉴얼 연구, 국립농업과학원 농업과학부, 2014.

(3) 형태에 따른 분류

① 이동식 컨테이너형 식물공장: 소규모 식물공장으로 적합하다.

② 소형 식물공장: 점포, 사무실, 가정 등에서 설치할 수 있으며 전시용으로도 가능하다.

5) 식물공장 재배작물의 범위

(1) 채소작물

① 엽채류: 상추 등 잎을 식용으로 하며 대부분 식물공장 적용가능
② 과채류: 토마토 등 열매채소로 식물공장에 적합한 재배방식 적용

(2) 화훼작물

① 분화류: 자동화 가능한 화분 규격에 적합한 화훼작물
② 절화류: 자연광 식물공장 환경에서 재배 가능한 화훼작물

(3) 기능성작물

① 특용작물: 가공용 식품 또는 산업용 소재로 활용 가능한 작물
② 약용작물: 기능성 식품 또는 식의약 소재로 활용 가능한 작물
③ 허브작물: 화분 또는 배지에서 생육 가능한 향료나 약재 작물
④ 육묘: 다양한 작물의 어린 묘를 공정생산

6) 국내 식물공장 운영 현황

(1) 정부 및 공공기관

농촌진흥청은 1996년 식물공장 연구에 착수하여 1999년 체인식 주간조절장치를 개발하였으며, 2003년에는 슬라이드식 주간조절장치를 개발해 엽채소 생산시스템을 구축하였다. 그리고 남극 세종기지에 컨테이너 형 식물공장을 설치하여 가동하고 있다.

정부는 식물공장 관련 핵심부품인 IT-LED 개발을 위해 2009년 7월 신성장 동력 스마트 프로젝트 사업에 'IT-LED 기반 식물공장을 위한 핵심부품 개발과제'를 선정하여 추진하였다. 국립농업과학원은 농업을 IT 기술과 접목시킨 식물공장을 운영하고 있으며, 외부와 차단된 시설에서 광합성에 필요한 성장을 조절하기 위해 청색·적색 LED 조명을 적용하고 파프리카, 방울토마토, 멜론, 약용작물, 화훼류를 재배하고 있다.

경기도농업기술원은 태양광발전과 컨테이너 형 식물공장을 연계하는 친환경 식물공장과 로봇을 이용한 식물공장 자동화 생산시스템 연구를 수행하고 있다. 식물공장 수경재배 인삼에 LED를 활용하여 최적광량을 규명한 경상남도농업기술원 '식물공장 수경인삼 생산기술'은 2015년 농촌진흥청 영농활용기술에 채택되었다.

(2) 기업 동향

인성테크(식물공장시스템제작업체)는 LED 광원 다단식 식물공장(7단)을 2010년 4월부터 운영하고 있으며 상추, 치커리, 케일 등 엽채류를 생산하여 백화점 등에 판매하고 있다. 카스트엔지니어링(시험·검사용 전자장비 전문생산업체)도 LED 광원 다단식 식물공장을 2010년부터 가동하여 상추, 딸기, 토마토 및 채소류를 재배하고 있고, 자체 연구 개발한 LED 조명과 제어기술로 식물촉성재배를 실현한 LED 컨트롤러를 채택했으며, 이동이 용이한 장점을 가지고 있다. 와이즈산전도 다단식 식물공장(3단)을 운영하고 있으며, CCFL-백색형광등-컬러형광등을 결합한 인공광을 사용하고 있으며, 해당 시설에서는 롤로, 롤로로사(유럽 상추의 한 종류), 적치마, 청치마, 양상추, 토마토, 아이스플랜트(다육식물) 등을 재배하고 있다.

농업회사법인 바이오웍스는 2015년부터 식물공장에서 상추를 하루 10kg, 연간 3,600kg을 생산하고 있다. 4줄의 재배구조로 LED 조명을 이용하여 날씨에 영향을 받지 않으며, 자연광보다 생장속도나 맛이 뛰어나다는 장점이 있으며, 신장환자를 위한 저칼륨 채소를 비롯해 저질산 채소 등 기능성 채소의 생산이 가능하다. 롯데마트 서울역점에서도 LED 조명과 인공 영양액으로 상추와 쑥갓, 샐러드, 느타리버섯을 재배해 판매하고 있다. 리프레시 함양 식물공장은 토양방식의 돔형 식물공장으로 LED 조명과 인공적인 환경제어시스템 등의 적용으로 적상추 등을 생산하며, 육묘 등의 기간을 제외하고 305일 수확이 가능하다.

7) 국내 식물공장 주요 사례

(1) 해피팜협동조합

서울시 관악구에 소재한 해피팜협동조합에서는 약 15평의 공간에 4층으로 새싹삼을 재배하고 있다. 이곳에 도입된 자동제어시스템은 환경 자동화 재배로 저인력 고효율을 기대할 수 있으며 스마트농업을 도입, 과학적 제어시스템으로 연중 균일한 재배와 무농약 재배가 가능하다는 것이 장점이다. 또한 새롭게 개발한 쉘로우형 담수방식(순환식)은 종자 발아부터 재배실에 바로 이식하여 생산하는 연구에도 성공해 각 지방자치단체에 일자리 사업으로 제안하고 있다. 쉘로우 담수재배에 적합한 채소는 아이스벅, 버터헤드(상추류) 등이다. 산새싹삼의 경우 산에서 1~2년간 자란 묘삼을 정식하여 재배하지만, 쉘로우 수경방식은 발아부터 수확까지 식물공장에서 모두 재배생산 할 수 있는 장점이 있다. 해피팜협동조합은 도시농업형, 새싹카페형, 귀농귀촌형 창업 유형의 교육을 진행하고 있다.

(2) 스마트 파머스

스마트 파머스는 농장주가 마을 이장직을 담당하던 당시 스마트팜을 접한 것이 계기가 되어 설립되었다. 마을 주민들과 스마트팜 견학을 위해 일본 구마모토현으로 견학을 가는 등 활동을 이어가다 정부 지원을 통해 스마트팜을 도입하게 되었다. 바람이 심한 지역 특성 상 비닐하우스나 유리온실이 아닌 건물 내부에서 재배가 이루어지고 있다. 아직은 스마트팜 운용기간이 짧아 어떤 품종이 가장 적합할지 연구중인 단계로, 현재 7동에서 1년에 80~120톤까지 생산할 수 있다는 데이터를 보유하고 있다.

재배동 한 동에 약 5,500개의 배지가 7단까지 한 단에 7~8개씩 일정한 간격으로 놓여있으며, 천정에는 살수를 위한 스프링클러와 적절한 습도를 맞춰주는 가습기가 설치돼 있으며, 흡배기관이 설비돼 있다.

제주 스마트 파머스는 '제주스마트인큐베이팅센터'를 열고 KT와 제주대학교와 함께 '미래선도농업을 위한 청년 스마트파머 육성을 위한 업무협약'을 체결한 바가 있다.

KT는 스마트 파머스에 버섯재배 생산시설을 구축하고 재배 데이터를 기반으로 생산을 위한 기술을 지원하는 역할을 하고, 제주 스마트 파머스는 생산시설과 교육실습, 체험장, 판매장, 저온창고 등 센터 운영을 총괄하고 있다.

(3) 평택시 팜에이트 '후레쉬팜'

평택시 진위면에 위치한 팜에이트의 식물공장 '후레쉬팜'은 $849m^2$ 규모로 이곳에서 버터헤드레터스, 바질, 상추 등의 샐러드 채소가 다단 재배를 통해 자라고 있다. 단에는 양액이 담겨 있고, 작물 광합성은 LED광원을 통해 이뤄진다. 팜에이트의 식물공장은 식품공장처럼 외부오염과 병해충을 완전 차단하기 위해 클린룸(Clean Room) 시설의 완전 밀폐형 구조로, 해당 시설의 작업자들도 멸균 소독된 작업복을 입고 에어룸을 통과해 공장을 출입하고 있다.

현재 국내 식물공장 중 실제 수익을 내는 곳이 많지 않은 실정인데, 이는 재배기술 부족에 기인하고 있는데, 동사는 농산물은 완제품이 아니라 끊임없이 성장하는 유기체이기 때문에 식물공장 운영에서 재배기술을 중요한 요소로 꼽고 있다.

수년간 작물 성장률이 가장 빨라지는 광질, 광량, 양액 투입량과 투입 시기 등을 연구한 결과 현재 50g 중량의 일반 버터헤드레스터보다 100g 이상이 무거운 버터헤드레스터를 재배하고 있다. 또한 축적된 식물공장 운영 노하우와 재배기술에 적합한 자재와 설비를 직접 개발하면서 식물공장 플랜트의 판매와 수출을 진행하고 있다. 현재 평당 600만 원에 이르는 초기비용을 250만 원 수준으로 낮추면 상업화가 활성화 될 것으로 전망하고 있다.

(4) 고양시 베지텍스

매일 60g씩 포장한 상추 1,600봉지를 생산할 수 있으며, 이는 연중 수확횟수를 감안하면 같은 면적의 노지재배보다 수확량은 약 40배에 달한다. 생산 작물은 상추, 청경채 등으로 파종으로부터 30~35일 후 수확하여 판매하고 있으며, 현재 판매처는 주로 학교이나 향후 병원, 호텔 및 수출 등으로 출하처의 다변화를 시도하고 있다. 무농약으로 재배하기 때문에 일반 상추의 2배 가격으로 거래되고 있으며, 기후 등의 영향을 받지 않아 연중 동일한 가격으로 거래가 이루어지고 있다.

(5) 인천국제성모병원 '마리스가든'

2014년 2월 가톨릭관동대 국제성모병원 개원과 함께 오픈한 '마리스가든'은 농촌진흥청의 친환경농업기술 지원으로 안전한 먹거리 제공과 원예치유를 목적으로 조성되었다. 병원에 식물공장이 조성된 것은 전 세계적으로도 그 유례를 찾아볼 수 없는 사례로, $760m^2$의 규모에 5단으로 쌓아 실제 재배면적은 $3,300m^2$에 이른다. 식물의 생육 전 과정을 조절하는 순환식 재배방식으로 운영되는 '마리스가든'은 자동환경조절시스템으로 식물을 재배하고 있다. 해당시설에서 재배한 채소는 병원과 함께 운영되는 실버타운과 병원 내 직원 식당으로까지 공급범위를 확장시켜 나가고 있다.

(6) 카스트엔지니어링 식물공장

2017년 7월 카스트엔지니어링은 경북테크노파크내에 설립된 $660m^2$ 규모의 식물공장에 입주해 있다. 재배면적은 약 $1,432m^2$로 하루 최대 수확량은 약 146kg에 이른다. 동사는 제어계측기, 해충방지 LED바 등을 생산하던 업체로, 2006년 식물공정 시스템분야로 진출해 2016년 캐나다 OCN인디언지구로 식물공장 시스템을 수출하는 등의 성과를 거둔바 있다.

기존 LED 생산기술을 활용해 식물에게 최적화된 파장을 적용, 식물의 성장을 촉진하는 기술을 보유하고 있으며, LED를 장시간 켜 놓았을 경우 발생하는 발열 문제도 자체 알고리즘으로 해결하였다. 또한 동사는 2017년 10월 경상북도 농업기술원과 버섯분야에 식물공장 도입을 위한 공동연구 협약을 체결하였다.

(7) ㈜바이오윅스 안동 식물공장

2016년 1월 안동시 서후면에 위치한 농업회사법인 ㈜바이오윅스는 2015년 5월 식물공장 완공에 이어 6개월간 시험재배를 마치고, 2016년 1월 해당 공장에서 생산한 무농약인증 채소로 만든 샐러드 10종에 대한 출시기념 시식회를 가졌다. 공장에서는 자동생산시스템을 기반으로 연중 안정적인 생산이 가능하며, 양액 조절기술과 환경조절기술로 저칼륨 의료용 채소, 저질산 채소 등을 생산할 수 있다.

2015년 5월 건립된 식물공장은 면적 200㎡이며, 4단 4열로 재배면적은 660㎡이며, 재배방식은 박막수경방식을 채택하였다. 생산량은 월 300kg 수준이며, 버터헤드, 아티코, 멀티그린, 로메인, 멀티베이비, 멀티레드, 식이조절용 저칼륨 채소 등을 생산하고 있다. 생산된 작물은 '하이크린채'라는 브랜드로 판매가 이루어지고 있다.

특히 경북북부지역은 한약 한방바이오 산업특구로 약용작물이 다양하게 연구되고 있어, 앞으로 약용작물을 활용한 의료용 채소, 의료용 한방채소, 천연물질 생산, 식물 백신 등으로 특화하는 방향으로 발전시킬 수 있다.

(8) 경상남도농업기술원 '식물공장 수경인삼 생산기술'

2015년 6월 경남농업기술원 식물공장연구팀은 '식물공장 수경인삼 생산기술'을 개발했다고 밝혔다. 농업기술원에 따르면 해당 연구를 통해 식물공장 내 수경재배인삼에 대한 최적의 인공광원을 사용하는 LED의 최적 광량을 규명하였다. '식물공장 수경인삼 생산기술'은 2014년 '토종 흰민들레 주년생산기술'에 이어 도농업기술원이 운영하는 식물공장이 거둔 또 다른 성과로, 향후 식물공장을 이용한 고 부가 첨단농업 실현의 기반이 될 것으로 기대를 모으고 있다.

인삼은 생육특성상 많은 햇빛이 필요하지 않고, 생장이 다른 식물에 비하여 매우 느린 편이기 때문에 최적의 생육 조건에 필요한 적절한 광량 규명이 생산농가의 요구사항이었다. 수경인삼 또는 식물공장을 이용한 새싹삼 생산기술은 상용화 단계에 있으며, 특히 잎과 뿌리를 함께 이용할 수 있는 식물공장 인삼의 경우, 품질면에서도 사포닌 함량이 기존 토양재배 인삼보다 높다고 알려져 있다.

8) 국내외 식물공장 동향 및 대응 방안

식물공장의 주체는 유럽은 기업, 일본은 학교와 기업·법인체인데 비해 국내에서는 기업과 연구소가 대부분을 차지하고 있다. 연구수준의 경우 유럽과 일본은 재배작물 품목을 확대하고 경비절감에 초점을 맞추고 있으나, 국내는 실용화 초기단계로 평가되고 있으나, 식물공장시스템 중 설비·전자·제어 등 많은 첨단분야와 농업기술면에서는 선진국 수준에 도달해 있다.

재배작물은 기존의 엽채류 중심에서 인삼, 당귀 등 특용작물로 확대되고 있으며,

수확로봇 개발과 함께 고광원 개발을 위해 LED에서 OLED(유기발광다이오드)까지 확대되고 있어, 향후 더 다양한 작목이 생산될 전망이다. 국내에 설립된 식물공장들은 운영자의 재배기술에 대한 이해 부족으로 어려움을 겪었으나, 현재 동국대 등 대학과 여러 기관에서 식물공장 전문 재배인력을 양성하고 있고, 정부도 일본처럼 집중적으로 식물공장을 육성하겠다는 의지를 보이고 있어 긍정적으로 전망해볼 수 있다.

이러한 국내와 글로벌 주요국의 동향이 시사하는 점을 살펴보면 다음과 같다.

첫째, 식물공장이 산업으로 발전하고 수익을 내기 위해 비용절감과 양액재배적응성 품종의 육성·환경제어·생육예측 프로그램 보급 등으로 생산성 향상이 필요하며 시설 자재의 표준화 등을 통한 설치비용 감축이 요구된다.

둘째, 공장설비 수출이 가능한 신산업 육성을 위해서는 초기 설치비용이 높아 정부가 보조금제도를 도입할 경우 시장 확대 효과가 클 것으로 기대할 수 있다.

셋째, 향후 식물공장 산업이 발전해가기 위해서는 유전자변형식물과 생약식물, 고기능식물 등 고기능·고부가가치 식물생산을 통해 시장을 확대시켜 나가야 한다.

넷째, 국내 관련 연구기관 및 민간기업의 역량을 집중시켜 초기 설비투자를 낮추기 위한 연구가 이루어져야 한다. 육종 및 재배 기술은 농업연구기관, 환경제어기능은 전기연구기관, 설비·장치·기술은 기계연구기관 등이 공동으로 연구를 진행하면 더 이른 시일 내에 성과창출을 기대할 수 있을 것이다.

다섯째, 식물공장은 '농업'임에도 불구하고 농업인과 같은 정책지원을 받기가 어려운 상황으로, 법제도의 정비가 필요하다. 또 공장에서 농업을 경영하기 때문에 지자체가 기업유치나 건축 확인 등을 보류하는 경우가 발생하고 있다. 따라서 기존의 제조업과 동일하게 기업유치 차원의 지원을 받을 수 있도록 지자체에서 재산세·취득세 등의 세금우대, 토지·설비 취득에 따른 초기비용 보조, 기업입지 촉진제도, 건축기준법 개정, 관련 소방법 정비 등이 필요하다.

9) 식물공장 이슈

식물공장의 보급 및 확대 방안으로 식물공장에 대한 법과 제도마련, 식물공장에 대한 사회적 공감대 형성, 지속적인 수요 증대, 식물공장 운영의 경제성, 부가가치가 높은 작물 재배기술 개발 등이 필요하다. 현재는 '식물공장 육성법'과 같은 제도가 마련되지 않아 건축법, 토지법, 소방법 등 많은 분야의 법률에 제한을 받고 있으며, 식물공장이 농업에 속하는지 제조업에 속하는지에 대한 근거조차도 부족한 상황이다.

식물공장을 농업으로 보는 입장에서는 식물공장은 실내에서 태양광이 아닌 인공조명(혹은 혼합한 형태)을 이용한 재배로 온도, 습도, 광도, CO_2 농도 등 환경조절에 의한 생산으로 시설재배와 차이가 없어 농업에 속한다고 주장하고, 식물공장을 중소 제조업으로 보는 입장에서는 토양, 기후, 방재 등 농업에 적용되는 기술의 제약 없이 인공적인 관리가 이루어지기 때문에 전통적인 농업과 별개로 제조업으로 구분해야 한다고 주장하고 있다.

제14장 4차 산업혁명과 농업

① 산업혁명 동인

1) 특허와 산업혁명

산업혁명은 특허제도와 기술 발전, 산업 분야의 변화가 상호작용하여 진행되었다. 특허는 발명에 대한 독점적 이용과 권리 부여를 통해 기술의 발전을 촉진하는 주요 동인 중 하나로 작용했다. 1624년에 세계 최초로 도입된 영국의 특허제도는 1769년 제임스 와트(James Watt)의 증기기관 특허를 통해 산업혁명의 시작을 알렸다. 와트는 독점권을 통해 부와 명예를 획득하였고, 세계는 1차 산업혁명의 시대로 진입했다.

미국은 1787년 헌법에서 특허 보호를 명시하고 1790년에 특허제도를 도입했다. 1836년에는 세계 최초로 특허 심사체계를 구축하면서, 특허를 획득한 에디슨의 전기발명과 함께 2차 산업혁명을 주도하게 되었다. 이로 인해 전 세계 발명가들의 미국 이민이 급증하였고, 미국은 세계적인 혁신의 중심지가 되었다. 또한, 1981년 미국이 컴퓨터 관련 발명 특허를 인정하는 판결을 내리면서 3차 산업혁명의 시작을 알리게 되었다.

2) 산업혁명 촉발 및 기술동인

(1) 1차 산업혁명

18세기 영국에서는 자유로운 기업활동, 시장 경쟁, 기업 이윤추구, 그리고 특허제도의 도입 등이 결합하여 1차 산업혁명이 발생했다. 이 시기에 제임스 와트의 증기기관을 통한 생산의 기계화로 제조업이 형성되었다. 나무에서 석탄으로의 원료 전환은 직물산업, 증기기관, 도로와 운하, 코크스 제철법(철공업을 일으킨 영국의 다비 가문), 철도산업 등의 발전을 이끌었다. 1차 산업혁명은 18세기 기계의 발명과 기술의 혁신으로 주산업을 농업에서 제철공업, 면직물 공업 등으로 변화시켰고, 급속한 공업화와 도시인구의 폭발적인 증가를 일으켰다. 이로 인해 근대자본주의가 발생하며, 이에 대한 모순을 지적하는 마르크스주의가 태동하게 되었다. 농업 부문에서는 트랙터, 콤바인 등의 농기계가 거의 모든 농업분야에 활용되게 된다.

(2) 2차 산업혁명

19세기 후반, 미국의 에디슨이 전기를 발명함으로써 기계식 설비에 의한 대량 생산으로 제조업이 성장하고 대기업이 부상하며 2차 산업혁명이 시작되었다. 이는 현대 산업사회의 탄생을 이끌었다. 핵심 키워드는 전기, 철강, 석유이며, 미국과 독일이 주요 국가로 부상했다. 독일은 화학산업을 선도하기 위해 염료의 인공합성에서 시작했고, 미국은 철도산업을 주도했다. 1차 산업혁명은 증기엔진에 의한 세 바퀴 트랙터에서 시작하여 증기기관 자동차로 발전한 후, 2차 산업혁명으로 전기마차가 전기자동차로 발전한 뒤에는 가솔린 기관 동력 비행기로 진화했다. 농업부문에서는 기능성을 갖춘 농산물 가공산업이 발전하였다.

(3) 3차 산업혁명

20세기 후반에는 전자/IT, 컴퓨터, ICT의 등장으로 인해 생산자동화를 통한 IT산업의 성장과 산업의 디지털화, 공유경제의 확산 등이 주목받아 3차 산업혁명이 일어났다. 이 혁명은 전기통신과 컴퓨터기술의 융합으로 이루어진 정보통신기술혁명

〈표 14-1〉 산업혁명 촉발 기술동인 및 효과

구분	1차 산업혁명	2차 산업혁명	3차 산업혁명	4차 산업혁명
시점	18세기말 (1760~1830)	19세기말 (1870~1930)	20세기 후반	최근 논의 시작 (2015~)
지역	영국	미국, 유럽 선진국	미국 등 IT 선진국	주요 IT 선진국
특허	세계 최초 도입 (1624)	세계 두 번째 도입 (1790)	컴퓨터 관련 발명특허 인정(1981)	
계기	Watt 증기기관 (1769년 특허획득)	전기	컴퓨터, 인터넷 등장	인공지능, 사물인터넷 등
역할	생산기계화	생산 대량화	생산자동화	생산 최적화
결과	공업화 급속, 도시인구 폭발적 증가 (제조업 형성)	대기업 부상, 중공업 발달 (제조업 성장)	산업의 디지털화, 공유경제 확산 (IT산업 성장)	초연결사회 도래 (모든 산업 활용)
농업	농기계	가공	작물보험, 인터넷유통	정밀·처방농업, 스마트팜

으로 돌연변이적인 기술혁신을 일으켜 사회문화적 대변동을 가져왔다. 엘빈 토플러는 제3의 물결에서 3차 산업혁명을 "탈공업의 정보혁명"이라고 표현했으며, 제레미 리프킨은 인터넷과 재생에너지 등 신에너지의 결합과 공유경제로의 전환을 강조했다. 농업 부문에서는 단순한 생산과 가공뿐 아니라 작물보험, 인터넷 유통과 같은 서비스산업의 발달이 일어나면서 3차 산업혁명이 농업분야에도 혁신을 가져왔다.

2 4차 산업혁명

1) 4차 산업 현황

4차 산업혁명은 정보통신기술(ICT) 융합으로 산업·사회의 혁명적 변화가 나타나는 시대를 말한다. ICT의 발전으로 인하여 대규모 데이터의 수집과 분석이 가능해지고, 인공지능(Artificial Intelligence)과 로봇처럼 인간노동력에 더하여 지능과 지혜까지 대체되고 있다. 4차 산업혁명은 사물인터넷, 빅데이터, 인공지능 등의 기술을 매개로 하여 물리 분야와 생물학 분야, 그리고 디지털 분야가 통합되어 인간의 삶 모든 부문에 영향을 미치게 된다.

4차 산업혁명의 특징을 보면 첫째, 온라인 속 가상세계와 오프라인 현실세계 연결에 의한 완전 다른 개념의 서비스와 기술로 산업 간 경계가 모호하면서 획기적인 산업 간 융합을 가져온다. 둘째, 사람과 사물 간의 연결뿐만 아니라, 사람과 사람, 사물과 사물 간의 연결성으로 연결성을 기하급수적으로 확대하는 초연결성(Hyper-Connected)이다. 셋째, 인공지능과 빅 데이터의 연계 및 융합으로 초지능화(Hyper-Intelligent)이다. 넷째, 컴퓨터가 사람처럼 생각하고 배울 수 있도록 하는 기술인 딥러닝(Deep Learning)으로 인공지능이 탑재된 스마트 머신 시장 규모의 증가가 예상된다.

4차 산업혁명의 5대 준비요소에 대한 한국의 위치를 보면(스위스연방은행, 2016), 노동시장유연성은 스위스 1위, 미국 4위, 일본 21위, 중국 37위인데 비해 한국은 83위로 매우 낮은 수준이다. 기술 수준은 한국 23위, 싱가포르 1위, 미국 6위, 일본 21위, 중국 68위이며, 교육시스템은 한국 19위, 스위스 1위, 미국 4위, 일본 5위, 중국 31위이다. 종합적인 순위는 한국 25위, 스위스 1위, 미국 4위, 일본 12위, 중국 28위로 일본에 크게 뒤지며 중국보다 조금 앞섰다.

2) 4차 산업 관련 기술

(1) 사물인터넷(IoT, Internet of Things)

사물인터넷은 센서와 통신 기능을 내장한 사물 간의 인터넷을 통한 양방향 통신을 구현하여 데이터를 수집하고 교환할 수 있게 하는 기술이다. 사물인터넷은 인간과 인간, 인간과 사물, 사물과 사물 사이 등 모든 연결이 가능하기 때문에 사용자가 접하는 영역이 확장되고 활용할 수 있는 고부가가치 복합서비스가 크게 증가한다. IoT 기술의 구성을 보면 데이터 수집·처리를 위한 센서 기술, 유무선 통신 및 네트워크 기술, 데이터 공유 플랫폼 기술, 디바이스 기술 등에 IoT를 이용한다.

(2) 클라우드

클라우드는 네트워크상의 서버에 모여 있는 데이터, 컴퓨팅 인프라를 이용하여 데이터의 저장부터 정보처리까지 수행할 수 있는 기술이다. 클라우드에서 컴퓨터 및 정보처리기기는 네트워크 접속역할을 하며, ICT 기능들을 소유하지 않고 빌려 쓰는 개념으로 클라우드를 유연성, 경제성, 효율성 등의 장점이 있다. 최근 클라우드는 AI, 빅데이터, IoT 등 새로운 ICT 기술을 실현시킬 수 있는 인프라로 부상하고 있다. 클라우드의 특징을 보면, 유연성(수요변화에 컴퓨팅자원할당), 경제성(사용된 자원만 비용 지급), 효율성(이용공동화), 신속성(구축시간 단축), 편의성(시공간초월 인터넷접속) 등이 있다.

(3) 빅데이터(Big Data)

빅데이터는 대용량의 정형·비정형데이터(빠른 속도로 생산·소비)를 효율적으로 수집·저장하고 다양한 분석기법 활용으로 현상 파악, 예측, 의사결정 등을 지원하기 위한 기술이다. 빅데이터의 특징은 3V 즉, 방대한 양(Volume), 다양한 종류(Variety), 빠른 데이터처리 속도(Velocity)이다.

(4) 인공지능

인공지능은 인간의 사고능력(인지, 추론, 학습)을 모방한 기술로 빅데이터 기술의 발전으로 4차 산업혁명의 핵심이다. 활용분야로 스마트 공장, 통계·예측, 고객응대, 자율 건강진단, 수술 로봇, 자동 통번역, 무인콜센터, 관광가이드 로봇, 농산물 출하량 및 병충해 발생예측, 농작업자동화 등 다양하다. 산업용 로봇의 수요산업 비중을 보면 자동차 38%, 전자 25%, 금속 12%로 휴먼 로봇과 협업에 의한 효과를 증대시키며, 3D 작업장 로봇을 대체하고 있다.

3) 4차 산업혁명 기술로 변화하는 산업현장

(1) 스마트 팩토리

스마트 팩토리는 다른 연관기술과의 융합의 산물로 핵심은 디지털화로 센서와 디바이스(device,특정 기능을 위하여 구성한 기기, 장치, 도구를 의미함) 간의 통신으로 다양한 데이터를 주고받으며, 머신러닝 기술적용으로 클라우드 서브가 수집한 빅데이터로 생산성 극대화의 AI를 결합시킨 생산 시스템으로 성능을 향상하는 것이다. C2M(Customer To Manufacturer, 고객대 제조업자) 생산방식으로 소품목의 맞춤생산, 맞춤형정장, 리쇼어링(해외기업이 국내로 돌아옴) 등이다.

(2) 스마트시티

스마트 시티는 4차 산업혁명의 핵심기술이 총망라된 종합적인 작품으로 도시화문제의 사회적, 경제적, 문화적인 솔루션을 도시의 스마트화에서 찾고 있다.

(3) 스마트팜

영농기술에서 식량 증산에 투입되는 자원을 최소화하고 수확량을 극대화할 수 있는 기술혁신이다. 현재 한국의 스마트팜 현황은 기존의 영농방식을 지키려는 농민, 스마트팜으로의 전환을 계획하는 정부, 시장참여를 고민하는 기업이라고 할 수 있다.

③ 4차 산업혁명과 농업 4.0

1) 농업 4.0 개요

18세기 이후 전통 산업 부문에서 나타난 기술 혁명과 유사하게, 농업 부문에서도 오랜 세월에 걸쳐서 기술 혁명이 진행되어 왔다. 노동집약적인 방식으로 농작업에 동물의 힘을 이용하는 농업 1.0을 시작으로 20세기 초에 이르러 품종개량과 화학비료 및 제초제, 농약 등의 화학농법을 채택하고 농기계를 이용하여 생산성을 크게 향상시켰던 농업 혁명을 농업 2.0라고 말한다. 1990년대부터는 GPS 장비와 변량 농업기술(VRA)을 기반으로 한 정밀농업 시대인 농업 3.0으로 진화했다. 그리고 4차 산업혁명 시대의 도래와 함께 4차 산업혁명 기술을 적용한 농업을 농업 4.0으로 명명하고 있다.

4차 산업혁명 시대에는 온라인 가상세계와 오프라인 현실세계(AI)의 조합으로 완전하게 다른 개념의 서비스와 기술로 제조업과 서비스업 간 경계가 모호해지고 획기적인 산업 간 융합이 가능하다. 사물인터넷, 빅데이터, 인공지능, 로봇 등 4차 산업혁명 기술은 농업에서도 변화를 촉발하고 있다. 이미 드론 농업을 광범위하게 확산되어 있고, 인공지능 기술을 활용한 농기계가 상용화되어 있다. 인공지능 기술 또한 농축산업에서 보편적으로 사용되고 있다.

농업 4.0은 4차 산업혁명 기술을 활용하여 더욱 스마트하고 효율적인 농업을 통해서 생산성 향상에 기여하면서도 지속가능성 또한 강화할 수 있는 농업을 말한다. 무엇보다 4차 산업혁명 기술을 통해서 수집된 데이터를 정밀하고 정확하게 분석하여 지능화된 농업을 구현하는데 초점이 맞춰진다. 구체적으로 사물인터넷을 통해서 각종 영농 데이터를 수집하고, 빅데이터 분석을 통해서 영농 의사결정을 내리며, 인공지능 기술을 기반으로 한 무인자율화 농기계로 농작업을 수행하는 농업을 의미한다.

이러한 농업 4.0의 목표는 농업 과정의 수익성뿐만 아니라 경제적, 환경적, 사회적 지속가능성을 높여서 궁극적으로 농업인의 삶의 질을 향상시키는 것이다. 4차 산업혁명 기술이 적용된 농업에서는 보다 정밀한 농업이 가능하여 농자재 투입을 최적화하여 불필요한 낭비를 방지할 수 있다. 또한 파종, 잡초 제거, 수확 등 모든 단계를 데이터에 기반하여 계획적으로 수행하게 되어 시간과 비용이 모두 절감된다. 공급망 전체에 첨단 기술이 적용되면 지속가능한 방식으로 고품질의 농산물을 생산하고, 수급 불균형 문제를 개선할 수 있다.

2) 농업 4.0의 분야별 적용 사례

(1) 농산물 생산 분야

① 스마트 센싱과 모니터링

농업 4.0은 기후·환경·생육 등에 대한 다양한 데이터를 정밀하고 자동화된 방법으로 측정·수집·기록하는 기술이 필요하다. 이에 사물인터넷, 클라우드 컴퓨팅 등의 기술이 활용된다. 미국의 농기계 회사 존 디어(John Deere)社는 트랙터 및 다양한 농기계에 센서를 장착하여 데이터 수집을 위한 농장경영정보 시스템을 구축하고, 다른 농작업장비와 연동하여 확산되고 있다. 일본 후지쯔(Fujitsu)社는 클라우드 컴퓨터를 활용하여 작물 생육사진을 영상 인식하여 생육정보를 자동 수집하는 아키사이시스템(Akisai)을 개발하고, 이를 특화된 서비스로 일본농가에 제공하고 있다.

또한 프랑스 에어리노브(Airinov)社는 광학탐지 센서를 장착한 드론으로 경작지의 각종 데이터를 수집하고, 대규모 경작지를 관리하는 시스템을 구축하여 최적의 시비량과 농약 살포에 활용하고 있다.

② 스마트 분석 및 기획

수집된 영상, 위치, 수치 등의 데이터를 분석하고 각종 의사결정을 내리는 기술이 적용된다. 미국의 몬산토(Monsanto)社는 빅데이터를 활용한 필드 스크립터(Field Script)를 개발하여 정밀농업 및 처방농업을 가능케 하였으며, 더 클라이밋 코퍼레이션(The Climate Corporation)은 자사의 기후예측모델 'Field View'를 통해 기후정보 분석과 농업경영체 및 농업보험회사의 의사결정을 지원하고 있다.

③ 스마트 농기계 활용 농작업 수행

파종, 제초, 시비, 수확 등 농작업 수행에 있어서도 4차 산업혁명 기술이 적용된다. 미국 블루리버사(Blue River)사에서 개발한 비전 인공지능 기술을 이용한 선택적 잡초제거 기술은 존디어에 인수되어서 자율주행 트랙터에 부착하여 사용할 수 있는 제초기 'See & Spray'으로 시판 중이다. 네덜란드, 미국, 일본 등에서는 파프리카·딸기 수확 등에 무인자동화 로봇이 활용되고 있다.

(2) 농산물 유통 분야

농산물 유통 분야에서는 다양한 기술을 활용하여 수급안정, 유통 효율화, 품질향상을 위한 기술 도입이 추진된다. 이를 위해서 먼저 산지 유통 단계에서부터 4차 산업혁명 기술을 도입하고 있다.

국내에서는 농산물산지유통센터(APC)의 스마트화, 즉 스마트 APC를 본격적으로 추진하고 있다. 스마트 APC는 사물인터넷·인공지능·로봇신 등을 적용한 APC로서 첨단기술을 이용하여 농산물의 저장·선별·포장 등의 작업을 자동화하고, 각종 데이터를 수집하여 데이터 기반의 의사결정을 가능하게 하는 산지유통시설이다. 이를 통해서 농식품유통정보를 실시간으로 공유하고 즉시 대응할 수 있어서 출하 시기 조절, 소비자 맞춤형 상품 생산, 판매처 다양화와 같은 전략적 의사결정이 가능하며, 지능화·자동화된 설비를 활용하여 비용 절감과 생산성 향상이 가능하다.

이와 함께 농산물 품질향상을 위한 등급 판정 자동화가 가능해진다. 선별과정에서 수집된 데이터를 이용하는 인공지능 자동판정기를 도입하면 농산물의 등급을 자동으로 판정할 수 있다. 이를 통해 효율적이고 정확한 등급 판정이 이루어지며, 품질 향상이 가능하다.

물류시스템의 경우에는 농산물 온라인 경매 플랫폼과 물류시스템의 통합이 가능하다. 농산물 온라인 경매 플랫폼은 언제 어디서나 전국 단위의 통합 거래가 가능하고, 물류시스템의 경우에는 사물인터넷을 활용하여 창고 내부의 온도, 습도 등을 실시간으로 모니터링하고 조절하고, 운반차량의 위치와 상태를 실시간으로 파악하여 물류 프로세스를 최적화할 수 있다.

(3) 농산물 소비 분야

소비자가 원하는 것은 고품질, 안전성, 가격안정이며, 이를 위해서 빅데이터, 클라우드, AI 등의 이용으로 소비자 맞춤형 생산, 유통 및 가공이 이루어진다. 실제 영양 섭취와 건강 정보를 실시간으로 파악하여 자동 주문과 같은 서비스를 제공하는 지능형 냉장고가 개발 중으로 가족 구성원의 영양 섭취 정보와 건강 정보를 효과적으로 관리할 수 있게 된다. 또한 맞춤형 농식품 생산과 소비가 가능해 지면서 가족이 직접 농산물을 생산하고 소비하는 수요자 주도 마켓(Domotic = Dome + automatic), 메디칼 푸드 등 건강을 고려한 소비 경향이 증가할 것으로 예상된다.

이와 함께 농산물 판매처에서는 농산물 생산자의 정보, 상품, 요리, 영양, 가격 등을 고객 동선과 몸짓에 따라 표시할 수 있고, 로봇 점원과 로봇 팔을 활용하여 상품 진열과 매대 정리가 가능하다.

4 농업 4.0의 품목별 적용 사례

1) 시설원예

시설원예 분야에서의 농업 4.0 기술은 생산성 증대, 생산비 절감, 품질 향상을 목표로 적용되고 있다. 먼저 생산성 증대를 위해서 복합환경 제어관리, 공간재배기술, 생육진단 예측기술 등이 적용된다. 생산비 절감을 위해서는 원격제어관리, 농작업 데이터관리 등을 통하여 인건비와 광열비를 절감하는 기술이 중요하다. 마지막으로 품질향상을 위해서는 정밀 생육환경 조절, 원격 전문가 지원, 생육 진단과 처방, 병해충 예찰(화상) 등을 위한 기술이 접목된다.

(1) 생산성 증대를 위한 기술

① 복합환경 제어관리: 온도·습도 및 탄산가스(CO_2) 시비를 사물인터넷과 각종 센서를 통해서 수집한 데이터를 활용하여 자동으로 제어하는 기술

② 공간재배기술: 좁은 시설 공간을 효율적으로 활용하면서도 최적의 성장환경을 갖도록 작물을 배치하는 기술

③ 생육진단 예측기술: 빅데이터와 인공지능을 활용하여 작물의 생육환경을 분석하고 미래의 상태를 예측하여 조절하는 기술

(2) 생산비 절감을 위한 기술

① 원격제어관리: 통신망을 통해서 원격에서 재배 환경을 효과적으로 최적 관리하는 기술

② 농작업 데이터 관리: 영농 과정에서 발생하는 각종 데이터를 체계적으로 수집, 분석하여 효율적인 경영 의사 결정을 내릴 수 있도록 지원하는 기술

③ 파종·수확 자동화: 스마트 농기계, 농업용 로봇 등을 활용하여 농작업을 무인·자동화하여 노동력을 절감하면서 생산성을 극대화하는 기술

④ 에너지 통합관리 시스템: 생육 시기별 온습도 제어, 국소 냉난방 제어 등을 통하여 광열비를 절감할 수 있는 기술

⑤ 원격 전문가 지원 시스템: 농가에서 디지털 플랫폼을 통해서 전문가와 의견을 공유하고 문제를 신속하게 해결할 수 있는 시스템이다. 전문가에게 영농에 필요한 각종 조언과 지원을 실시간으로 받을 수 있고 농업 전문가의 부족을 해소할 수 있는 효율적 방법이다.

(3) 품질 향상을 위한 기술

① 정밀 생육환경 조절: 센서와 제어시스템을 활용하여 정확한 생육환경을 조성

② 원격 전문가 지원 시스템: 농가에서 디지털 플랫폼을 통해서 전문가에게 영농에 필요한 각종 조언과 지원을 실시간으로 받을 수 있는 시스템

③ 그 밖에 다양한 기술 적용: 생육 진단과 처방, 병해충 예찰(화상) 등 사물인터넷과 인공지능을 활용한 향후 전망

2) 노지

노지 농업에서도 농업 4.0 기술의 적용을 통해서 생산성 증대, 생산비 절감, 품질 향상을 위한 노력이 진행되고 있다.

(1) 새로운 품종 개발

작물의 품종 개량을 위한 바이오기술(BT)에 빅데이터, 사물인터넷, 클라우드, 인공지능 등 디지털 기술을 융합하여 새로운 품종 개발에 소요되는 비용과 시간을 절약하면서도 복합 형질을 갖는 새로운 품종을 정확하게 개발할 수 있는 디지털 육종 기술

(2) 관수관비

군락 엽면적지수를 활용하여 작물의 성장 상태를 모니터링하고, 사물인터넷을 통한 적정한 시기에 효율적으로 관수관비를 하는 기술

(3) 스마트 농기계

자율주행 농기계, 농업용 로봇 등의 스마트농기계를 활용하여 파종, 수확, 관수, 시비, 제초, 병해충 관리 등을 자동화하여 노동력과 생산비 절감하는 기술

3) 축산

축산 분야에서도 농업 4.0의 첨단 기술이 적용되어 있다. 특히 종축개량, 사료관리, 환경관리 등을 중심으로 한 기술적인 개선이 활발하다.

(1) 사료관리

축사 내에서 발생하는 데이터를 분석하여 종축의 특성에 따라서 사료의 잔량과 질을 관리하고, 정확한 시기에 적절한 양을 배급하는 기술

(2) 축사 환경 및 가축 건강관리

농업 4.0 기술을 활용하여 축사 내 환경과 가축의 건강 상태를 지속적으로 모니터링하여, 축사 내의 환경이나 가축의 건강에 이상이 감지되면 즉각적으로 대응하는 시스템

(3) 효율적인 에너지 관리

신재생에너지 등 환경 친화적인 에너지를 기반으로 최적화 기술을 통하여 축산 시설의 에너지 소비를 최소화하고 효율적으로 관리하는 기술

5 농업 4.0시대의 문제점과 향후 전망

1) 문제점

(1) 농가의 데이터 부족

국내 영농 현장에서 농업 데이터의 수집과 활용은 제대로 이루어지지 못하고 있다. 국내 농가는 생산되는 자체 데이터가 부족하거나 데이터의 이용률이 현저히 낮다. 2021년 발표된 정부의 스마트농업 지원사업 수혜 농가를 대상으로 한 설문조사에 의하면, 조사 대상 농가의 22.4%만이 데이터를 수집하고 있고, 데이터를 분석하여 활용하는 농가는 20.1%에 불과하다. 반면 미국, 네덜란드, 일본 등에서는 농가 데이터의 수집과 활용이 상대적으로 활발히 진행되고 있다. 예를 들어서 2022년 2월 일본 정부에서 발표한 자료에 의하면 데이터를 수집하는 농업경영체는 전체의 59.26%에 이르고, 활용까지 하는 비중은 32.5%이다.

(2) 작고 분산된 경영규모

로봇, 자율주행 농기계, 드론 등을 활용한 농업이 경제성을 갖추기 위해서는 규모화·집단화가 필요하다. 반면 국내 농가는 경영규모가 작고 분산되어 있어서 농가 단위로는 기술 수용에 한계가 있다. 현재의 경지규모는 농기계이용을 위한 소규모의 경지정리로 필지당 0.3ha~0.4ha(900평~1,200평)인데 농업 4.0 기술의 수용을 위해서는 10~30ha(3만~10만 평) 정도의 대규모 경지정리가 필요하다.

[그림 14-1] 경지정리 전후

(3) 농업분야 5세대 이동통신(5G) 기술 도입

5G는 4G데이터 전달속도의 20배, 동시접속 기기의 수가 10배로 5G 기존 기술에 접목 시 효율성이 높아지므로 농업 4.0 기술의 도입을 위한 핵심 인프라이다. 5G망이 구축되어야 인공지능과 스마트농기계의 적용을 위한 다량의 실시간 데이터가 원활하게 오고 갈 수 있다. 5G 적용 시 자율주행 트랙터로 조작이 쉽고 2대 이상의 트랙터 동시 작동이 가능하다.

2) 기술 수준과 향후 전망

현재까지의 농업 4.0 기술 적용은 초기 수준에 머물러 있는 상태이다. 이를 극복하기 위해서는 더 많은 데이터 분석과 인공지능 기술의 적용이 필요하다. 특히 정형데이터와 비정형데이터를 종합적으로 분석하는 능력을 향상시키기 위해 공학전문가와 농학전문가 간의 협력이 필수적이다.

(1) 농업 데이터 구축

농업 데이터 구축을 위해서는 데이터 표준화가 필요하다. 현재 농가에서 도입한 다양한 농업 시스템과 장비는 서로 다른 형식과 표준을 사용하는 경우가 많아서 데이터 표준화가 이뤄지지 않으면, 데이터를 수집하여도 적절한 활용이 불가능하다. 농업 데이터를 표준화하면 서로 다른 시스템에서도 일관된 형식과 표준에 따라서 데이터를 수집하게 되고, 수집 데이터 교환과 통합이 용이해지며, 농업 데이터의 정확성과 일관성이 향상되어서 잘못된 형식이나 불일치로 인한 오류를 최소화하고 데이터의 정확성을 보장할 수 있다. 또한 데이터를 더 쉽게 분류, 검색, 저장하고 분석할 수 있어서 데이터 기반의 영농 의사 결정과 계획이 가능해진다.

(2) 농업인에 대한 교육

농업인은 디지털정보 취약계층으로 구분되어 있다. 과학기술정보통신부가 매년 조사하여 발표하는 '디지털 정보격차 실태조사'에 따르면 2022년 기준 전체 국민의 디지털 정보화 활용 수준은 57.5점인데 비해 농어업인은 45.8점에 불과하다. 농업 4.0시대에는 농업 전 단계에서 첨단기술의 활용이 증가한다. 디지털 기술의 활용 역량은 농업인에게 필요적인 역량이 되고 있고, 디지털 격차가 소득 격차로 연결될 가능성이 높다. 따라서 농업인에 대한 디지털 기술 교육이 중요하다.

(3) 4.0시대 이후 농업경영(15차 산업)

4차 산업 활성화로 생산·유통·소비 등 모든 분야가 자동화 되면 인간의 시간적 여유가 많아 5차 산업이 발달할 것이다. 시간적 여유는 일시적으로는 좋으나 시간이 지날수록 인간은 무기력해질 것이다. 인간이 일을 하는 것은 삶의 중요한 목적이자 자아실현의 방법이다. 그러므로 인간이 일이 없어지면 사회적으로 혼란이 야기 된다. 5차 산업은 인간에게 4차 산업 발달에 의해 시간적 여유가 많아진 인간에게 일거리와 휴식의 기회를 주어 정신적, 육체적 욕구를 충족하는 산업이다.

역사적으로 국가의 멸망원인 중의 하나가 시간적 여유가 있는 귀족의 지나친 향락 추구에 있다고 볼 수 있다. 로마제국은 식민지로부터 풍부한 재화와 용역이 유입되어 로마시민은 일을 하지 않아도 생활이 풍족하게 되었다. 시민과 귀족들은 목욕문화, 가면무도회, 성문란 등 사치와 향락으로 타락함으로써 멸망하게 되었다고 볼 수도 있다. 인간은 시간적·정신적 여유가 있으면 향락을 추구하는 것도 인간 본성의 하나일 수 있다. 그러므로 육체적 만족보다 정신적 만족을 줄 수 있는 건전한 5차 산업의 발달을 유도해야 할 것이다. 즉, 5차 산업을 자연 즉 농업을 중심으로 하여 AI 등에 의한 시간적 여유가 있는 인간에게 일거리와 건전한 여유를 즐길 수 있도록 발전하여야 할 것이다.

이를 위해서는 5차 산업이전의 산업화에서 농업이 중추가 되어야 할 것이다. 1차 산업부터 4차 산업 까지 농업이 중심이 되어야 5차 산업을 자연중심의 정신적 만족을 주는 5차 산업의 발달을 가져올 것이다. 그러므로 농업중심의 모든 산업을 연계하는 1차 + 2차 + 3차 + 4차 + 5차 = 15차 산업의 발달로 산업화에 인간이 사치와 향락으로 인간성의 상실을 막아야 할 것이다.

제15장 인공지능·블록체인 기술과 농업경영

1 인공지능과 블록체인 기술의 개요

최근 농산물 생산은 인공지능, 유통은 블록체인이라는 4차 산업혁명 기술을 농업경영에 접목함으로서 식량문제 및 농가의 부가가치를 제고해야 한다는 논의가 활발하게 진행되고 있다. 디지털 기술의 집약으로 평가되는 인공지능 기술과 디지털 기술이 가진 한계를 극복할 수 있는 기술로서 블록체인 기술이 농업경영부문에 어떻게 활용되고 있는지와 앞으로의 가능성에 대해서 알아본다.

1) 인공지능 기술

(1) 인공지능의 정의와 구성

인공지능은 특정 환경에 반응하여 문제 해결을 위하여 합리적으로 행동하는 인위적이고 기계적인 시스템으로 최초에는 지능적인 기계를 만드는 과학과 공학으로 정의됐다. 지능은 환경에 적응하거나, 무언가를 선택하고 형성하는 데 필요한 학습, 분석, 추론 등의 모든 정신적 능력이다. 따라서 인공지능은 인공적으로 직각, 추론, 학습, 환경과의 상호작용, 창의성 구현 등과 같은 정신적 능력을 구현하는 기술이라고 말할 수 있다.

인공지능은 센서(sensors), 논리구조(operational logic), 작동장치(actuator)로 구성된다. 센서는 데이터를 수집하고, 작동장치는 기계 또는 사람 등이 동작을 통해서 환경에 영향을 미치는 장치이다. 인공지능의 구성요소에서 핵심은 논리구조로서 입력된 데이터를 기반으로 특정한 동작을 하는 논리 또는 규칙을 말한다.

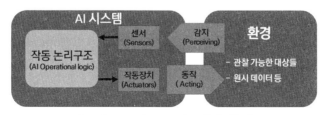

〈그림 15-1〉 AI 시스템과 환경

(2) 인공지능의 역사

인공지능이라는 용어는 1956년 미국 존 매카시(John McCarthy) 교수가 논리와 수학적 규칙에 따라서 추론과 탐색의 기능을 가진 시스템을 인공지능이라고 제안하면서 사용되기 시작했다.[45] 1960년대의 인공지능 연구는 사전에 정의된 규칙에 의해서만 작업할 수 있는 인공지능에 한정되어서 특정 분야에 대한 전문적 지식을 제공하는 전문가 시스템(Expert System)에 집중된다. 기술적 한계로 침체됐던 인공지능 연구는 1980년대 중반 XOR(exclusive OR) 연산[46] 문제를 해결한 다층 퍼셉트론(Multi-Layer Perceptron, MLP)의 등장 이후 인공신경망 연구가 증가하고, 관찰된 데이터에 수학적 모델을 적용하여 의사 결정을 내리는 학습 기반 인공지능인 머신러닝(Machine learning)에 대한 관심이 높아진다. 1990년대 정보통신 기술과 산업의 급성장과 함께, IBM의 체스 인공지능인 딥 블루(Deep Blue)가 1997년 인간 세계 체스 챔피언과의 대결에서 승리하면서, 인공지능에 대한 대중의 관심이 다시 높아졌다. 특히 2006년에는 자체적으로 인공신경망을 구성하여 학습하는 딥러닝(Deep learning)이 발표되면서 인공지능 기술은 획기적으로 발전한다. 이후 2011년 IBM 왓슨, 2016년 구글 알파고가 탄생했고, 2017년에는 자연어, 이미지 등의 처리가 탁월한 트랜스포머(Transformer) 알고리즘이 발표되면서 2023년 오픈AI의 GPT-3.5 기반의 chatGPT 와 같은 생성형 AI가 일반에 공개되었다.

(3) 인공지능의 유형

인공지능의 유형은 인간의 지능에 미치지 못하고 특정 분야에서만 사용되는 약한 인공지능(weak AI)과 인간과 동등하거나 앞서는 지능을 가진 강한 인공지능(strong AI)으로 구분할 수 있다. 최근에는 인공지능 기술 발전이 발전되면서 좁은 인공지능(Artificial Narrow Intelligence, ANI), 일반 인공지능(Artificial General Intelligence, AGI), 초인공지능(Artificial Super Intelligence, ASI)으로 구분하고 있다.

좁은 인공지능은 인간 지능에는 못 미치지만 특정 작업을 수행하기 위해 배우거나

---

45) 이전에도 1943년 신경과학을 연구하던 워렌 맥클록(Warren McCulloch)과 월터 피츠(Walter Pitts)의 생물학적 신경망을 모방한 인공 신경망 모델, 1950년 앨런 튜링(Alan Turing)의 기계 지능을 판별하는 기준으로 튜링 테스트 등과 같이 인공지능 기술의 기반이 되는 다양한 연구가 있었다.

46) 1958년 프랭크 로젠블라트는 인간의 두뇌를 모방하여 각각의 노드를 서로 연결하고 학습의 결과로 가중치를 조정하는 인공 신경망인 단층 퍼셉트론(Single Layer Perceptron, SLP)을 제안하였는데, 1969년 민스키가 페퍼터는 SLP가 선형 분리만 가능하기 때문에 두 값의 각 자릿수를 비교하여 결과값을 계산하는 XOR연산이 불가능하다는 점을 지적했다.

학습하여 수행하는 인공지능으로 현재도 널리 사용되고 있다. 2016년 공개된 바둑 인공지능 알파고 등이 대표적이다. 일반 인공지능은 적재된 데이터를 학습하여 강력한 일반화 능력을 갖추고 다양한 분야에서 인간과 동등한 지능을 가진 인공지능으로 챗GPT 등장 이후 관심이 높아져 있다. 초인공지능은 인간의 지적 수준을 초월하여 스스로 결정하고 동작하는 인공지능을 말한다.

2) 신뢰할 수 있는 인공지능

인공지능은 인간의 지능을 대체하는 기술로서 인공지능 기술을 활용하면 인간의 개입을 최소화하면서도 최적의 자원 투입으로 효율적인 결과를 얻을 수 있다. 다만 데이터 수집·활용, 논리 구조, 실제 활용 등에 있어서 통제가 어렵고, 인공지능의 오남용에 따른 부정적 영향의 위험도 매우 크다. 이에 인공지능의 개발과 사용에 있어서 윤리성과 신뢰성을 확보하기 위한 논의가 진행되고 있다.

특히 국제사회에서는 신뢰할 수 있는 인공지능(Trustworthy AI)에 대한 논의가 활발하다. 신뢰할 수 있는 인공지능이란 인공지능의 편익은 최대화하고, 해악은 최소화할 수 있는 조화를 갖춘 인공지능을 말한다. 2019년 EU집행위원회는 '신뢰할 수 있는 인공지능을 위한 윤리 가이드라인(Ethics Guidelines For Trustworthy AI)'을 제시하고, 인공지능은 적법성(lawful), 윤리성(ethical), 견고성(robust)[47]을 갖춰야 한다고 말한다. OECD에서도 2019년 5월 '신뢰할 수 있는 인공지능을 위한 윤리 가이드라인'을 발표하고, 인공지능의 개발과 활용에 있어서 인권 존중과 민주적 가치를 보장하고, 신뢰성과 책임성을 갖춘 관리 체계 구현을 규정했다.

3) 블록체인(Block Chain) 기술

(1) 블록체인의 정의

블록체인은 동등 계층 간 통신망, 즉 P2P(peer to peer) 네트워크를 통하여 관리되는 분산 데이터베이스로서 분산형 공개 거래원장 기술(Distributed Ledger Technology)을 말한다. 즉, 거래원장을 중앙 서버에만 저장하지 않고, 거래에 참여하여 여러 컴퓨터에 저장하는 기술이 블록체인 기술이다.

블록체인의 목적은 기존 금융시스템처럼 은행, 카드사 등을 거치지 않고 사람과 사람 간에 안전한 금융 거래를 가능하게 하는 것이다. 기존 금융시스템은 모든 거래

---

47) 기술적·사회적으로 안전하게 작동되는 인공지능을 말한다.

정보를 중앙 서버에 보관해야 하지만, 블록체인에서는 모든 거래 정보가 블록에 저장되며, 약 10분마다 생성되는 블록은 시간 순서대로 새롭게 생성된 블록에 연결된다.

이러한 특성을 가진 블록체인 기술은 응용분야가 매우 많다. 블록체인의 근간은 오픈 소스코드로 누구나 공짜로 내려 받아 실행 할 수 있고 이를 활용해 온라인 거래를 관장하는 새로운 틀의 개발이 가능하다. 예를 들어서 A가 B에게 100만 원을 송금하면 거래 정보가 블록형태로 생성되어 공개된다. 생성된 블록은 네트워크상 참여자(노드)에게 전송되어 거래정보 유효성을 상호 검증하게 된다. 참여자 간의 검증 완료된 블록체인은 등록되고 A의 B에 대한 송금은 완료된다.

(2) 블록체인의 역사

블록체인은 금융거래의 보안성과 투명성을 높이기 위한 노력 속에서 탄생했다. 즉, 정보보안의 관점에서 발전해 왔다. 1990년대 이후 개인용 컴퓨터와 인터넷 사용이 급격히 늘어나면서 정보보호의 필요성이 크게 부각되었다. 미국의 컴퓨터 과학자이면서 암호학자인 데이비드 차움(David Chaum)은 1989년 DigiCash라는 회사를 설립하고 익명으로 온라인 소액거래를 할 수 있는 전자화폐 eCash를 공개했으나 널리 사용되지는 못했다.[48] 이후 온라인 정보보안의 중요성이 더욱 부각되었으나, 인터넷은 태생적으로 보안에 취약하다는 인식이 강했다.

이러한 상황에서 블록체인 기술이 등장했다. 2008년 10월 31일 월스트리트에서 시작된 세계 금융위기 국면에서 사토시 나카모토(Satoshi Nakamoto)라는 익명의 저자는 '비트코인: 피어 투 피어 전자 현금 시스템(Bitcoin: A Peer-to-Peer Electronic Cash System)'이라는 제목의 백서를 인터넷에 공개했다. 해당 백서에서 저자는 P2P식 전자 결제 시스템을 위한 새로운 Protocol(통신규약, 분산형 신뢰 Network → 신뢰 Protocol → 블록체인 근간 구성)을 구상하고 비트코인이란 암호화폐의 사용을 제안했다. 초기 소개 당시 비트코인은 주기적으로 생성되는 한 개의 블록에 약 4,000개의 거래 정보를 기록할 수 있고, 생성된 블록은 거래 과정의 모든 참여자가 분산 소유하는 방식으로 설계되었다.

---

48) eCash는 암호화폐의 선구자였으나 당시에는 온라인 프라이버시에 대한 관심이 낮아서 상업적으로 실패하였고, DigiCash는 1998년에 파산했다.

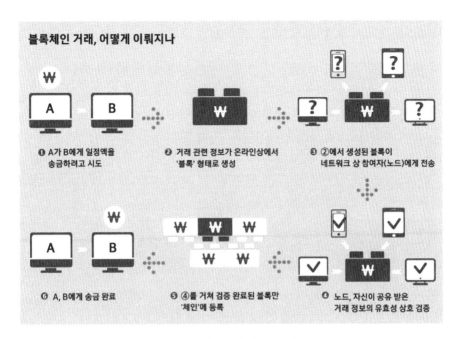

<그림 15-2> 블록체인 거래과정

(3) 블록체인의 장단점

블록체인의 장점은 보안성, 투명성, 익명성, 비용절감이다. 먼저 보안성을 보면 기존 중앙집중형 시스템을 이용하는 은행, 정부기관, 기업 등은 해킹의 위험이 항상 존재한다. 모든 정보·기록이 중앙시스템에 저장되므로 해커가 그에 준하는 고성능 컴퓨터로 중앙서버만 해킹하면 모든 기록을 빼내거나 편집, 삭제가 가능하다. 그러나 블록체인은 분산형 시스템으로 다수의 고성능 컴퓨터와 충분한 전력, 공간, 인력이 필요하고, 무엇보다 새로운 블록이 생성되기 전에 해킹을 해야 하기 때문에 이론적으로는 해킹이 불가능하다. 특히 사용자가 많을수록 해킹 가능성이 감소하기 때문에 더욱 안전해진다.

블록체인 참여자는 누구나 모든 거래정보를 확인할 수 있고, 거래원장은 누군가에 의해서 임의로 수정할 수 없기 때문에 투명성이 보장된다. 그리고 거래 당사자에 대한 익명성이 보장된다. 이와 함께 중앙서버가 불필요하므로 보안관리 비용이 크게 절감된다.

다만, 블록체인은 거래에 대한 통제가 어렵기 때문에 암거래 또는 돈세탁 등에 악용될 수 있으며, 본인의 실수로 잘못된 거래를 하면 취소가 불가능할 수 있다.

2 농업분야에서의 인공지능 및 블록체인 기술

4차 산업혁명은 사물인터넷(IoT)·인공지능(AI) 및 블록체인을 활용한 스마트농업으로 농축수산물의 생산성 증대로 인류의 의식주 해결과 삶의 질을 향상시킬 것이다. 특히 인공지능 기술은 생산 단계에서 활용이 활발히 이루어지고 있으며, 블록체인 기술은 유통 단계에서 활용이 예상된다. 축산업을 예로 들면 다음과 같은 구조를 가진다.

사물인터넷(IoT)
- 온도·습도·먼지 등 축사 환경 측정
- 음수량, 사료 섭취량, 행동량 등 가축상태 측정

인공지능(AI)
각 센서로 측정된 데이터 활용
- 환기 등 축사 환경 관리방안 제시
- 사료량 및 가축건강 관리방안 제안

블록체인
높은 투명성과 보안성 기술
- 가축 생산관리 시스템 점검
- 유통과정 안정성 확보

〈그림 15-3〉 블록체인 기술 축산업 적용사례

1) 농업분야에서의 인공지능 기술 활용

(1) 농업 인공지능의 현황

농업분야에서의 인공지능은 스마트·디지털 농업의 확산과 함께 꾸준한 성장세를 나타내고 있다. 세계 농업 인공지능 시장은 2022년 10.5억 달러에서 2032년에는 52.7억 달러로 연평균 17.5%의 성장이 전망된다.

농업 인공지능은 다양한 농업 데이터를 기반으로 파종, 제초, 수확, 판매 등 농작업에 있어서 최적의 시기 또는 방법을 결정하는데 활용될 수 있다. 또한 인공지능 기반의 자율주행 농기계 및 로봇이 상용화되면 무인·자동화된 농작업이 구현될 수 있다. 이에 농업 가치사슬 전반에서 생산성 향상, 최적 자원 배분, 노동력 절감 등의 효과가 기대된다.

농업 가치사슬 중에서 생산과 직접적으로 관련된 단계는 생산 전 단계부터 수확·선별 단계로서 고령화에 따른 노동력 부족과 생산성 향상을 위한 인공지능 기술의 도입 논의가 활발하게 진행 중이다.

종자산업에서 인공지능을 활용하면 대량의 식물 데이터를 기존보다 신속하고 정확하게 분석할 수 있어서 질병 저항성, 수확량, 영양 함량 등이 개선된 신품종 개발이 용이해진다. 다국적 종자기업 Bayer社는 인공지능 기술을 도입하여 신품종 개발에 소요되는 시간과 비용 및 물, 에너지, 토지 등의 자원 사용량도 감축했다. 생산단계에서는 작물 모니터링, 파종, 제초, 방충방제 등에 있어서 농작업 시기와 농자재 투입량을 결정하는데 인공지능의 활용이 증가하고 있다. 트랙터 제작사인 John Deere社는 자율주행 트랙터와 인공지능 기반의 농작업 솔루션 상용화를 선도하고 있다. 특히 인공지능 기반의 자동 제초제 살포기는 영상 이미지를 인공지능으로 분석하여 제초제 살포 여부를 자동으로 결정하고 필요한 최소량만 사용하면 제초제 사용량을 크게 줄일 수 있다. 수확·선별 단계에서는 인공지능 기반으로 농작물 수확여부를 결정하고, 자동 수확 로봇을 이용한 수확 및 인공지능 기반의 자동 선별기를 활용한 출하 결정 등 모든 작업결정에 인공지능 기술이 활용된다.

(2) 농업 인공지능의 위험성

인공지능 도입에 따른 부정적 영향도 우려된다. 첫째, 농업 인공지능 개발 과정에서 데이터에 대한 소유권 분쟁이 발생할 수 있다. 농업 데이터는 농업인들의 재배노하우가 담긴 중요 자산이면서, 동시에 인공지능 개발사의 개발 노하우가 담긴 핵심 자산이기에 이해 충돌의 가능성이 있다. 둘째, 생산성과 수익성 극대화만을 추구하면 생물학적 다양성 침해와 같은 환경문제를 야기할 수 있다. 셋째, 농업에서 인공지능에 대한 의존도가 높아지면 농업인의 자율성이 줄어들고, 테크기업과 상업 농업에 의한 독점화의 위험이 높아진다. 이러한 문제에 대비하기 위해서 농업분야에서도 신뢰할 수 있는 인공지능에 대한 논의가 진행되고 있다.

2) 농업분야에서의 블록체인 기술 활용 사례

안전한 농축산물과 가공식품의 유통을 구현하는 기술로서 블록체인 기술을 활용하는 사례가 증가하고 있다. 블록체인 기술을 도입하면 생산자는 믿을 수 있는 고품질의 농식품을 공급할 수 있고, 소비자는 자신이 구매한 농식품의 생산과 유통 과정을 투명하게 알 수 있다. 이에 농식품 이력관리를 위한 블록체인 기술 도입 사례가 증가하고 있다.

(1) 미국 스타트업 Ripe.io

Ripe.io은 미국 샌프란시스코를 기반으로 2017년 창립된 스타트업으로 블록체인 기반의 농식품 추적 플랫폼을 제공한다. 이를 통해서 고품질 농작물을 생산하는 농업인, 식품유통 업체, 소매점 및 식당에 대한 정보를 투명하게 알 수 있다.

(2) 미국 Hungry Harvest社

미국 볼리모어에 본사를 둔 Hungry Harvest社는 농산물 생산·유통 현장에서 폐기되는 잉여 생산물을 소비자에게 재가공해 판매하고 있다. 이들은 농식품 공급망 전체에서 낭비되는 농식품 물량을 정확히 파악하기 위하여 블록체인을 도입하고 있다.

(3) 유통업체 Wallmart社

대형 농식품 유통업체는 유통과정에서 빈번하게 발생하는 식중독 등의 위생문제 해결이 중요과제이다. 월마트는 2016년 블록체인 기술을 활용하여 농식품의 안전성과 추적성을 확보하기 위하여 IBM의 블록체인 기술(Hyper Ledger)을 도입하여 2개의 시범 프로젝트를 진행했다. 첫 번째 프로젝트는 미국 매장에서 판매되는 망고를 원산지에서부터 소매 단계까지 추적하는 시스템 구축이었고, 두 번째 프로젝트는 식품 안전성 확보에 큰 어려움을 겪고 있던 중국에서 돼지고기 공급망 이력관리 시스템을 구축하는 것이었다. 월마트는 첫 번째 프로젝트를 통해서 미국 망고의 원산지 추적에 소요되는 시간을 7일에서 2.2초로 단축하면서도 투명하고 정확한 정보를 확보할 수 있었다. 두 번째 프로젝트 또한 블록체인 기술을 활용하여 농장에서 가공시설, 소매점까지의 돼지고기의 유통 현황을 추적할 수 있었다.

현재 월마트는 블록체인 시스템 적용 품목을 대폭 확대하여 관리하고 있다.

③ 농업분야 인공지능·블록체인 도입을 위한 국내 정책 현황

1) 농업분야의 인공지능 관련 정책 현황

정부의 농업 인공지능 정책은 스마트농업 정책 차원에서 추진되고 있다. 농촌진흥청은 2021년 3월 기존 농업을 데이터와 인공지능 기반의 디지털농업으로 전환하기 위한 '디지털농업 촉진 기본계획'을 발표하고 데이터와 인공지능 생태계 구축과 자동화·지능화 기반 기술 등의 농업생산기술 혁신을 추진하였다. 이후 2021년 12월에는 관계부처 합동으로 스마트농업 확산 및 고도화를 통한 농업혁신 가속화라는 비전 아래 '빅데이터·인공지능 기반 스마트농업 확산 종합대책'을 발표했다. 정부는 빅데이터와 인공지능 기술이 스마트농업의 핵심이지만, 데이터 활용 인프라의 부족으로 빅데이터·인공지능 기술 발전에 장애가 있다고 판단했다. 종합대책을 통해서 최우

〈표 15-1〉 빅데이터·인공지능 기반 스마트농업 확산 종합대책(안)

구분		내용
비전		스마트농업 확산 및 고도화를 통한 농업혁신 가속화
중점 추진 과제	4대 정책방향	13개 핵심 과제
	농업 빅데이터· 인공지능 기반 시설 구축	① 표준화된 데이터 수집 확대 및 관리 강화 ② 클라우드 기반 플랫폼 등 데이터 개방·공유 촉진 ③ 바우처, 인공지능 경진대회 등 데이터 활용 촉진
	스마트농업 거점 육성	① 혁신 단지(밸리)를 보육·실증·데이터 거점으로 육성 ② 혁신 단지(밸리)를 중심으로 스마트농업 확산 ③ 노지 스마트농업 거점 구축
	기술인력·장비 등 지원 강화	① R&D를 통한 기술경쟁력 확보 ② '농업 + 빅데이터·인공지능' 전문인력 양성 ③ 기업 육성 및 투자 촉진 ④ 기술·장비, 인공지능 서비스 등 보급 ⑤ 전·후방 산업 연계
	한국형 스마트팜 수출 활성화	① 스마트팜 수출거점 조성 등 패키지 수출 지원 ② 기술협력, ODA 등 지능형 농장(스마트팜) 국제 협력 강화
추진 체계		① 스마트농업 육성 법률 제정·지원 ② 스마트농업 육성계획 수립·시행 ③ 거버넌스 구성 ④ 스마트농업 진흥 전담기관 신설

자료: 관계부처 합동(2021), "빅데이터·인공지능 기반 스마트농업 확산 종합대책(안)", 참고 재작성.

선 과제로 농업 빅데이터·인공지능 기반 시설을 선정하고 표준화된 데이터의 수집·관리, 데이터 개발·공유 촉진, 데이터 활용 촉진을 핵심 과제로 선정한다. 우리 정부는 농업 인공지능을 스마트농업, 디지털농업 등 농업 혁신을 위한 핵심 기술로 파악하고 기술 개발과 보급을 위한 인프라 구축에 힘쓰고 있다.

2) 농업분야의 블록체인 관련 정책 현황

정부는 축산물 이력관리 시스템의 고도화를 위하여 블록체인 기술 도입을 추진했다. 2018년 농림축산식품부는 정부의 '블록체인 기술 발전전략'의 핵심 추진과제인 '6대 공공시범사업'의 하나로서 과학기술정보통신부와 협업하여 블록체인 기반 축산물 이력관리 시스템을 구축하는 시범사업을 추진하였다. 2008년부터 시행되고 있는 축산물 이력제는 단계별 관련 정보를 5일 이내에 신고하도록 하여 문제 발생 시 신속한 해결에 한계가 있었다. 반면 블록체인을 활용한 축산물 이력관리 시스템은 유통 단계별 이력정보와 각종 증명서에 대한 위·변조가 불가능하고, 신속하고 신뢰성 있는 정보제공이 가능하다. 이에 식품안전성·소비자 신뢰 향상으로 축산물 시장의 부가가치를 높일 수 있다. 2019년 첫 시범사업은 전북 김제 지역 15개 한우 농가의 1,500마리를 대상으로 시행되었다.

4 농업 인공지능·블록체인 기술의 전망

산업 전 부문에서 4차 산업혁명 기술의 확산이 증가하면서 인공지능 및 블록체인 기술에 대한 활용은 더욱 증가할 것으로 예상된다. 농업분야에서도 예외는 아니어서 기후위기, 고령화, 노동력 부족, 재해 증가 등 농업이 직면한 다양한 문제의 해결을 위한 기술로 인공지능과 블록체인 기술의 중요성은 더욱 증가할 것이다. 특히 생산성 향상을 통한 식량 위기 해소와 농업소득 향상과 농식품 안전에 대한 관심이 높아지고 있는 상황에서 해당 기술 이용의 목표 달성을 위한 핵심 기술로 판단된다.

다만 이러한 기술을 개발하기 위해서는 대규모 투자가 필요하고, 기술의 접근과 사용에 있어서 넘어야 하는 장벽이 상대적으로 크다. 실제 인공지능의 시장에서는 극소수의 테크기업에 의한 기술경쟁이 진행되고 있다. 농업의 기술 의존도가 높아지는 상황에서 발생할 수 있는 부정적 영향에 주의를 기울여야 한다.

제16장 농협사업과 농업경영

1 협동조합의 우수성

과거 300여 년간 사회를 지배해온 호모 에코노미쿠스(Homo Economicus: 인간의 완벽한 합리성) 즉, 인간은 합리적 소비를 추구하고, 물질적 이익추구가 최우선인 다시 말해서 시장이 돈 있는 사람의 수요만 고려하고, 돈 없는 사람들의 필요를 무시하는 시장 만능주의가 한계에 봉착하였다. 왜냐하면 인간은 완전하게 합리적이지도, 이상적이지도, 현실적이지도 않으므로 상호 조화를 이룬다고 보아야 할 것이다.

인간속성은 물질적 이익추구만 하는 것이 아니라 남을 생각하고 불공정 행위를 응징하는 상호적 인간인 호모 레시프로칸(Homo Reciprocan)이므로 협동경제인 코오프 에코노미쿠스(Coop Economicus, 협동적 합리성)가 더욱 요구되게 된다. 코오프 에코노미쿠스는 시장경제(이기성)·공공경제(공공성)·사회적 경제(상호성)·생태경제(자연과 공존)를 총망라하므로 이상적인 측면은 있으나 추구할 가치가 있다고 본다.

결국 협동조합은 시장실패를 해결하기 위한 방안으로 볼 수 있으나 세계적으로 협동조합에 대해 긍정적인 측면과 우려하는 측면이 있는 게 사실이다. 즉, 각 나라가 협동조합 사업을 비즈니스로 간주하여 기업화·상업화됨에 따라 기업출신을 CEO로 영입하는 경향이 있어 국제협동조합연맹(ICA) 등은 협동조합 존립 근거를 우려하고 있기도 하다.

긍정적인 측면으로 협동조합의 위험회피 전략으로 위기 상황 하 조직 및 경제 안정성에 긍정적 영향을 미치는 측면이 부각되어 협동조합이 비교우위가 있다는데 주시하고 있다. 우리나라도 IMF 하에서 농협의 위험회피 전략으로 타 부문에 비해 경쟁력을 가졌다고 볼 수 있다. 구체적으로 비교우위사례를 보면 1997년 IMF 등 글로벌 금융위기 시 협동조합은 구조조정의 최소화, 빠른 경영정상화로 경제안정에 기여함에 따라 '윤리경영' 및 '상생경영' 등 포용적인 새로운 경제사회 발전 대안모델로 협동조합이 부각되고 있다.

2 농업의 위상 변화와 농협의 위치

여러 부문에서 농업의 위상약화에 대해 많은 논의가 되고 있다. 그렇다면 농민이 조합원이고 농협의 주인이므로 농협의 위상이나 역할도 당연하게 감소할 것이라고 생각하기 쉬우나 그렇지 않다고 생각한다. 급속한 경제발전 과정에서 농업의 비중 감소로 위치가 급속하게 약화되었으나, 농업·농촌에 대한 중요성은 더욱 증가하였으며 앞으로는 더욱 중요하다는 것을 느끼게 될 것이다. 후진국에서 중진국이 되려면 공업화가 필요조건이고 중진국에서 선진국이 되기 위해서는 농업발전이 필요조건이라고 한 노벨상수상자 쿠즈네츠(Simon Smith Kuznets)의 말을 상기하지 않더라도 인간이 행복하게 사는 기본조건은 안전하고 질 좋은 음식물 소비라고 볼 수 있다.

우리나라 농업의 위상이 급격하게 감소한 것은 경제발전 속도가 선진국에 비하여 매우 빠른데 기인하므로 공업화 등에 의한 경제발전 과정에서 농업부문의 비교열위 등 여러 가지 얘기가 많았다. 이런 가운데 농협이 생산자재, 농산물 유통, 영농지도 등 우리나라 농업을 지키는데 큰 역할을 했다는 것은 누구나 인정하고 있다. 그러나 앞으로 농협이 중점을 두어야 할 것은 농업인의 소득증대로 도·농 간 소득격차를 줄임으로서 농협 본연의 의무인 조합원의 경제적·사회적 지위 향상이다.

한국에서 농협의 위치변화를 알아보기 위하여 농협의 기사건수를 조사한 결과[49]로 알아본다. 기사검색기간은 2010년부터 2019년까지 한국언론진흥재단이 54개 언론사의 뉴스를 수집하고 제공하는 데이터를 이용하였다[빅카인즈(BIG KINDS) 분석]. 한국에서 농협의 위치를 알아보기 위하여 뉴스기사에서 키워드 "농협"의 기사검색건수를 보면 1990년 1,403건에서 2010년 29,095건으로 20년 동안 약 21배 증가하였으나 이후 감소하여 2019년도에는 24,259건으로 감소하였다. 한국의 대표기업인 키워드 "삼성"의 기사검색건수는 1990년 1,300건에서 매년 크게 증가하여 2015년 77,189건으로 25년 동안 약 60배 증가하였으나 이후 감소하여 2019년도에는 48,761건으로 크게 감소하였다. 1990년도 이전에는 "농협"의 검색건수가 "삼성"보다 많았으므로 한국에서 농협의 위치가 상당히 높았다고 추론해 볼 수 있다. 농협은 2010년, 삼성은 2015년부터 기사검색 건수가 감소한 이유로서 한국경제에 미치는 기업 및 기관을 본다면 과거 농협에서 삼성으로 최근에는 4차 산업혁명으로 IT업계의 연봉과 사회적 인지도가 높아짐에 따라 MZ세대(밀레니얼·Z세대)[50]의 마음을

---

49) 신인식 외, 「한국협동조합연구」, 제38권 제2호, 2020. 8.
50) 1980년대 초~2000년대 초 출생한 밀레니얼 세대와 1990년대 중반부터 2000년대 초반 출생한 Z

사로잡은 국내 주요 IT기업인 '네카라쿠배(네이버·카카오·라인플러스·쿠팡·배달의 민족)' 선호 현상이라고 볼 수도 있다.

키워드 "농협"의 검색건수를 세부적으로 분류하여 보면 키워드 "농협"의 전 기간 (1990~2019) 기사 건수는 총 429,423건으로 이중 경제, 지역, 정치면의 건수 비중이 각각 48.7%, 36.8%, 4.8%이었다. 이를 보면 농협은 경제단체이며, 지역을 기반으로 하고 있다는 것을 알 수 있다.

3 농협의 조합원

1) 조합원 현황

농협 조합원 수는 농가인구의 감소로 인하여 복수조합원을 허용하였음에도 불구하고 급격하게 감소하였을 뿐만 아니라 고령화가 심화되고 있다. 농협 조합원 수 추이를 보면 2011년 2,447천 명, 2015년 2,292천 명, 2020년에는 2,085천 명으로 2011년 대비 약 15% 감소하였다. 조합원 연령별 비중을 보면(2018) 70세 이상이 38%, 60세 이상은 70%를 상회하고 있다.

2020년 기준 농협의 조합당 조합원 수는 1,865명인데 1천 명 미만인 조합이 183개 조합이며, 500명 미만도 40개 조합에 달한다. 조합별로 조합원 수가 1천 명 미만인 조합의 수를 보면 농협은 지역농협과 품목농협이 각각 64개, 27개 조합이며, 축협은 지역축협과 품목축협은 63개와 21개 조합이다. 500명 미만인 조합도 지역농협이 1개, 품목농협이 8개 조합이며, 지역축협과 품목축협은 각각 8개 20개 조합이다.

2) 지역농협 조합원 자격

지역농협 조합원의 자격(농협법 제19조)을 보면 지역농협의 구역에 주소, 거소(居所)나 사업장이 있는 농업인(지역축협은 축산업을 경영하는 농업인)이어야 하며, 둘 이상의 지역농협에 가입할 수 없다. 그리고 「농어업경영체 육성 및 지원에 관한 법률」에 따른 영농조합법인과 농업회사 법인으로서 그 주된 사무소를 지역조합의 구역에 두고 사업을 경영하는 법인은 지역조합의 조합원이 될 수 있다. 또한 특별시 또는 광역시의 자치구를 구역의 전부 또는 일부로 하는 품목조합도 해당 자치구를

세대를 아우르는 말로서 이들은 디지털환경에 친숙하고 변화에 유연하며, 새롭고 이색적인 것을 추구하며, 자신이 좋아하는 것에 돈과 시간을 아끼지 않는 특징이 있다.

구역으로 하는 지역농협의 조합원이 될 수 있다. 조합원의 자격요건이 농업인이어야 하는데 농업인의 범위를 좀 더 구체적으로 알아보자.

농협법에 의한 지역농협 조합원의 자격요건인 농업인의 범위(시행령 제4조)는 다음과 같다. 첫째, 1천 제곱미터(약 303평) 이상의 농지를 경영하거나 경작하는 자. 둘째, 1년 중 90일 이상 농업에 종사하는 자. 셋째, 잠종 0.5상자(2만립 기준 상자)분 이상의 누에를 사육하는 자. 넷째, 농지에서 330제곱미터(약 100평) 이상의 시설을 설치하고 원예작물을 재배하는 자. 다섯째, 660제곱미터(약 200평) 이상의 농지에서 채소·과수 또는 화훼를 재배하는 자. 여섯째, 대가축(소, 말, 노새, 당나귀) 2두, 중가축〈돼지(젖먹는 새끼돼지 제외), 염소, 면양, 개, 사슴〉 5두(개 20마리), 소가축(토끼) 50마리, 가금(닭, 오리, 칠면조, 거위) 100마리, 꿀벌 10군 이상을 사육하는 자이다.

조합원 자격에 필요한 가축의 사육 기준을 농림축산식품부 고시 제2020-57호로 개정하여 고시함과 동시에 최근에 포함된 곤충사육농가의 구체적 기준을 고시하였다. 먼저 지역농협의 경우 조합원자격에 필요한 가축사육기준은 오소리와 타조가 각각 3마리이상, 꿩과 메추리 300마리 이상이다. 그리고 곤충은 지역 농·축협 모두 흰점박이 꽃무지 1,000마리, 상수풍뎅이 500마리, 갈색거저리 6만 마리, 넓적사슴벌레와 톱사슴벌레가 각각 500마리 이상이다. 다음으로 지역축협을 보면, 소, 말, 노새와 당나귀가 2마리, 착유우 1마리, 돼지 10마리, 오리·거위·칠면조 200마리, 꿩은 1,000마리 이상이며, 염소·개·양·오소리·타조도 각각 20마리, 사슴 5마리, 토끼 100마리, 육계·꿩·매추리 1,000마리, 산란계 500마리, 꿀벌 10군 이상이다. 지역축협의 조합원 자격의 최소 가축사육두수는 지역농협보다 크게 많다. 그러나 곤충의 조합원자격요건은 지역농협과 기준이 같다.

품목농협을 보면 시설채소 2천 제곱미터(606평), 채소·과수·유실수 5천 제곱미터(1,515평), 시설화훼 1천 제곱미터(303평), 화훼 3천 제곱미터 이상이다. 그리고 완초·버섯·특용·약용은 자율 결정하며, 인삼은 경작자이다. 다음 품목축협은 한육우. 사슴 10마리, 착유우 5마리, 돼지·토끼 200마리, 염소·개 50마리, 여우 100마리, 밍크 300마리, 말 2마리, 육계 1만 마리, 산란계 5천 마리, 오리 1천 마리, 말 2마리 꿀벌 20군 이상이다.

3) 조합원 자격의 명확화

농협법 등에서 조합원자격을 규정하고 있으나 이에 대한 구체적 설명이 필요하다. 먼저 1천 제곱미터(약 303평) 이상의 농지를 경영하거나 경작하는 자에 대해 명확하게 설명하면, 농지는 지목이 전·답으로 되어 있으면 당연히 농지이나 지목이 전·답이 아닌 토지에서 다년생식물 재배지(농지법시행령 제2조 제1항)는 농지로 본다. 다년생식물은 목초, 종묘, 인삼, 약초, 잔디 및 조림용 묘목, 과수, 뽕나무, 유실수 그밖의 생육기간이 2년 이상인 식물, 조경 또는 관상용 수목과 그 묘목(조경목적 식재 제외) 등이다.

그러나 농지로 보지 않는 경우는 「측량·수로조사 및 지적에 관한 법률」에 따른 지목이 전·답, 과수원이 아닌 토지로서 농작물 경작지 또는 지목이 다년생식물 재배지로 계속하여 이용되는 기간이 3년 미만인 토지, 지목이 임야인 토지로서 그 형질을 변경하지 아니하고 다년생식물의 재배에 이용되는 토지, 형질변경 임야인 토지를 절토(땅깍기)·성토(흙쌓기) 등으로 농지로서의 형태를 갖추는 행위, 「초지법」에 의하여 조성된 초지 등이다. 그리고 판매목적의 관상용 수목을 재배하는 경우도 농지를 경영하거나 경작하는 것으로 볼 수 있으므로 조합원 가입이 가능할 것이다.

농지를 경영하거나 경작한다는 의미에 대해서 살펴보면, 가족농의 경우 경영과 경작을 모두 한다고 볼 수 있으므로 경영자이면서 경작자라 할 수 있다. 그러나 자본가적 농업경영에서는 경운·파종·시비 등의 농작업은 하지 않으나 관리자·사업가로서 작목선택·생산요소 결합·영농계획 및 수지계획·경영분석 등을 하는 것도 경영자라 할 수 있다.

1년 중 90일 이상 영농에 종사하는 자에 대한 확인할 수 있는 방법인데, 90일이라는 것이 추상적으로 하루에 1시간씩 일을 할 수도 있고, 영농계획을 수립하는 것 등도 농업에 종사하는 것으로 보아야 하는 등 규정하기가 어렵다. 그래서 농림수산식품부 고시 제2015-155호에 다음의 증명서류를 제출하게 되어 있다. 첫째, 가족원인 농업종사자는 농업인의 자격기준을 갖춘 농업인(시행령 제4조의 어느 하나에 해당하는 농업인)의 가족원으로 등록된 주민등록등본 또는 초본, 둘째, 국민연금법과 국민건강 보험법의 지역가입자임을 확인할 수 있는 서류를 제출하여야 한다. 그리고 가족원이 아닌 농업종사자는 농업경영주와 1년 중 90일 이상 농업경영이나 농지경작활동의 고용인으로서 종사한다는 것을 내용으로 체결한 서면 계약서를 제출하여야 한다. 서류에 의해 확인이 어려운 경우 「농어업 경영체 육성 및 지원에 관한 법률」 제4조에 따른 농어업경영정보등록여부를 통해 농업종사여부를 확인한다.

4) 조합원 자격의 확인방법

농업인임을 확인할 수 있는 확인서류를 구체적으로 보면 농지원부(농지대장), 농업경영체 등록확인서 및 자경증명서 등의 서류에 의해 확인할 수 있다. 그러나 개,

꿀벌 등 농업인 확인서류를 제출할 수 없는 경우에는 직원이 현지실태조사 및 객관적 입증자료를 통해 확인해야 한다.

가축사육기준으로 조합원 가입은 가축매매증서, 사료구매실적, 가축출하실적 등으로 확인하며, 해당 가축을 조합원자격인정 기준인 최소가축사육두수로 나누어 동일 세대에서 다수의 복수조합원 가입은 안 된다. 그리고 쇠고기 이력제는 등록되어 있으나 해당 조합원 앞으로 사료구매실적, 가축출하실적 등 객관적인 증빙자료가 없는 경우 조합원 가입은 안 되며, 조합원이 축산을 경영 또는 사육하지 않고 가축시장에서 가축을 구매하여 해당 축협에 출하하는 경우에도 조합원 가입은 불가하다.

지역 농·축협은 조합원을 대상으로 조합원자격이 있는지를 1년에 1차례씩 점검하는 조합원 실태조사를 하고 있다. 이는 조합원이 아닌 자가 조합장선거 등에 참여하거나 조합으로부터 각종 혜택을 받는 것을 막기 위한 목적이다. 조합원임을 증명하려면 조합원이 읍·면·동사무소를 방문하여 농지원부를 발급받거나 국립농산물 품질관리원 시·군사무소에서 농업경영체 확인서를 떼야 한다.

조합원이 고령화되는 농촌현실에서 조합원이 조합원임을 증명하기 위한 서류 발급을 받기가 불편하다. 그러나 2020년 8월15일부터 정부의 농림사업정보시스템(AGRIX)에서 조회했던 농업경영체등록확인서를 국립농산물 품질관리소가 아닌 농협의 조합원관리시스템에서 조회할 수 있다. 즉, 지역농·축협에서 발급받을 수 있다. 단 개인신용정보 수집·이용 동의서(조합원자격심사확인용)를 미리 제출해야 하며, 발급받은 농업경영체 등록확인서는 조합원자격 확인을 위한 목적이외에는 사용할 수 없다. 또한 농업경영체 등록확인서 열람 권한은 농·축협의 조합원 담당자 1명만 할 수 있다.

조합원 전부 또는 일부를 대상으로 조합원 자격 유무 확인 시 일시적으로 조합원 자격요건이 상실된 경우 자격요건을 갖추기 위한 시간을 주는데 이의 인정사유는 구체적으로 정관에 명시하고 있다. 이를 보면 농·축산업 경영에 사용되는 토지·건물 등 시설물의 수용 및 일시적인 매매, 가축의 일시적인 매매 및 가축의 살 처분, 기타 천재지변 등 불가피한 사유로 농업인의 범위를 충족하지 못한 경우로 제한하고 있다.

5) 조합원의 종류

(1) 복수조합원

농협은 설립 이래 1가구 1조합원제도를 채택해왔으나, 경제개발과정에서 농촌인구의 감소에 의한 부녀자의 역할 증대와 조합원 감소로 농협조직 기반이 약화되었을 뿐만 아니라 조합원의 고령화도 조합운영 활성화의 제약요인이 되었다. 그래서 기존 조합원과 동일가구에 속하는 실제영농의 담당자인 동시에 농협의 이용자인 후계농민 및 부녀자들이 농협운동에 주도적으로 참여할 수 있는 길을 열어주기 위해 복수조합원제도가 채택되었다.

복수조합원제도는 지역농협에만 채택되었으며, 지역축협과 품목별·업종별 농협의 경우 가족원은 복수조합원으로 가입할 수 없다. 그 결과 지역농협 여성조합원의 비율이 2020년 1월말 기준 33.8%인데 비해 지역축협은 1.5%, 원예농협 15.4%, 인삼농협은 18%에 불과하다. 앞으로 여성경영주가 더욱 증가하는 추세이고 경영에 참여하는 비율이 높아지고 있으므로 지역축협·품목별·업종별 농협의 가족원도 조합원으로 가입할 수 있는 방안을 검토하여야 할 것이다.

(2) 준조합원

최근에 와서 많은 농협 특히 도시농협의 사업이용자가 조합원보다 준조합원의 이용이 점점 많아지고 있다. 지역농협은 조합의 구역에 주소나 거소를 둔 자로서 조합의 사업을 이용함이 적당하다고 인정되는 자 혹은 법인(주된 사무소가 농·축협의 구역에 있는 경우)을 준조합원으로 할 수 있다. 준조합원의 권리로 사업이용권, 이용고배당청구권 및 가입금환급 청구권이 있다. 의무로는 출자는 하지 아니하되 규정이 정하는 바에 따라 가입금(이사회 결정)·경비 및 과태금 납입 및 농·축협사업이용의무가 있다. 이사회는 매년 전체 준조합원을 대상으로 자격유무를 확인하며, 당연탈퇴사유에 해당하는 경우 정리 후 가입금을 환급한다. 준조합원의 가입·탈퇴업무 전결권자는 직무범위규정에 의거 본점은 신용상무, 지점은 지점장이다.

(3) 명예조합원

일부 농협에서 운영하고 있는 명예조합원제도는 영농에서 은퇴한 고령농을 위해 2018년 농림축산식품부는 지역·품목·농·축협이 명예조합원제도를 도입할 수 있도록 정관 례를 일부 개정 고시하였다. 명예조합원의 자격은 준조합원 중 일정요건을 갖춘 자, 즉 연령 70세 이상 조합원가입기간 20년 이상을 최저요건으로 조합여건에 따라 총회에서 자율 결정한다. 명예조합원의 권리는 사업이용권, 이용고배당청구권(우대 가능), 가입금환급청구권 등이 있다. 이용고배당 우대세부사항은 이사회에서 결정하며, 교육지원사업 및 복지후생지원 등 세부사항은 총회에서 결정한다. 그리고 명예조합원의 의무는 가입금 납부의무, 경비 및 과태금 납부의무, 농·축협사업이용의무가 있다.

조합원자격은 법에 정해져 있기 때문에 조합원자격을 부여하는 것은 불가능하나 명예조합원제도 도입으로 고령조합원이 농촌사회의 구성원으로 자부심을 느끼게 하는 방안인데, 사례를 보면 조합원 가입기간이 20년 넘고 만 70세 이상이면 가입금 100만 원을 납부하고 준조합원인 경우 명예조합원자격을 부여하여 선거권·피선거권은 없으나 조합원과 같이 환원사업 등의 혜택을 주어 농협구성원으로서의 자부심을 느끼게 하고 있다. 다른 사례로 농협과 조합 간 신뢰 증대와 판매사업 활성화뿐만 아니라 조합원의 노후생활을 도우기 위해 퇴직금 제도를 도입한 농협이 있다. 방법은 매출액의 0.9%에 해당하는 조합원 출하수수료(환원사업으로 지원)와 교육지원사업 0.2%를 지원함으로써 총 1.1%를 지원하는 것이다.

명예조합원과 정조합원·준조합원의 차이점을 보면 정조합원에 비해 공익권 즉 의결권, 선거권, 피선거권이 없으며, 준조합원에 비해 교육·복지·후생지원·이용고배당 등 조합원이 받는 혜택을 일부 받을 수 있다.

(4) 약정조합원(우대조합원)

약정조합원은 경제사업에 대해서 조합원과 이용계약을 체결하고, 이를 성실하게 이행하는 조합원(약정조합원)에게 사업이용·배당 등을 우대하는 제도로서 농협법(제24조2항)에 명시되어 있다. 그리고 조합은 약정조합원 육성계획을 매년 수립하여 시행하여야 하나 조합의 실정에 따라 규정하지 않을 수 있으나 판매사업 이용 조합원비율이 10% 이상인 경우는 반드시 규정하여야 한다.

6) 조합원의 권리와 의무

조합원의 권리와 의무를 개괄적으로 보면 조합원의 권리는 성질에 따라 공익권(관리권)과 자익권(재산권)으로 분류하며, 공익권은 다시 단독 조합원권과 소수 조합원권으로 구분된다. 공익권은 조합원개인의 이익뿐만 아니라 조합의 이익을 위하여 행사하는 권리로서 경영관여 및 부당운영의 예방 등으로 관리권이라고 할 수 있으며, 자익권은 개인적으로 조합으로부터 경제적 이익을 받는 것을 내용으로 하는 권리로서 재산권이라고도 한다.

(1) 공익권

조합원의 권리인 공익권 중 단독 조합원권으로는 의결권, 선거권, 피선거권, 정관 등 서류열람권, 임시임원선거 청구권, 임원직무집행정지 및 직무대행자 선임 가처분 신청권, 의결 등의 취소 또는 무효 확인청구 소의 제기권 등이 있다. 의결권은 조합원이 총회에 참석하여 의견을 발표하고, 의안에 대한 설명을 요구하는 권리와 의결에 참가할 수 있는 권리이다. 의결권은 조합원의 기본권이므로 정관이나 총회의 의결 등으로 박탈하거나 제한 할 수 없으며, 조합원은 출자액의 다소에 관계없이 평등한 의결권을 가진다.

조합원의 의결권은 직접 행사하는 것이 원칙이나 대리인으로 하여금 대리행사를 할 수 있으며 이 경우 그 조합원이 출석한 것으로 본다. 의결권의 대리행사를 인정(중앙회는 의결권의 대리행사를 인정하지 않음)하는 이유는 조합원이 사정이 있어 총회참석이 곤란한 경우에도 가급적 조합원의 의사를 총회에 반영시키는 길을 열어주려는 것과 조합원이 널리 분산되어 있는 경우 총회운영에 필요한 정족수의 확보를 용이하게 하려는 측면도 있다고 볼 수 있다. 조합은 같은 조합의 다른 조합원 또는 동거하는 가족이 대리인(복대리인 선임 가능)이 될 수 있으며, 영농조합법인이나 농업회사법인인 경우에는 조합원, 사원 등 구성원이 대리인이 될 수 있다. 여기서 중요한 것은 대의원회에서는 의결권을 대리 할 수 없다.

(2) 법에 의해 강요되는 의무

조합원의 의무에는 출자의무, 경비부담의무, 과태금납부의무, 손실액부담의무, 내부질서유지의무, 운영참여 및 사업이용의무 등이 있다. 먼저 출자의무를 보면 조합원의 출자에는 협동조합의 본질상, 조합원당 출자한도액의 제한, 출자배당제한 및 인출 등의 제한이 있다. 먼저 조합원의 출자좌수 및 출자금액을 보면, 출자1좌 금액은 5천 원(중앙회 1만 원, 공동사업법인 10만 원), 최소출자 좌수는 조합원당 20좌 이상 200좌 이내(법인 100좌 이상 1천좌 이내, 중앙회 회원당 1,000좌 이상)이며 상한출자좌수는 조합원당 10,000좌 단 총출좌수 100분의 10이내에서는 초과가능(중앙회 회원당 총출자좌수 100분의 10 이내)하다.

출자는 일시에 납부하여야 하나 불가피한 경우 2회로 나누어 납입할 수 있으며, 2회는 1회 출자납입일로부터 6개월 이내로 한다. 그리고 출자배당금의 일부 또는 전부를 정관에 정하는 바에 따라 출자하게 할 수 있다. 출자납입은 조합에 대한 채권과 상계할 수 없고, 출자배당금의 출자전환금액은 채무와 상계할 수 없다.

조합은 자기자본의 확충을 통한 경영의 건전성을 도모하기 위하여 잉여금배당에서 우선적 지위를 가지는 우선출자를 발행하고 있다. 먼저 지역농협의 우선출자 발행대상에서 다른 조합, 조합공동사업법인, 품목조합연합회, 중앙회는 제외이다. 우선출자자는 의결권과 선거권이 없으며, 배당률은 액면금액의 100분의 3 이상 100분의 10 이하의 범위 안에서 정기총회에서 정한다. 그러나 이익잉여금이 우선출자금액의 100분의 3에 해당하는 금액에 미치지 못할 경우 우선출자자와 별도계약에 의해 달리 정할 수 있으며 부족액은 다음회계연도에 이월되지 않는다. 그리고 우선출자자에게 손해를 미치게 되는 정관 변경 시에는 우선출자자 전원으로 구성되는 우선출자자 총회에서 총좌수의 과반수가 출석하고 출석출자좌수의 3분의 2 이상 찬성을 얻어야 한다.

7) 조합원의 조합사업 이용형태

협동조합 사업은 다른 조직에 비해 조합원 이용비율이 높기 때문에 협동조합별 조합원의 특성에 따라 사업 환경이 다르다. 예를 들어 협동조합 사업 중 신용사업에 대한 조합원의 이용방법을 보면 일반 시중은행의 경우 소수가 은행창구거래 즉, 직원과 대면거래를 하는 반면 협동조합 신용사업은 다수가 직원과 대면거래를 하므로 신용사업 직원의 노동생산성이 낮은 원인이 되고 있다. 그러나 이를 부정적인 측면으로만 볼 것이 아니라 협동조합이 인적단체이고 조합원이 주인이기 때문에 조합과 조합원의 접촉은 많을수록 좋다고 본다.

또한 협동조합은 사회적·경제적 약자의 단체이므로 이용자인 조합원의 사업이용 규모도 매우 영세하다. 농협의 경우를 보면 우리나라 국민 5천만 명의 약 54%인 2,700만 명이 농·축협 계좌를 보유하고 있으나 예금(수신)거래 금액은 30만 원 미만이 56%이며, 1천만 원 이상이 15%에 불과하다. 그러니까 협동조합은 이용자가 많으나 이용규모는 적고 거래방법도 타 조직과 달라 직원의 생산성이 낮은 것이 협동조합의 특성이며 이것이 협동조합의 단점이면서 장점이라고 볼 수 있다.

농협 조합원의 연령을 보면 65세 이상이 49% 정도이며 60세 이상은 60%에 달하는 반면, 50세 미만은 14%에 불과하다. 농·축협의 연령별 계좌보유 현황을 보면 10대와 20대가 각각 28%, 52%인데 비해 70대 이상은 80%가 농협 통장을 가지고 있다.

농협 이용자의 연령이 높으며, 고령화 사회가 되면 될수록 이용자의 연령이 더욱 높아지는 반면, 상대적으로 사업이용 규모가 작다고 볼 수 있다.

4 농협의 사업

농협은 "농업인의 자주적인 협동조직을 바탕으로 농업인의 경제적·사회적·문화적 지위를 향상시키고, 농업의 경쟁력 강화를 통하여 농업인의 삶의 질을 높이며, 국민경제의 균형 있는 발전에 이바지함"을 목적으로 사업을 한다. 이러한 목적달성을 위한 사업을 크게 분류하여 보면 교육·지원 사업, 경제사업, 신용사업, 복지후생사업, 다른 경제단체·사회단체 및 문화단체와의 교류·협력사업, 국가·공공단체·중앙회·농협은행 또는 다른 조합이 위탁하는 사업, 다른 법령에서 농협의 사업으로 규정하는 사업, 앞에 명시한 사업과 관련되는 부대사업, 그 밖에 설립 목적의 달성에 필요한 사업으로서 농림축산식품부장관의 승인을 받은 사업이다. 먼저 교육·지원 사업에 대해 알아본다.

1) 교육·지원 사업

(1) 사업의 종류

지역농협 중심으로 교육·지원 사업을 세부적으로 보면, ① 조합원이 생산한 농산물의 공동출하와 판매를 위한 교육·지원, ② 농업 생산의 증진과 경영능력의 향상을 위한 상담 및 교육훈련, ③ 농업 및 농촌생활 관련 정보의 수집 및 제공, ④ 주거 및 생활환경 개선과 문화 향상을 위한 교육·지원, ⑤ 도시와의 교류 촉진을 위한 사업, ⑥ 신품종의 개발, 보급 및 농업기술의 확산을 위한 시범포(示範圃), 육묘장, 연구소의 운영, ⑦ 농촌 및 농업인의 정보화 지원, ⑧ 귀농인·귀촌인의 농업경영 및 농촌생활 정착을 위한 교육 지원, ⑨ 그 밖에 조합의 사업 수행과 관련한 교육 및 홍보사업 등이다.

지역축협은 지역농협의 농업을 축산업으로, 시범포를 사육장으로 바꾸고, 축산 관련 자조(自助) 조직의 육성 및 지원, 가축의 개량 증식·방역(防疫) 및 진료사업, 축산물의 안전성에 관한 교육 및 홍보가 추가된다. 품목별·업종별 조합은 농산물이 농산물이나 축산물로, 사육장이 추가되고, 축산업의 품목조합에 가축의 증식, 방역 및 진료와 축산물의 안전성에 관한 교육 및 홍보가 추가된다.

(2) 사업의 집행

교육지원 사업비는 법 또는 정관에 규정된 농·축협 설립목적의 사업을 직접 수행하는 교육지원 사업 등 비수익사업을 위하여 지출하는 비용이다. 집행 시 유의사항은 특히 상품권이나 현금형태로 집행을 하면 안 되며, 조합원별 출자금 등에 따라 차등지급하는 것도 교육지원 사업비의 취지에 부합하지 않는다. 상품권이나 현금형태로 집행하는 경우 사용용도 불명확으로 접대비 또는 기부금으로 간주되어 법인세 추가부담, 조합원배당소득 또는 증여세 발생 우려가 있다. 그러므로 영농자재지원비 등 영농과 직접 관련된 예산은 비료, 농약 등 영농자재 현물 또는 영농자재교환권으로 지원해야 한다.

교육지원사업비는 농업생산 및 생활관련 교육·지원비인데 농·축협의 고유목적 사업에 맞지 않게 즉, 영농과 관련 없는 명절 선물대금, 생일 축하금 등 업무추진비 성 비용은 고유목적사업비로 인정되지 않아 법인세 등 추가부담 우려가 있다. 그리 고 각종 민원 또는 분쟁발생소지의 사전차단을 위해 예산항목별 편성근거를 명시하 고 이에 의하여 집행해야 할 것이다.

교육지원사업은 조합원에게 지원보다 지도가 우선되어야 할 것이다. 이를 위해서 는 지역농협이 먼저 조합원에게 협동조합의 운영원칙과 방법에 관한 교육을 하여야 한다. 조합원의 권익이 증진될 수 있도록 조합원에 대하여 적극적으로 품목별 전문 기술교육과 경영상담 등을 하고, 교육과 상담을 효율적으로 수행하기 위하여 가능하 면 주요 품목별로 전문상담원을 두는 것도 좋은 방안이다.

2) 경제사업

(1) 사업의 종류

지역농협의 경제사업을 세부적으로 보면, ① 조합원이 생산한 농산물의 제조·가 공·판매·수출 등의 사업, ② 조합원이 생산한 농산물의 유통 조절 및 비축사업, ③ 조합원의 사업과 생활에 필요한 물자의 구입·제조·가공·공급 등의 사업, ④ 조합원의 사업이나 생활에 필요한 공동이용시설의 운영 및 기자재의 임대사업, ⑤ 조합원의 노동력이나 농촌의 부존자원(賦存資源)을 활용한 가공사업·관광사업 등 농외소득 (農外所得) 증대사업, ⑥ 농지의 매매·임대차 교환의 중개, ⑦ 위탁영농사업, ⑧ 농업 노동력의 알선 및 제공, ⑨ 농촌 형 주택 보급 등 농촌주택사업, ⑩ 보관사업, ⑪ 조합 원과 출자법인 경제사업의 조성, 지원 및 지도 등이다.

지역축협과 품목별·업종별 조합의 경제사업이 지역농협과 다른 점은 농산물을 축 산물로, 위탁영농사업이 위탁 양축사업(養畜事業)으로 바뀌고, 농업을 축산업으로 한다. 품목별·업종별 조합과 차이점은 농산물이 농산물이나 축산물로, 위탁영농사업 이 위탁영농이나 위탁양축사업으로 바뀐다. 경제사업을 요약하면 조합원이 농산물 생산 전 필요한 자재의 구입 및 생활물자의 구입·공급과 생산 이후 제조·가공·판매· 수출 등 전후방산업과 관련이 있다.

(2) 농산물판매사업 활성화

지역농협은 조합원이 생산한 농산물의 효율적인 판매를 위하여 다른 조합 및 중앙회와의 공동사업, 농산물의 계약재배 및 판매 등에 관한 규정의 제정 및 개정을 한다. 사업수행에 필요한 경우 중앙회 등에 농산물의 판매위탁을 요청할 수 있으며, 이 경우 중앙회 등은 특별한 사유가 없으면 지역농협의 요청을 거부하면 안 되며, 판매위탁사업의 조건과 절차 등에 관한 세부사항은 중앙회 등의 대표이사가 각각 정한다. 그리고 중앙회는 공동사업과 판매위탁 등을 고려하여 정관으로 정하는 바에 따라 지역농협에게 자금지원 등 우대조치를 할 수 있다.

지역농협의 목적 중 하나가 조합원이 생산한 농산물의 판로확대 및 유통원활화 등을 제공하여 조합원의 경제적 지위를 향상하는 것이다. 이를 위해 농·축협이 경제사업에 더욱 매진해야 한다는 취지로 개정 농협법이 2019년 말 본격 시행되었다. 이는 조합원인 농업인과 직접적인 관련이 있으므로 구체적으로 알아본다.

농협법과 지역농·축협 정관 례에 농협중앙회장은 농·축협이 이행해야 하는 경제사업 목표량을 정하고, 그 목표를 충실히 이행하는지 평가하고 그 결과 경제사업 매출액이 목표량에 미치지 못하면 해당 농·축협에 경제사업 활성화를 요구하거나 합병을 권고하도록 한다. 경제사업 목표량은 농·축협의 총매출액에서 차지하는 경제사업 매출액 비중이 입지유형(16개) 평균의 50% 이상이다. 예를 들어 A 농협이 속한 입지유형 평균이 60%라면 총매출액에서 경제사업 매출액이 30% 이상이 되어야 한다. 다만 입지유형 평균의 50%로 계산한 경제사업 매출액 비중이 20% 이하일 경우 최저 의무 기준인 20%를 적용하도록 하고 있다.

경제사업 매출액은 판매·구매·유통·가공사업 등의 매출액뿐만 아니라 도농상생기금[51]·출하선급금·공동사업투자금 출연 등도 포함된다. 2019년 기준 전국 1,118개 농·축협 중 3.1%인 35개 조합이 목표량 미달이다. 특히 도시 농·축협은 판매·구매 등 전형적인 경제사업 비중이 작고, 도농상생기금 출연을 통해 경제사업 매출액을 채우고 있었는데 도농상생기금이 경제사업 매출액으로 인정받지 못하면 경제사업 목표량에 미달하는 도시 농·축협 숫자가 9개 조합에서 26개 조합으로 급증하여 전체적으로 4.7%인 52개 농·축협이 경제사업 목표량을 채우지 못하게 될 것이다.

지역농협은 조합원이나 조합공동사업법인이 생산한 농산물 및 그 가공품 등의 유통을 지원하기 위하여 유통지원자금을 조성·운용할 수 있다. 그리고 국가·지방자치단체 및 중앙회는 예산의 범위에서 유통지원자금의 조성을 지원할 수 있다. 유통지원자금의 운용은 농산물의 계약재배사업(지역축협은 계약출하사업, 품목조합은

---

51) 도농상생기금은 농산물 판매사업 등에서 농촌 농·축협이 입은 손실을 보전해주기 위한 목적으로 도시 농·축협이 2012년부터 적립하고 있는 것임.

계약재배사업 또는 계약출하사업), 농산물 및 그 가공품의 출하조절사업, 농산물의 공동규격 출하촉진사업, 매취(買取)사업 등이다.

3) 신용사업 등

신용사업을 구체적으로 보면, ① 조합원의 예금과 적금의 수입, ② 조합원에게 필요한 자금 대출, ③ 내국환, ④ 어음할인, ⑤ 국가·공공단체 및 금융기관의 업무 대리, ⑥ 조합원을 위한 유가증권·귀금속·중요 물품의 보관 등 보호예수(保護預受) 업무, ⑦ 공과금, 관리비 등의 수납 및 지급대행, ⑧ 수입인지, 복권, 상품권의 판매대행 등으로 일반 은행사업과 큰 차이가 나지 않는다.

교육·지원 사업, 경제사업, 신용사업 외에 금융기관보험대리점사업, 복지후생사업이 있다. 복지후생사업의 내역을 보면 복지시설의 설치 및 관리, 장제사업, 의료지원 사업 등이다. 다른 경제단체·사회단체 및 문화단체와의 교류·협력, 국가·공공단체·중앙회·농협은행 또는 다른 조합이 위탁하는 사업, 다른 법령에서 지역농협의 사업으로 규정하는 사업, 앞에 명시한 사업과 관련되는 부대사업(조합이 보유하는 자산의 임대를 포함), 그 밖에 설립 목적의 달성에 필요한 사업으로서 농림축산식품부장관의 승인을 받은 사업, 장관의 위탁에 따라 중앙회장의 승인을 얻은 사업, 앞에 명시한 사업을 수행하기 위해 필요시 다른 조합, 중앙회 또는 농협경제지주회사와의 공동사업 및 대리 업무를 할 수 있다. 신용사업은 지역농협과 지역축협의 차이점이 없다.

4) 비조합원의 농협사업 이용

지역농협은 조합원이 이용하는 데에 지장이 없는 범위에서 조합원이 아닌 자에게 그 사업을 이용하게 할 수 있으나, 농산물의 제조·가공·판매·수출 등은 농업인이 아닌 자는 제외한다. 농지매매·임대차·교환, 위탁영농사업, 보관사업, 국가·공공단체 및 금융기관의 업무대리, 공과금, 관리비 등의 수납 및 지급대행, 수입인지, 복권, 상품권의 판매대행, 복지시설의 설치 및 관리, 장제사업, 국가, 공공단체, 중앙회, 농협은행 또는 다른 조합이 위탁하는 사업 및 설립목적 달성에 필요한 사업으로 장관의 승인을 받은 사업, 장관이 중앙회장에게 위탁한 사업으로 중앙회장의 승인을 얻은 사업 외의 사업에 대하여는 정관으로 정하는 바에 따라 비조합원의 이용을 제한할 수 있다.

해당 지역농협의 조합원이 아니지만 동일한 세대(世帶)에 속하는 사람, 다른 조합 또는 다른 조합의 조합원이 지역농협의 사업을 이용하는 경우에는 그 지역농협의 조합원이 이용한 것으로 보며, 지역농협은 품목조합의 조합원이 지역농협의 신용사업을 이용하려는 경우 최대의 편의를 제공하여야 한다.

5) 조합원의 혜택

(1) 잉여금 배당

지역농협은 매 회계연도의 결산결과 손실금(당기손실금)이 발생하면 미처분이월금·임의적립금(사업활성화 적립금, 유통손실보전자금, 경제사업활성화 적립금, 사업준비금 순으로 보전)·법정적립금·자본적립금·회전출자금의 순으로 보전하며, 보전 후에도 부족할 때에는 이를 다음 회계연도에 이월한다.

잉여금 배당은 손실을 보전하고 법정적립금, 이월금 및 임의적립금을 공제한 후가 아니면 배당을 하지 못한다. 잉여금은 정관으로 정하는 바에 따라 조합원의 사업이용실적에 대한 배당, 조합원의 납입출자액에 대한 배당(정관으로 정하는 비율, 즉 1년 만기 정기예탁금 결산기준 연평균 금리에 2퍼센트를 더한 범위 내에서 정하되 최고 연 100분의 10을 초과할 수 없음), 준조합원의 사업이용실적에 대한 배당 순으로 한다.

사업이용실적 배당은 그 회계연도에 있어 취급된 물자의 수량·가액 기타 사업의 분량을 참작하여 조합원 및 준조합원의 사업이용실적에 따라 행하되, 조합원의 사업이용실적에 대한 배당액은 조합원과 준조합원의 이용고배당과 조합원 출자배당의 100분의 20 이상으로 정하며, 항목·대상·배점 등 구체적인 사항은 이사회에서 정하되 약정조합원에 대한 우대내용을 포함하여야 한다. 이용고배당(조합원과 준조합원)과 출자배당액의 합계액은 매 회계연도 잉여금의 100분의 20 이상을 배당하되, 조합경영을 고려하여 이사회가 의결한 경우에는 이용고배당과 출자배당을 잉여금 100분의 20 이상을 하지 않을 수 있다.

이용고배당 계산은 조합원·배우자·직계존비속의 이용도 포함되므로 등본상 같이 없으면 가족관계 증명원으로도 가능하다. 단 대출·적금·보험 등은 합계가 가능하나 경제업무인 하나로 마트, 주유소, 농약, 비료 등의 구입은 합산이 불가능하다. 즉, 영농자재는 조합원의 사용분만 가능하며, 하나로마트, 주유소 이용은 별도의 회원카드나 회원번호로 합산을 요청해야 한다.

(2) 조합원의 혜택

농협사업에 대한 조합원의 세부혜택은 농협마다 다르나 사업별로 정리해본다. 먼저 사업별 기여도 순서를 보면 금융사업의 기여도가 가장 높고 다음으로 교육지원사업, 판매사업, 구매사업 그리고 배당이라고 볼 수 있다.

① 금융사업

대출부문을 보면 영농자금 대출 우대금리적용, 농업인 보증기관 이용 등이 있다. 예금부문은 농어가목돈마련저축, 비과세저축으로 조합원예금은 3천만 원(상호금융 전체 합산)까지, 출자금배당은 1천만 원까지 비과세이다. 보험은 농작물재해보험, 농기계보험, 농사로 인한 사고 시 보장해주는 농업인 안전보험 등을 매년 가입해주는 농협도 많다.

② 경제사업

영농활동에 필요한 비료·농약·사료 등의 농자재 구매 시 할인혜택을 주며 영세율 적용뿐만 아니라 이용고배당도 지급한다. 그리고 농업용 면세유를 지원한다. 또한 영농활동 8년 이상 후 농지매도 시 비과세 혜택을 받으려면 직접 경작한다는 증명은 농협에서 구매한 농약·비료 구입 시 자료를 보관하고 있으므로 이를 이용 할 수 있다. 조합원이 개별 소량 출하농산물을 공동선별하여 출하하거나, 조합원이 생산한 농산물을 수매하여 전국에 유통한다.

③ 교육지원사업

교육지원사업비로 조합원을 위하여 농민신문·농어민신문·전원생활 등 구독료를 지원하고, 조합원 및 직계 가족사망 시 장례비 및 장제용품을 지원한다. 조합원 복지 증진을 위하여 조합원 건강검진비 지원, 암수술보전지원, 손자녀 대학생 장학금 지원, 독감예방 접종비 지원, 원로조합원 장수축하금지원, 농업인 법률구조 및 세무상담 등을 지원하고 있다.

농업인안전, 농기계종합보험 등의 정책보험료를 지원하고, 조합원 생일축하 기념품, 장수사진, 조합원 질병관리용품(마스크 등), 창립기념·결산기념·명절시 기념품 지급, NH 농협생명수련원 이용 등을 지원한다.

영농지원사업비로는 각종 자연재해 시(동해·풍수해·구제역 등) 재해지원 복구비를 지원한다. 그리고 영농자재지원비로는 영농자재교환권 지원, 육묘 및 묘판사업지원, 농기계수리보조, 농산물우수출하농가 지원, GAP 인증비 지원, 6차 산업·도시농업관련 지원 등을 한다. 영농지도사업비로는 농촌일손돕기, 협동조직(영농회, 부녀회 작목반 등) 운영활성화지원(수당), 농업인단체지원, 새농민수상자 활동지원, 소규모경작 조합원교육 및 간담회 등을 지원한다. 그리고 농업인 및 농업인 단체의 활동 및 행사를 지원한다.

농협 조합원으로서의 혜택은 농협별로 차이가 있으나 경제적 혜택은 배당금(출자·이용고배당), 적립금과 각 사업별 혜택을 정확하게 환산하기는 어렵지만 출자금에 대한 이자로 계산하면 정기예금의 몇 배가 될 것이며, 조합원으로서 비경제적 혜택도 많다고 할 수 있다.

농협의 지도사업은 다른 사업과 달리 농업인 조합원의 소득 향상에 직접적인 기여는 아니지만 조합원의 농산물 생산·판매과정지도, 생활복지지도 등으로 간접적 소득향상에 기여, 농산물 생산성향상지도, 고품질 농산물 생산지도, 포장·규격통일, 유리한 판로확보·알선, 영농자재 및 생활용품구매정보, 농산물 판매정보 제공 등으로 농협 및 농업에 대한 신뢰도를 높이고 농가소득 증대에 기여한다.

5 디지털농협 구현

무한경쟁 속에서 농협의 다양한 사업의 위기 즉, 새벽배송, 당일배송 등 온라인 유통회사의 급성장으로 인한 농협 유통사업의 위기, 인터넷기업의 금융업진출에 의한 농협신용사업의 위기에 적극 대응하기 위하여 농협사업 전반의 디지털혁신으로 농업분야가 4차 산업혁명에 선제적으로 대응하기 위해 농협은 디지털농협 구현을 가장 가치 있는 핵심과제로 판단하고 있다. 농협의 디지털농협 구현이 어떻게 조합원의 사회적·경제적 지위향상에 도움이 되는지 알아볼 필요가 있을 것이다.

1) 디지털농협의 개념과 조직

농협은 디지털농협 구현을 통해 지역 농·축협 사업과 농업 및 농촌 생활의 디지털화를 가속화한다는 구상이다. 또한 각종 사업 추진 및 업무 방식도 디지털로 속속 전환한다는 계획이다. 디지털농협을 정의해 보자면 "신농법·신농자재·신농기계를 보급하고 범 농협사업(유통·금융 등)과 농촌생활 전반의 디지털화를 선도하는 것"이다. 디지털농협 구현을 위해 디지털혁신부를 설립하여 디지털농협 구현을 위한 범 농협 컨트롤타워 역할을 수행하도록 하였다. 그리고 스마트농업 활성화를 위하여 각 시도에 지역농협과 협력하여 '스마트농업지원센터'를 조성하고 있다. 여기서는 농민 대상의 스마트농업 교육을 주로 담당하며, 농협형 스마트팜 보급도 적극 추진하고 있다. 예를 들면, 기존에 보급된 여러 스마트팜을 종합적으로 분석해 중·소농들이 적은 돈을 들여 지을 수 있는 모델을 개발하고, 노지 등 개방된 공간에서 활용할 수 있는 센스기반의 자동화 농기계도 시험·보급한다.

2) 디지털농업 추진

농협은 디지털농업 추진을 위해 2022년 농협 전체 보유 농업 관련 데이터를 통합 관리하는 "빅데이터 플랫폼"을 개발 완료 후 시범을 시작할 계획이다. 빅데이터 플랫폼 "N-Hub"를 개발 완료하여 운영하고 있다. 그리고 플랫폼 구축 후 농산물가격 예측서비스, 스마트팜 최적 생육환경가이드(농촌진흥청 등이 보유한 데이터와 연계), 농·축협 고객기반 신용·경제통합데이터 제공, 데이터 기반 소매유통영업지원 등의 서비스를 제공 중에 있다. 또한 농업관련뉴스, 스마트팜 자재정보, 정부지원제도, 농촌여행정보 등과 농민의 각종 의견을 자유롭게 교환하는 커뮤니티 등을 갖춘 NH농업인포털정보시스템인 "NH오늘농사"도 운영 중에 있다. 스마트농업 인큐베이터 추진을 위해 농협은 청년농·중소농이 느끼는 스마트농업의 진입장벽을 낮추고자 보급형 스마트팜 모델을 보급하고 있으며, 농협대학교에 스마트팜시범모델을 구축하고 작물을 재배하고 있다. 농협은 스마트팜시범모델을 활용하여 스마트농업에 적합한 작물과 자재를 실험하고, 중소농·청년농이 부담 없이 견학할 수 있는 교육장으로 활용하고 있다. 즉, 농협의 최종 청사진은 농협 스마트팜 전 주기의 통합지원플랫폼으로 농사준비시작·판매·유통·경영지원 등 일관체계 구축에 있다.

6 디지털화 계획

정부의 디지털 뉴딜 계획에 부응하기 위하여 빅데이터 기반 "NH농업인포털정보시스템" 개발로 디지털영농지원서비스를 계획하고 있다. 즉, 농민은 토양·기상·병충해·가격 등의 정보획득이 가능하고 지역 농·축협은 조합원의 재배 정보, 영농자재 수요, 출하계획 등을 데이터로 관리하는 것이다. 수도권 대형 오프라인 매장을 디지털 풀필먼트센터(DFC)로 전환해 2시간 싱싱 배송 실시와 농협 몰 플랫폼 고도화로 시장환경 변화에 적기 대응하는 것이다.

"NH농업인포털정보시스템"은 농사와 농촌생활 정보를 총망라해 제공하는 "농업판 네이버"라고 할 수 있다. 이는 영농·교육·생활정보에 대한 개인별 맞춤형 콘텐츠를 한눈에 볼 수 있고, 농업부문 공공·민간 기관에 흩어져 있는 각종 정보를 하나의 채널에서 찾을 수 있다.

농업인포털에는 농민전용 온라인 채널, 영농지원서비스, 온라인커뮤니티로 분류·정리하여 농업인이 원하는 정보를 쉽게 활용할 수 있도록 하는 것이다. 농민 전용 온라인 채널에는 농협경제지주, 농협대학, 농민신문사 등과 협업시스템 구축으로 영농지원, 스마트농업, 온라인커뮤니티, 교육·생활정보 등 농업·농촌 관련 콘텐츠를 한데 모아 제공한다.

예를 들어 영농지원 서비스는 농업·농촌 관련 뉴스, 온도·습도·풍속·강수량 등 기상정보, 병해충 예측지도를 포함한 지리정보, 농축산물 가격정보 등을 제공할 뿐만 아니라 위치기반서비스를 토대로 작목별 표준 농사달력, 온라인 영농일지 등도 탑재한다. 온라인 커뮤니티는 농민이 중심이 된 소통채널로서, 농협 임직원, 전문가, 선도농가 등이 참여해 최신농업정보와 영농기술 노하우를 공유하는 장으로서 전국 1,118개 농·축협별로 온라인 커뮤니티가 생성되어 현장지도가 강화되고 즉각적인 정보공유가 가능하다.

구체적으로 예를 들면 폭우 예상 시 영농지도사가 피해예방조치 관련 글을 올리면 알림서비스를 통해 조합원이 바로 확인하고 대처할 수 있게 한다. 뿐만 아니라 스마트농업 서비스를 위하여 농협형 스마트팜 전용브랜드인 "NH OCTO"를 농업인 포털에 탑재하여 중소농과 청년농을 위한 서비스를 한다. 예를 들면 스마트팜 정부지원정책과 스마트팜 모델 소개, 농협형 스마트팜 견적 산출 등을 할 수 있다.

디지털화의 사례를 보면 태블릿 pc 등 스마트워크52) 인프라 구축으로 이사회 등에서 태블릿 pc 활용으로 종이 없는 회의를 개최한다. 온라인 농산물거래소 개설로 농산물가격안정화 및 물류의 비효율성개선으로 정산내역을 간편하게 하고, 현물대면거래에서 탈피한다. 전국 농·축협 로봇프로세스자동화(RPA)기술 보급으로 업무방식의 디지털화로 단순반복 작업의 효율성을 증대시킨다.

---

52) 네트워크에 연결할 수 있는 모바일 기기를 이용하여 시간과 장소에 구애받지 않고 업무를 처리하는 일.

제17장 디지털농업과 남북한 농업경영

1 경제체제의 구분

북한의 농업을 이해하기 위해서는 먼저 경제체제에 대해서 아는 것이 중요하다. 경제체제는 전통적으로 순수자본주의와 순수중앙계획경제체제로 구분해 볼 수 있는데 지구상의 어느 국가도 극단적인 두 체제에 해당하는 국가는 없다고 볼 수 있다. 어느 쪽에 얼마나 더 치우느냐에 따라 자본주의체제에 가깝다는 등으로 구분해볼 수 있을 것이다. 이는 어느 나라도 각 기준을 100% 만족하는 나라가 없다는 뜻이다. 즉 모든 나라는 자본주의와 중앙계획경제체제를 혼합하고 있는 혼합경제체제로서 어느 체제로 많이 기울어져 있는 가로 구분한다.

기준에 따라 구분해보면 가장 중요한 기준인 생산수단의 소유가 완전하게 사유이면 순수자본주의, 공유이면 중앙계획경제체제이다. 현재 어느 나라도 완전한 사유나 공유의 국가는 없다. 공산주의 국가는 공유의 비중이 높고 자본주의 국가는 사유의 비중이 높은 국가이다. 그리고 의사결정주체가 개인이면 자본주의, 집단이면 중앙계

〈표 17-1〉 경제체제의 구분

구분	순수자본주의	혼합경제	중앙계획경제
생산수단의 소유형태	사유		공유
의사결정주체	개인		집단
자원배분기구	시장		중앙기구
경제성과	이윤		상
경제 비성과	손실		벌
정보전달 방향	좌·우·상·하		상의하달
생산량 결정	가격		생산 목표
재화 분배	생산량에 의존		생산량과 무관

주: 빗금 친 윗부분은 중앙계획경제체제이고 아랫부분은 순수자본주의체제
자료: 신인식, "통일 후 남북한의 농업과 협동조합", 『협동조합연구』, 제15집, 농협경제연구소, 1993.

획경제, 자원배분이 시장에 의하면 자본주의, 중앙기구이면 중앙계획경제이다. 역시 어느 국가도 100% 개인이나 국가가 의사결정을 하는 나라는 없다. 자본주의체제에서는 경제성과가 좋으면 개인의 이윤이 증대되고 나쁘면 손실을 보게 되는 반면, 중앙계획경제에서는 상을 받거나 벌을 받게 된다. 자본주의체제는 정보전달이 좌우상하로 자유롭게 되나 중앙계획경제체제는 위에서 지시하는 형태가 된다. 재화의 생산량과 분배도 자본주의는 가격과 생산량에 의존하나 중앙계획경제체제는 생산량은 생산목표에 의해서 가격은 생산량과 무관하게 결정되고 있다.

2 경제체제의 변화와 농업

1) 소련

1988년 고르바초프정권이 페레스트로이카(perestroika, 개방·문화면에서의 자유화 등 개혁정책)를 배경으로 최초의 협동조합법이 제정되어 콜호즈(kolkhoz)[53]의 자율적 운영을 더욱 보강함으로서 독립채산이 강조되는 등 농업 및 농업협동조합에 큰 변혁을 가져왔다. 전체 국민경제를 시장경제체제로 이행시키는데 동유럽 국가들과 마찬가지로 복잡한 문제에 직면하게 되었다. 농업부문이 경쟁체제에 쉽게 적응할 수 있도록 하기 위한 소유관계를 조정하는 토지개혁 수행에 많은 어려움이 따르고 있다.

2) 동독

철의 장막이 1989년 11월에 거친 후 1990년 3월에는 서독의 정치, 사회, 경제체제를 도입하였으며 동년 7월에는 동서독의 경제를 통합하였다. 통일 후 초기 동독지역은 동구수출시장의 상실, 우수한 상품을 생산하는 서독기업의 도매시장 진출, 상품 품질의 저위와 가공설비의 비효율성으로 농산물의 생산자수취가격이 급격히 하락하였다. 이의 해결을 위하여 서독의 기술을 도입, 시장경제원칙에 따른 동기 유발과 질 낮은 토지 즉, 한계농지에 휴경보조를 하는 등 막대한 통일비용을 지불함으로서 작물생산이 크게 증가하고 질적 향상으로 인하여 1992년에는 서독의 가격 수준에 달하였다.

---

53) 소련의 농업생산협동조합, 집단농장, 공영농장.

3) 통일 이후 예상되는 북한의 농업문제

(1) 농지제도

북한의 농지제도를 시장경제체제하 농지의 사유화를 위한 농지소유 관계를 정립하는 토지개혁이 필요할 것이다. 북한농민 대부분은 토지를 소유한 경험이 없어 토지의 사유화로 인한 농업생산성 증대에 한계가 있을 것이다. 하나의 방안으로 체제변화 직후 북한농민의 대거남한이동 방지를 위해 토지분배에 대한 일정기간 유예기간을 두는 것도 방안이 될 것이다.

(2) 농업경영자

북한 농민은 협동농장, 국영농장의 노동자로서 남한의 농민과 달리 경영주체가 아니다. 따라서 노동생산성과 토지생산성이 남한보다 낮다. 시장경제체제로 전환되면 남한의 질 좋은 농산물이 북한에 범람하여 북한 농업은 크게 타격을 받을 수도 있다. 남한도 산업화 과정에서 농촌인구의 고령화로 경영체의 계승자가 없어 가족경영이 붕괴되어가고 있으므로 통일 후의 농업경영자 확보에 어려움이 많을 것이다. 남한은 영농후계자를 중심으로 한 전업농가의 창출에 더욱 노력함과 동시에 통일 후 북한 농지를 임차하여 경영할 경영자까지 확보하여야 할 것이다.

③ 남북한 스마트팜 단지 조성

1) 북한의 4차 산업혁명

북한은 1990년대 후반부터 과학기술중시정책 추진으로 선대의 과학기술중시사상을 계승해 지식경제와 전민과학기술인재화를 추진하고 지식경제 강국 건설을 위해 4차 산업혁명의 필요성을 강조하고 있다. 4차 산업혁명을 새 세기 산업혁명으로 지칭하고 과학과 정보기술(IT)의 융합을 추진 중이다. 농업분야에서도 과학기술의 중요성을 강조해 ICT를 접목하는 시범사업을 추진하는 등 스마트농업에 열의를 보이고 있다. 그러나 아직은 자동화와 원격수동제어를 도입하는 1세대 스마트농업의 진입단계에 있다고 볼 수 있다.

2019년 6월 북한 노동신문은 평양남새과학연구소에 대규모 지능형 온실이 건설되어 오이, 토마토 등 여러 남새(채소)가 생산되고 있다고 보도했다. 또한 북한농업성은 먼거리(원격) 영농기술 문답봉사 시스템을 개발해 농장에서 제기되는 기술적 문제에 대해 화상회의, 원격강의 등으로 해결방안을 제시하고 있다고 한다. 그러나 북한은 기술과 자본이 장애요소이다. 그러므로 우리나라의 스마트농업 기술과 자본을 투자한다면 북한의 스마트팜은 크게 발전할 수 있을 것이다. 특히 협동농장과 연계한 스마트팜 단지조성은 실효성 있는 성과를 낼 수 있을 것이다.

남북 공동 스마트팜 단지건설이 추진된다면 대상지역으로 비무장지대(DMZ)가 적절해 보인다. DMZ에서는 북한의 협력수요가 높고, 우리의 스마트농업을 협력사업으로 추진하는 것은 의미가 있을 것이다. 그리고 DMZ의 평화적 이용이라는 상징성도 크다

2) 북한 스마트농업 현황

농업 관련 시설·제어의 낮은 수준의 현대화·자동화, 생산 증대에만 초점을 맞춘 정책과 연구 개발 등이 진행되는 상황이다. 지속되는 대북제재와 자본 부족 등의 영향으로 농업분야에 대한 과감한 설비 투자와 선진 농업 기술 도입은 역부족이다. 김정은 위원장이 매년 신년사에서 과학영농의 중요성을 강조하는 등 열악한 여건에서도 과학농사에 대한 관심과 열의는 높은 수준이다. 대북제재와 자연재해 등으로 인한 지속된 식량난을 타개하고자 우량종자 개발, 농기계 효율화, 과학적인 영농법 등을 지속적으로 강구하고 있다.

'농기계공업관리국 농기계연구소'에서는 영농작업의 기계화 비중을 높일 수 있는 20여종의 농기계를 제작하여 여러 협동농장에 보급하고, '강계돼지공장'에서는 과학적인 종축체계에 맞게 어미돼지의 수정 적기를 정확히 포착, 인공수정 방법으로 한 배의 분만 새끼 수를 증대하고 있다. 특히, 농업 생산량 증대에 직접적인 영향을 줄 수 있는 비료, 종자 개량에 관한 연구가 활발하다. 김정은 정권에서 강조한 자력갱생과 지속되는 대북제재의 영향으로 선진 농자재 및 관련 기술 도입 대신 북한식 비료, 종자 개발에 집중하고 있다.

김일성종합대학(생명과학부)은 농작물의 생육 촉진과 소출 증대에서 그 효과가 뚜렷한 고농도 '린(인)', '칼리(칼륨)' 복합영양액 개발에 효과가 높은 것으로 평가되고 있다. 농업연구원(식물보호학연구소)은 새로운 무기류황제 농약인 '다류화칼륨'을 개발하여 전국의 여러 과수 농장들과 과수원들에 도입하여 과일나무 병해충에 대한 구제 효과를 증명하였고, 수경 재배에 의한 감자 원종 생산을 높은 수준에서 안전하게 담보할 수 있는 종합적인 병 예방 및 구제체계를 확립하고 있다.

농업연구원(밭작물연구소)은 북한 기후풍토에 적합하고 정보당 수확고가 높은 〈콩 24〉호 품종 육성으로 대당 마디수와 꼬투리수, 꼬투리당 알 수가 많고 초형이

좋으면서도 생태 안정성이 높은 우수한 품종을 개량하였다. 락원지도국(락원련운기술교류사)은 '몰리브덴(Molybdenum)' 식물 활성 강화제를 개발하여 알곡수확도 증대하고 식물의 발아율을 훨씬 높이고 뿌리 활성을 강화하며 광합성을 촉진시켜 식물이 튼튼하게 잘 자라게 할 뿐만 아니라 정보당 소출 증대 효과를 내고 있다.[54]

북한 농업연구원 '평양남새과학연구소'는 IT기술이 적용된 '지능형 온실'을 시범 운영 중에 있으며, 향후 대규모 건설 방안도 계획하고 있다. 총부지면적 143만 5,000여㎡에 모든 공정이 컴퓨터에 의해 자동 조절되는 현대식 수경·비닐온실 및 첨단 생물공학 연구 설비들을 갖춘 최신식 시설이다. 북한 묘향정보기술사에서는 '365일 천하지대본'이라는 농사 지원 프로그램을 개발, 분야별 작물재배기술을 농업 종사자들에게 제공하고 있다. 북한 지역의 농업기후 조건에 따라 도별, 군별로 세분화하고 지역별 기상 조건 통계 자료에 기초해 5가지 농업분야(알곡, 축산, 남새, 과수, 공예)에 작물재배기술을 제공하고 있다.[55] 그러나 아직은 ICT 관련 기술을 농가 기술지도에 접목한 것은 유용하나, 데이터 활용에 대한 기술력 부족으로 실용화를 위해서는 많은 개선이 필요한 상황이다.

북한 농업성은 '먼거리(원격) 영농기술문답봉사' 시스템을 개발하여 농장에서 제기되는 기술적 문제에 대한 해결방안을 제시하고 있다. 즉, 농업성과 과학연구기관, 각급 농업지도 기관 및 농장들을 인터넷망으로 연결, 영농사업에서 제기되는 기술적 문제에 대해 협의하는 기능을 제공하고 있다. 구체적으로 보면 화상회의, 원격강의, 실시간 문답 등의 기능을 갖추고 있는 것으로 알려 졌으며, 국내·외 농업과학기술자료, 다수확 사례 등을 제공하고 있다.[56]

3) 스마트농업 남북협력 방안

북한은 경제발전을 위해 첨단 과학기술의 중요성을 인지한 만큼, 스마트농업을 도입·육성하고자 적극적인 노력을 할 것으로 판단되므로 북한의 정보화 정책 및 관련 기관 동향, 과학영농 사례와 각종 연구 자료들을 다각도로 검토하여 북한 스마트농업의 수요 예측이 필요하다. 단기적으로 시급한 북한 식량난 지원 사업과 병행하여 미래 북한 첨단농업에 대한 청사진을 제공, 남북협력의 장으로 유도할 필요가 있다. 북한의 개혁·개방이 진전되어 남북경협이 재개될 경우 기술집약적 산업에 대한 남

54) 한국농촌경제연구원, 「북한매체동향」, 19권 2호, 3호, 2017 참고하여 정리.
55) 통일뉴스, 「북, 알곡생산 늘이는 농업지원 프로그램 개발」, 2017. 2. 9.
56) MK경제, 「북한 농업성, 먼거리 영농기술문답봉사 체계 개발」, 2019. 3. 29.

북협력사업 수요가 높을 전망이다. 농업분야도 과거 단순 지원 사업 방식을 지양하고 개성공단 2단계 개발 지역 및 북한 경제 특구·개발구를 중심으로 스마트농업을 매개로 한 남북협력사업에 대한 준비가 필요하다.

북한은 각 지역별로 총 27개의 경제특구[57](5곳)·개발구[58](22곳)를 지정하고, 경제개발구법에 따라 투자자들의 경제활동을 보장하고 그들의 권리와 이익, 신변안전을 법적으로 보호한다고 발표하였다. 분야별로는 공업개발구 14곳, 농업개발구 3곳(북청, 어랑, 숙천), 관광개발구 6곳, 수출가공구 3곳, 첨단기술개발구 1곳[59]이다.

북한에서 농업은 비중이 큰 산업[60]이지만, 경제가 발전할수록 산업 구조가 재편되면서 다양한 농업·농촌 현안이 나타날 것으로 판단된다. 산업화에 따라 우리가 경험했던 농업·농촌의 현안을 공유하고 스마트농업으로 북한이 선제적 대응을 할 수 있도록 협력이 필요하다.

4 남북한 단계별 협력방안

1) 협력사업의 개발

개성공단, DMZ 등 접경지역 내 농업분야에 민관이 공동 참여하는 '남북농업협력기술센터(가칭)'를 설립하여, 남북농업협력의 창구 역할을 수행하게 한다. 기술교육, 협력사업 발굴, 가축 질병 공동 대응, 각종 학술대회 개최 등 한반도 농업 발전을 위한 소통의 장으로 활용한다.

북한 농업 현황과 과학기술 수준 분석·장비 규격·용어 표준화 등 스마트농업의 남북협력사업 추진을 위한 사전 준비를 하고, 종자·비료·농기계 등 북한 농업 회복을 위한 농자재 지원 사업과 병행하여 경제 특구·개발구 중심으로 스마트농업 관련 시범협력사업을 실시한다.

스마트농업 시범협력 사업가능 분야의 주요 내용을 보면, 생산 분야로 북한 농업환경에 적합한 우수품종(종자, 종축 등)·농약·비료 등 공동 연구, 스마트온실·축사 등 남북 공동 플랫폼 개발, 농가 빅데이터 활용 방안 연구 등이다. 예를 들면 자율주

---

57) 외국의 자본과 기술을 도입하여 북한의 노동력과 결합함으로서 경제난을 해소하고 국제적인 고립에서 벗어나기 위한 시도라고 볼 수 있음.
58) 국가가 특별히 정한 법규에 따라 경제활동에 특혜가 보장되는 특수경제지대.
59) NK경제, 「베일 벗은 북한 경제특구…27개 지구 지정」, 2018. 12. 6.
60) 2017년 북한의 국내총생산 산업별 비중은 서비스업(31.7%), 농림어업(22.8%), 제조업(20.1%), 광업(11.7%) 등의 순(출처: 통계청, 「2018 북한의 주요통계지표」, 2018. 12. 19).

행농기계(트랙터, 이앙기 등), 농업용 드론(방제, 작황조사 등) 개발이다. 기후, 농가 빅데이터 등을 활용, 인공지능 분석을 통해 최적의 농작업 의사결정 지원, 농가 일손 지원을 위한 농업용 로봇 개발 등이다.

생산·유통·소비 전 과정에 국제기준 식별코드 적용 및 활용 방안 연구와 모바일 상거래 플랫폼 구축, 소비자 응대 챗봇(Chat-bot) 개발, 물류 추적, 최적 유통 경로, 생산이력조회, 무인점포 등 플랫폼 구축 등이 필요하다.

농업분야 스타트업과 북한 농업을 연계하여 창의적인 사업 아이템 발굴과 질병예방·농축산 질병 공동 대응 플랫폼 구축도 추진해야 할 것이다. 기술교육으로 AR(증강현실), VR(가상현실), 원격접속을 활용한 농업기술 교육 또한 필요할 것이다.

2) 협력사업의 확산

시범협력사업 성과를 바탕으로 북한 스마트농업의 전국 확산을 지원하기 위해 각 지역별 협동농장을 스마트농업 플랫폼으로 전환하고 인터넷망을 통해 현장지원센터와 연결, 상시 지원 체계 구축을 하는 것이다. 먼저 생산·가공·유통·소비 전 과정에 국제표준 식별코드를 통합 적용하고, 각 단계에서 축적된 데이터를 바탕으로 최적의 의사결정을 수행하는 것이다. 유통 비용 최적화, 물류추적, 생산품 이력조회, 빅데이터 분석을 통한 농산물 수급예측 등에 일관된 체계로 활용 가능할 것이다. 각 지역별 생육 조건에 적합한 종자를 선별·보급하고 빅데이터 분석을 통해 최적화된 영농기법을 상시 제공한다. 도·농 간 정보격차 해소 및 지역 경제 활성화, 생활편의 개선을 위한 스마트빌리지(Smart-Village)[61] 조성, 농촌의 미래 지속가능성 확보가 필요하다.

독일·프랑스 등 EU 국가들도 농촌과 ICT를 접목한 스마트 빌리지를 구축 중 이며, 우리 정부도 농촌 인구 감소, 도·농 간 정보격차 해소를 위해 5G, 사물인터넷 등 ICT 기술을 활용, 스마트빌리지 조성사업을 진행 중이다. 즉 농작물 시비, 작황 모니터링 등에 드론 활용, 인공지능 스피커를 활용한 뉴스, 양방향 소통 제공, 집 안 움직임 감지를 통한 독거노인 생활지원 등이다. 북한도 산업화 진전에 따라 농업 종사자 감소, 도·농 간 정보·소득격차 등 농업·농촌에 예상되는 현안을 스마트빌리지 사업을 통해 대응할 필요가 있다.

---

61) 스마트빌리지(Smart Village): 이미 갖고 있는 자산과 잠재력을 바탕으로 새로운 비즈니스 기회를 창출하려는 시골마을 공동체로, 지역경제 활성화를 위해 새로운 네트워크 기반을 마련하고 ICT와 지식을 활용하여 지역의 서비스가 향상되는 마을(출처: 한국정보화진흥원, 「유럽형 지역경제 활성화 ICT프로 젝트」, 2018).

5 남북한 농업경영 협력방안

세계 인구 증가, 경작지 감소, 지구 온난화 등으로 인해 미래 농업의 식량 안보에 대한 우려가 높아지는 상황에서 대응방안으로 농업 선진국과 글로벌 기업들도 스마트농업의 중요성을 인지하고 관련 정책과 연구·개발에 대한 투자를 확대하는 등 농업생산성과 효율성을 지속적으로 확보하기 위해서 스마트농업이 중요한 대안으로 떠오르고 있다.

북한은 대북제재와 낙후된 경제로 스마트농업에 대한 투자가 미미하지만 농업분야에 과학·정보기술 적용의 중요성은 인지하고 있어 농업과학원, 평양남새과학연구소 등을 중심으로 신품종 개발, 관련 시설의 현대화·과학화 등 농업 생산성 기반을 마련해 나가는 중이다. 북한 농업을 비롯한 산업 전반의 경제 발전을 이끌어 내기 위해서는 개혁·개방을 통한 대규모 투자 유치와 선진기술의 도입이 필요하다.

남북 모두 첨단 ICT기술을 활용한 경제성장을 추구하고 있는 만큼, 과거 단순 지원 형태의 남북협력사업은 한계가 뚜렷하므로, 상호 호혜적인 기술력을 바탕으로 농업을 지속 성장시킬 수 있는 스마트농업이 남북 농업분야 협력사업의 매력적인 아이템이 될 전망이다. 다만, 스마트농업 관련 각종 기자재의 북한 반입과 자금 송금 등은 국제사회 및 미국의 대북제재에 저촉되는 상황이므로 북·미 간 비핵화 협상 타결과 그에 따른 대북제재 해제가 선결 과제이다.[62]

그러나 준비는 해야 하므로 스마트농업의 국내외 동향, 북한의 정보화 정책 등을 지속적으로 모니터링하고, 남북 정부는 국·내외 농업분야 전문가가 상호 교류할 수 있는 방안을 조속히 마련하며, 북한의 과학기술 수준과 농업·농촌에 대한 정보수집 지원과 더불어 스마트농업을 포함한 ICT산업 관련 용어, 규격 표준화 등에 관한 협의를 통해 남북 이질성 극복 방안에 대한 논의도 필요하다. 다양한 분야의 전문가 의견 수렴을 통해 스마트농업 남북협력사업 모델을 구체화 해나가며, 대북제재 해제 시 신속히 진출할 수 있도록 종합계획 마련을 위한 사전 준비가 필요하다.[63]

---

62) 강송희, 「어그테크 국내외 시장 및 정책 동향」, 소프트웨어정책연구소, 2019.
63) 농협중앙회 농협경제연구소, CEO Focus 412호.

REFERENCES

참고문헌

▌국내▌

강송희, 『어그테크 국내외 시장 및 정책 동향』, 소프트웨어정책연구소, 2019.

과학기술일자리진흥원, "중소기업 전략기술로드맵, 2019~2021", 『S&T Market Report』, 2018.

과학기술일자리진흥원, 『국내외 스마트농업 산업동향보고서, 2019~2021』, 2018.

구재서·권원달·김영수·이동호, 『개정 농업경영학』, 선진문화사, 2004.

구한승·민재홍·박주영, "스마트농업 동향분석", 『전자통신동향분석』, 30(2): 49-58, 2015.

국회입법조사처, "스마트팜 기술 및 시장동향보고서", 『S&T Report』, 69, 2019.

국회입법조사처, "스마트팜 확산 보급사업 현황과 과제", 2020.

권오상·반경훈·허정희, "농업부문 연구개발투자가 농가유형별 소득에 미치는 영향", 『농촌경제』, 41(2): 1-34, 2018.

권오옥 외 3인, 『농업회계』, 선진문화사, 1998.

김관수·이태호·안동환·조정찬·임채환·허민정, "새로운 농업인 인식체계(농업경영체 및 농업인번호) 도입에 대한 연구", 서울대학교, 농림축산식품부, 2019.

김기환, "4차 산업혁명과 균형발전: R&D투자의 농업부문 스필오버 효과를 중심으로", 고려대학교 박사학위 논문, 2018.

김덕현·황인택·이승현, "농업인의 혁신기술 수용 및 저항 요인과 농식품 ICT 융복합사업 확산의도와의 관계", 『농촌지도와 개발』, 22(1): 43-54, 2015.

김동신·조덕호·여창환, "영농인의 농업법인 조직 참여가 농업소득에 미치는 영향", 『한국자치행정학보』, 30(4): 161-184, 2016.

김배성 외 7인, 『스마트시대 농업경영학』, 박영사, 2017.

김수석, 『농업경영체 등록제의 등록실태와 활용 방안』, 한국농촌경제연구원, 2013.

김수석, 『통일 이후 동독지역의 농업농촌 변화』, 한국농촌경제연구원, 2001.

김수석·김종선·변아름, 『맞춤형 농정 지원 등을 위한 농업경영체 등록제 개선 방안 연구』, 한국농촌경제연구원, 2013.

김수석·박석두, 『농업법인의 운영 실태와 제도개선방안 연구』, 한국농촌경제연구원, 2006.

김승환, "기술수용 주기이론과 캐즘 이론을 통한 국내 농업 ICT 확산 방안과 농협의 역할에 관한 연구", 『협동조합경제경영연구』, 제45집, 농협경영연구소, 2016.

김승환, "노지 스마트농업의 현황과 발전방향, 『계간 NH농협조사연구』, 통권 7호, 농협경제연구소, 2022.

김승환, "농업 분야의 인공지능 도입 정책 현황과 과제", 『계간 NH농협조사연구』, 통권 14호, 농협경제연구소, 2024.

김승환, "스마트농업 산업 현황과 신기술 모델 분석: 시설원예 스마트팜을 중심으로", 『계간 NH농협조사연구』, 통권 10호, 농협경제연구소, 2023.

김승환, "스마트팜 정책과정에 과정에 관한 연구: Rogers 의 혁신과정 모형을 중심으로", 『협동조합경제경영연구』, 제54집, 협동조합경영연구소, 2021.

김안호·신인식, 『현대농업경제학』, 청목출판사, 2011.

김연중·박지연·박영구, 『스마트팜 실태 및 성공요인 분석』, 한국농촌경제연구원, 2016.

김연중·한혜성, "식물공장의 전망과 정책과제", 『KREI 연구보고』, 제49호, 2013.

김영식, 『생산경제학』, 박영사, 2001.

김용택·김석현·김태균, 『농업경영학』, 한국방송통신대학교 출판부, 2010.

김재홍, 『농업경영학신론』, 선진문화사, 1995.

김정호, 『농가의 정의에 관한 연구』, 한국농촌경제연구원, 1993.

김정호, 『식물공장의 동향과 전망』, 한국농촌경제연구원, 연구보고 제61권, 2009.

김철교·곽선호, 『최신 벤처창업경영』, 탑북스, 2011.

김태형·김대호, "시설원예 스마트팜 평가 기준 개발을 위한 모델 연구", 『한국융합학회 논문지』, 8(9), 한국금융학회, 2017.

김한종·안상돈, "농업·농촌 분야 ICT융복합 확산을 위한 농업인의 기술수용 요인 분석과 농협의 역할", 『협동조합경제경영연구』, 36(2), 농협대학 농협경영연구소, 2017.

김한호·이태호, 『농업경영체 등록정보를 활용한 농가 유형별 특성 분석 및 DB 구축 개선 방안』, 서울대학교 산학협력단, 2015.

나채준·왕승혜·김수홍, 『농업법인 설립 및 운영내실화를 위한 제 도개선 연구』, 농림축산식품부 연구보고서, 한국법제연구원, 2017.

남기포, "국내 스마트농업의 발전과 농협의 추진방향", 『협동조합경제경영연구』, 제

53집, 농협경영연구소, 2020.

남상우, 『회계원리』, 다산출판사, 1995.

노재선·홍준표·권오상, "한국 농업의 연구개발투자 효과분석", 『농업경영·정책연구』, 31(2): 311-328, 2004.

농림수산식품기술기획평가원, 『제4차 산업혁명과 농업』, 2016.

농림축산식품부, "20년 노지 스마트농업 시범사업 추진계획(안)", 2019. 6.

농림축산식품부, 『6차 산업 창업 매뉴얼』, 2014.

농림축산식품부, 『농가경제조사결과보고』, 각 연도.

농림축산식품부, 『농림축산식품 주요통계』, 각 연도.

농림축산식품부, 『농림통계연보』, 각 연도.

농림축산식품부, 『농업경영체 등록 농업시설현황 실태조사표』, 2016.

농림축산식품부, 『농업총조사』, 각 연도.

농림축산식품부, 『스마트팜 발전단계』, 2023.

농림축산식품부, 『작물통계연보』, 각 연도.

농림축산식품부·한국농어촌공사, 『농촌융복합산업 기초실태조사 및 분석』, 2019.

농수축산신문, 『한국식품연감』, 각 연도.

농어업·농어촌특별위원회, 『농어업 분야 청년 취·창업 활성화 방안』, 2020.

농어업·농어촌특별위원회, 『청년세대를 통한 농산어촌 활성화 방안』, 2019.

농촌경제연구원, 『농식품소비 트렌드』, 농식품소비정보, 2023. 1호.

농촌경제연구원, 『식품소비행태 조사결과』, 각 연도.

농촌진흥청, 『농장경영계획수립』, 2011.

농촌진흥청, 『농식품소비 트렌드 변화』, 각 연도.

농촌진흥청, 『농업경영개선을 위한 2020 농축산물소득 자료집』, 2021a.

농촌진흥청, 『농축산물표준소득』, 각 연도.

농촌진흥청, 『온실유형 조사결과보고서』, 2016.

농협중앙회, 『조합경영계수요람』, 각 연도.

박문호·임지은, 『농업법인경영체 경영실태분석』, 한국농촌경제연구원, 2014.

박정근, "쌀 생산기술의 유발성에 관한 연구", 『농업경제연구』, 제35집, 농업경제학회, 1994.

박지연, 『ICT 기반 스마트팜 운영실태 분석 및 발전방안』, 농식품정책학회, 2017.

박지연·서대석·이정민, "농업의 미래, 디지털농업", 『농업전망 2021』, 농촌경제연구원, 2021.

사동천, "개정 농업·농촌 및 식품산업기본법에 관한 고찰", 『법학 논총』, 15(2): 461-479, 조선대학교 법학연구원, 2008.

서대석 외, "농업경쟁력제고를 위한 정밀농업체계 구축 방안", 『KREI』, R 904, 2020.

서상택·김성석·성방욱, 『농업투자분석』, 농촌진흥청 농업경영교재, 2011.

서윤정, 『한국의 스마트농업 주요현황과 주요과제』, 한국농촌경제연구원, 세계농업 257권, 2024.

성진근, 『농업경영혁신론』, 농민신문사, 2003.

송재일, "농업농촌 분야에서 ICT 융복합기술의 적용과 법제 개선", 『법학연구』, 59: 25-52, 2015.

신문철, 『회계원리』, 박영사, 1991.

신인식, "통일 후 남북한의 농업과 협동조합", 『협동조합연구』, 제15집, 농협경제연구소, 1993.

신인식, 『농식품산업론』, 청목출판사, 2009.

신인식, 『농업관련산업론』, 선진문화사, 1995.

신인식, 『조합장이 되는 길』, 범한출판사, 2022.

신인식·김기환, "뉴스 빅데이터를 활용한 농협조합장 선거의 통시적 분석", 『한국협동조합연구』, 제38권 제2호, 2020. 8.

신인식·최경식, 『협동조합경제영영론』, 청목출판사, 2013.

심영근·이상무, 『새로 쓴 농업경영학의 이해』, 선진문화사, 2003.

안문형, "스마트팜의 기술적 특성이 수용의도에 미치는 영향 요인 연구", 호서대학교 벤처대학원 정보경영학과 석사학위 논문, 2018.

안인찬, 『농업정책론』, 선진문화사, 1993.

여욱현·이인복, "ICT 기반 동적 에너지 교환 시스템 설계를 위한 온실 내 작물을 고려한 BES 모델 설계 및 검증", 『한국농기계학회』, 25(1), 2020.

염성관·홍성광·고완기, "사물인터넷을 이용한 지능형 노지 농작물 관리 시스템 개발", 『한국융합학회 논문지』, 9(7), 한국융합학회, 2018.

오재인·안상형·유석천, 『경영과 정보시스템』, 박영사, 1999.

유남현 외, "유비쿼터스 센서 네트워크를 이용한 농산물 재배관리 및 이력추적 시스템의 설계 및 구현", 『정보과학회 논문지』, 15(9), 한국정보과학회, 2009.

유병서, 『농업발전론』, 선진문화사, 1993.

유준수, 『농업경영학』, 서원각, 2016.

유찬희·이순미·승준호·이세진, 『농업경영체 등록 업무 체계 재정립 연구』, 한국농촌경제연구원, 2022.

유한별·나태준, "4차 산업기술 관련 인식이 기술의 수용에 미치는 영향에 관한 연구: 기술수용모형과 정부 신뢰를 중심으로", 『융합사회와 공공정책』, 14(4): 331-362, 2021.

윤남규, 『스마트농업 현황과 주요과제』, 한국농촌경제연구원, 세계농업 257권, 2024.

윤지원·권오상, "영농형태별(품목유형별) 농업 소득 변화 요인 분석", 『농업경제연구』, 39(4): 29-49, 2016.

이기영·김호현·정윤하·노한별·박용욱, "사물인터넷을 이용한 식물재배시스템", 『한국전자통신학회 논문지』, 12(4): 657-662, 한국전자통신학회, 2017.

이명헌, "농업인과 농업경영체의 정의: EU와 스위스의 사례와 시사점", 『농정연구』, 77: 129-144, (사)농정연구센터, 2020.

이재경·설병문, "지능형 스마트팜 활용과 생산성에 관한 연구", 『벤처창업연구』, 14(3): 185-199, 벤처창업학회, 2019.

이정호·심재영, 『재무회계』, 한국방송통신대학교 출판부, 1997.

이종원, "해외 스마트농업 사례", 『세계농업』, 185: 9-27, 2016.

이준영·김신호·이새봄·최형진·정재진, "스마트농업 확산을 위한 IoT기반 개량형 플랫폼의 필요성 및 구축 방안 연구", 『멀티미디어학회 논문지』, 17(11): 1313-1324, 2014.

임소영·조승연·윤채빈, 『농가 및 농업인 정의에 관한 연구』, 한국농촌경제연구원, 2020.

임재환, 『농업투자분석론: 이론과 실제』, 선진문화사, 1997.

정병우 외, 『농업경영마케팅』, 농촌진흥청, 2014.

정윤용·홍승지, "다중흐름모형(MSF)을 적용한 스마트팜 확산 정책형성과정 분석", 『농촌계획』, 25(1): 21-38, 2019.

중소기업청, 『스마트농업 관련 산업 시장규모』, 2020.

최영찬·장익훈, "4차 산업혁명시대의 스마트팜", 『정보와 통신』, 36(3): 9-16, 한국정보통신학회, 2019.

통계청, 『경제활동인구조사』, 각 연도.

통계청, 『농가경제조사』, 각 연도.

통계청, 『농업법인조사』, 각 연도.

통계청, 『농업총조사』, 각 연도.

통계청, 『지역별고용조사』, 각 연도.
황의식·정호근, 『농업경영체의 조직화 효과와 활성화 방안』, 한국농촌경제연구원, 2008.

▌해외▐

Ahmed, S., "On the Theory of Induced Innovation", Economic Journal, Vol. 76, 1966.

Barry, P. J. and P. Ellinger, Financial Management in Agriculture(7th Edition), Pearson, 2011.

Binswanger, H. P., "The Measurement of technical change biases with many factors of production", An Econ. Rev. 64, 1987.

Burmeister, L., "State, Society of Agricultural Research Policy: The Case of South Korea", PH. D. Desertation, Department of Rural Sociology, Cornell University, Itaca, N.Y. 1985.

Chambers, R. G., Applied Production Analysis: A dual approach, Cambridge University Press.

Daniel R. Fusfeld, "The Conceptual Framework of Modern Economics", Journal of Economic Issues, 14, March. 1980.

Handerson, J. M and R. E Quandt, Microeconomic Theory: A Mathematical Approach, 3rd ed., New York: McGraw-Hill, 1980.

Hanumantha Rao, C. H., Technological change and Distribution of Gauss in Indian Agriculture, New Delhi: Macmillan of India, Ltd., 1975.

Hayami, Yujiro and Vernon W. Ruttan, Agricultural Development: An international perspective, Revised edition, Johns Hopkins Press, 1985.

Heady, E. D. and J. L. Dillon, Agricultural Production Function, Iowa State University Press, 1961.

Kay, R. D., W. M. Edwards, and P. A. Duffy, Farm Management (8th Edition), McGraw-Hill, 2016.

Pinstrup-Anderson, per, Norha Ruiz de Londono, and Edward Hoover, "The impact of increasing food supply on Human Nutrition: Implications for priorities in Agricultural Research and Policy", AJAE, 58(2): 131–142, May 1976.

Price, J. Gittinger, Economic Analysis of Agricultural Projects(Baltimore and London: The Johns Hopkins University Press, 1973), p. 13.

Rogers, Diffusion of Innovations, 5th ed., New York: Free Press, 2003.

Rogers, E. M., The Diffusion of Innovations, 3rd Edition, Free Press, New York, N.Y., 1983.

Thirtle, C. G. and V. W. Ruttan, The Role of Demand of Supply in the Generation and Diffusion of Technical Change, Harwood Academic Publishers, 1987.

Thirtle, Collin G., "Induced innovation in United states field crops", Journal of Agricultural Economics, 36(1), 1985.

INDEX

찾아보기

저자 소개

〈신인식〉

- 경북대학교 농학과 졸업
  University of Philippines 농업경제학 석사
  University of Santo-Tomas 경제학 박사

- 농협대학 교수, 부총장, 한국협동조합학회 회장
  국제미작연구소, 농협중앙회, 초청연구원·조사역
  경실련·녹소연, 정책위원·중앙이사
  중소기협·산림조합·수협중앙회: 법 개정 연구위원·자문위원
  농림부·경기도·고양시·파주시: 농정심의위원
  현) 농산업융합연구소 소장, 지역농협 사외이사, (사)전국 농학계 대학 최농경교수협의회장

- 주요저서 및 논문
  - 논문: 농업·농촌·농협 및 지역개발에 관한 연구 논문 100여 편
  - 저서: 농업경제학, 농업관련산업론, 농식품산업론, 협동조합 경제경영론, 조합장이 되는 길 등

〈김승환〉

- 고려대학교 경역학과 졸업
  서울과학기술대학교 IT정책전문대학원 정책학 박사

- 한국전파진흥협회 과장
  서울과학기술대학교 IT & Human Research 선임연구원
  농협대학교 겸임교수
  현) 농협중앙회 농협경제연구소 부연구위원

- 주요 연구분야
  - 스마트·디지털 농업, 디지털 사회, 디지털 격차, 국제협력, 협동조합 경영 등

- 주요 논문 및 학술대회
  - 박사 논문: 개방형 혁신의 관점에서 본 스마트 팜 정책 연구
    – 정책네트워크 모형을 활용한 행위자 간 상호작용을 중심으로
  - 저널 논문: 농어민의 모바일 인터넷 이용과 디지털 격차에 관한 연구 등 약 10여 편
  - 학술 대회: Can People with Disabilities Use the Mobile Internet if They Want Do?,
    DG.O 2020 Conference Proceeding 등

창의적 농업인을 위한
디지털 농업경영학

인쇄 2024년 7월 23일
발행 2024년 7월 30일

공　저 | 신인식 · 김승환
발행인 | 이낙용

발행처 | 도서출판 범한
출판등록 | 1995년 10월 12일(제2-2056)
주소 | 10579 경기도 고양시 덕양구 통일로 374 우남A 101-1301
전화 | (031) 976-6195
팩스 | (02) 6008-9167
메일 | bumhanp@hanmail.net
홈페이지 | www.bumhanp.com

ISBN 979-11-5596-213-8 [93320]
정가 25,000원